알기 쉬운

유러닝

박정환 · 김형준 · 조정원 공저
유러닝연구회

u-Learning

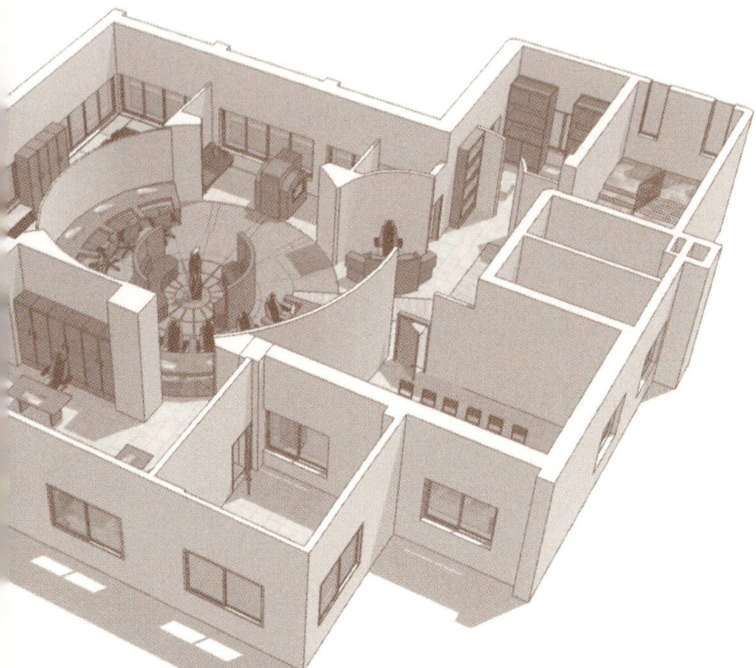

학지사

머리말

일상생활에서 항상 궁금해 하는 아이

교실에서 질문하고 싶은 아이

학습 결손이 있는 아이

학습 부진이 있는 아이

누군가를 만나고 싶어 하는 아이

이런 아이가 가지고 있는 교육의 문제를 어떻게 해결할 수 있을까? 이 질문에 대한 해답은 유비쿼터스 러닝(Ubiquitous Learning 또는 u-Learning)이라고 할 수 있다.

유비쿼터스 러닝은 학습자가 언제, 어디에서나 어떤 내용이거나, 어떤 단말기로도 학습할 수 있는 지능화된 학습 환경을 의미한다. 이는 학교나 도서관 등 특정 장소에서 공부하거나 인터넷을 통해 학습 정보를 습득하던 기존의 방식과는 구분된다. 학습자가 원하는 정보를 찾기 위해서 특정 시간에 특정 장소에 가는 것(on demand)이 아니라 학습 정보가 학습자를 찾아다니게(push) 된다는 점에서 기존의 방식과 큰 차이가 있다.

학습자가 언제, 어디에서나 어떤 내용이거나, 어떤 단말기로도 학습할 수 있는 교육 환경을 조성함으로써 우리 현실에 직면하고 있는 교육의 문제를 더욱 창의적이고 학습자 중심적인 방식으로 해결하고자 하는 것이 유비쿼터스 러닝(학습)이 추구하는 도달점이다.

학습자들은 각자의 특성에 따라 다양한 공간에서 다양한 방식으로 학습하고자 한다. 조용한 공간에서 자기 자신만의 사고방식으로 학습하고자 하는 학습자가 있는가 하면, 여러 사람이 모여 서로 토론하며 자기 자신의 사고의 틀을 넓히려는 학습자가 있다. 또한 글을 쓰며 즐거워하는 학습자가 있는 반면, 무엇인가 만들며 즐거워하는 학습자도 있다.

학습자가 궁금증을 만들어 내면 그것을 해결하는 것은 그와 함께 그 주변에 있는 모든 사람이 함께해야 하는 일이다. 학습자는 언제, 어디서든 궁금증을 만들어 내고 그것을 곧바로 해결하기를 기대한다. 즉, 현실 공간이건 사이버 공간이건 모든 공간이 학습 공간이 되어야 한다.

이 책은 유비쿼터스 러닝에 관심 있는 여러 분야의 사람들, 특히 교육학을 연구하는 사람들, 유비쿼터스 관련 기술을 연구하는 사람들, 우리 삶의 공간을 연구하는 건축학의 연구자들에게는 연구에 대한 하나의 아이디어를 제공할 수 있으리라 생각한다.

연구자들에게 아이디어를 제공하기 위해 이 책은 1부와 2부로 구성하였다. 제1부의 제1장은 앞으로 교육이 변화해야 하는 과정과 내용을 다루고, 그 변화에 따라 유비쿼터스 기술이 어떤 역할을 수행할 것인가를 다루었다. 제2장은 유러닝에 대한 시각, 개념, 특징을 여러 학자의 관점에서 살펴보고 정리함으로써 보다 명확한 유비쿼터스 러닝의 개념에 대한 이해를 돕고자 하였다. 제3장은 현재 유비쿼터스 컴퓨팅 분야에서 연구되고 있는 관련 기술들을 살폈으며, 제4장은 유비쿼터스 교실 공간을 논의함으로써 앞으로 유러닝을 위한 교실 환경 변화의 모습을 제시하였다. 제2부는 앞으로 변화해야 하는 미래 교육의 모습을 시나리오와 삽화를 통해 제시함으로써 유러닝에 대한 이해뿐만 아니라 기술과 교실 환경의 이해를 돕고자 하였다.

이제 우리는 새로운 학습모델과 학습 공간의 창출을 위해 체계적이고 과학적으로 접근해야 할 시점에 와 있다. 이 책은 이러한 노력의 일환으로 이루어졌다. 그러나 이 책은 학습모델과 학습 공간 창출에 대한 전문서적이라기보다는 유비쿼터스와 학습의 입문서라고 할 수 있다. 즉, 학습에 대한 정의에 의해 학습모델이 만들어질 것이고, 그 모델에 의해 학습활동이 이루어질 것이며, 학습활동에 의해 학습 효과성 연구 내지 학습평가가 이루어질 것이다. 이 책은 개념 정의, 학습모델, 학습활동, 학습평가라는 과정 중 가장 기초적으로 해야 하는 개념 정의에 관한 책이라고 할 수 있다.

이 책이 출판은 되었지만 많은 부분에서 부족함을 느낀다. 독자 여러분의 고귀한 아이디어와 저자들의 꾸준한 노력으로 다음에는 좀 더 체계적이고 알찬 내용으로 거듭날 것을 약속한다.

마지막으로 이 책이 출판되기까지 도움을 준 한국교원대학교 대학원생 강혜영, 고은경, 김명국, 김은경, 김철민, 김홍식, 박창선, 박희성, 배상철, 송지숙, 위남환, 유호정, 윤영주, 정동욱, 신복진, 신순정, 이숙현 선생님, 한양대학교 전자컴퓨터공학과 박사과정 이영식 선생님, 삽화를 그려 준 제주대학교 산업디자인학부 문화조형디자인 전공의 윤재국, 강소라, 고복경, 건축학부 박만수 학생, 그리고 이 책이 세상에 나오도록 출판해 주신 학지사의 김진환 사장님과 편집부 여러분께 감사드린다.

2007년 7월
저자 일동

차 례

제2부 유러닝 시나리오

제1부

유러닝의 이해

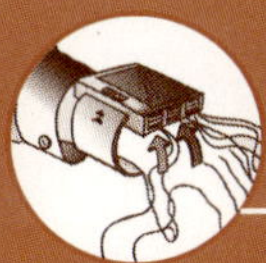

제1부는 유러닝이 무엇인지를 폭넓게 이해하는 데 그 주안점을 두었다. 이해를 돕기 위해 먼저, 유비쿼터스 시대에 교육이 어떻게 변하고 있고, 또 어떻게 변해야 하는지에 대한 교육 패러다임의 변화에 대한 논의를 하였다. 이어 이러한 변화의 양상을 포함할 수 있는 유러닝은 어떤 뜻을 담고 있고, 그 특징은 어떤 것이 있는지에 관한 의미를 살펴보았다. 마지막으로 유러닝의 실현을 위한 다양한 컴퓨팅 기술과 유러닝 교실 공간 모델을 제시하였다.

아직 유러닝이 무엇인지 이해할 수 있도록 쉽고 합의된 개념화가 형성되지 않은 현실에서, 유러닝의 의미를 정의하는 것은 앞으로 유러닝을 실현하는 데 그 방향을 제시할 수 있을 것이다. 또한 독자 여러분 자신이 유러닝이 무엇인지를 개념화할 때, 그 근거로 삼을 수 있고, 유러닝의 의미를 확장시킬 수 있는 토대가 될 수 있을 것이다.

1 u-Learning

교육 패러다임의 변화

교육 패러다임 변화의 개관

교육은 지속적인 변화를 기본 전제로 하는 활동이다. 교육은 인간을 변화시키는 기재로 작용하여 교육이 추구하는 인간상, 교육 목표, 교육 내용, 교육 방법, 그리고 교육 평가 측면에서 변화를 요구한다. 이러한 변화 현상은 교육과 관련된 기술의 변화 또한 요구하고 있다.

교육의 변화는 사회의 변화 또는 기술의 변화에 의해 이루어지기도 한다. 특히, 컴퓨터 기술과 정보통신기술의 변화는 우리 교육에서 많은 변화를 일으키고 있다. 이러닝(e-Learning, 이하 이러닝)에 관한 많은 논의는 교육의 기회, 내용, 방법, 평가 등 교육의 전반적인 측면에서 이루어지고 있으며, 이러한 논의는 새로운 교육 현상의 변화를 나타내고 있다.

이러닝에 관한 논의와 더불어 유러닝(u-Learning, 이하 유러닝)에 대한 관심이 높아지고 있다. 교육인적자원부에서는 유러닝연구학교를 지정해 전면적인 시행에 앞서 나타날 수 있는 모든 현상을 점검하고 있다. 이에 따라 한국교육학술정보원에서는 유러닝과 관련한 연구를 수행해 발표하고 있다. 이러한 일련의 활동들은 교육에서 변화를 예고하고 변화를 부추기며, 이에 대한 다양한 측면에서 최선의 준비성을 요구하는 활동이라고 할 수 있다.

따라서 유러닝에 대한 개념을 정리하기에 앞서 교육에서 나타날 수 있는 다양한 변화의 모습을 살펴보고자 한다. 그 변화의 모습은 두 가지 측면, 즉 기술 변화에 의한 교육의 변화와 교육의 변화에 필요한 기술의 변화다.

교육 패러다임 변화에 관한 논의

미래 교육에 대한 변화, 즉 교육 패러다임의 변화는 여러 학자의 발표에 의해 예견할 수 있다. 이러한 변화가 기술의 발달에 의한 교육의 질적 변화든, 교육 현장의 질적 향상을 위한 기술의 발달이든, 우리 교육 사회가 꾸준히 변화를 요구하고 있는 것은 사실이다. 따라서 여러 학자와 기관에서 예견하는 변화의 모습을 살펴보고자 한다.

강신천(2005)은 한국교육학술정보원에서 진행한 u-러닝 기초연수과정 'u-러닝 시작하기'에서 교육의 변화를 다음과 같이 지적하였다.

- 초소형 컴퓨터와 무선통신 정보기술 기반으로 한 교육 환경 변화다. 기존의 교육 환경이 PC와 인터넷을 기반으로 하였다면, 센서 기능을 갖는 초소형 컴퓨터(또는 컴퓨터 칩)와 무선통신망을 기반으로 하는 유비쿼터스 컴퓨팅과 유비쿼터스 네트워크 환경은 분명 새로운 유비쿼터스 교육 환경을 제시한다. 즉, 한정된 장소에서 이용해야만 했던 기존 PC와 인터넷 기반의 정보 이용의 한계를 뛰어넘는 교육 환경을 제공할 것이다.
- 다양한 정보 매체의 융합(convergence)이 이루어진다. IPv6 기술 이외에도 유비쿼터스 네트워크 사회로 진화하는 변화는 곧 정보 매체의 융합이다. 디지털 콘텐츠에 통신기술과 방송기술이 융합되고, 정보고속도로의 융합과 단말기의 융합이 이루어질 것이다. 이는 교수-학습의 융합과 교육의 융합으로 발전될 것이다.
- 다양한 유비쿼터스 요소 기술이 지속적으로 개발되어 보다 다양한 교육 환경을 제공할 것이다. 디지털 기술의 발달은 새로운 정보기술 시대를 초래하였고, 그중 인터넷 기술은 정보화 시대의 문을 열었다. 이제 유비쿼터스 시대로 향하는 기술의 변혁은 새로운 교육 환경의 변화와 유러닝의 도입을 위해 필수적으로 고려되어야 할 요인이다. 이들은 궁극적으로 교육 환경의 변화를 더욱 가속화할 전망이다.
- 학습(교육)의 특성 중 하나로 유비쿼터스적인 것을 들 수 있는데, 유비쿼터스 컴퓨팅에 의한 교육 환경의 변화는 곧 교육 패러다임의 변화를 의미한다. 인간의 학습을 고려하면, 학습은 언제든지 인간이 가는 어디에서나 인간에게 편재되는 특성을 갖

는다. 이는 유비쿼터스가 이동성이 있고, 편재성이 있는 것과 매우 흡사하다. 인간의 이와 같은 실재를 유비쿼터스 컴퓨팅은 일부 구현할 수 있게 되는 것이다. 그래서 가장 유비쿼터스적인 것은 가장 인간적인 것이 될 수 있다. 따라서 유비쿼터스 컴퓨팅에 의한 교육 환경의 변화는 곧 교육패러다임의 변화를 의미한다.

서정희 등(2005)은 '미래 교육을 위한 u-러닝 교수-학습 모델 개발 연구' 에서 교육의 변화를 학습 환경적 측면과 학습활동적 측면으로 나누어 설명하고 있다.

학습 환경적 측면

미래의 학습 환경은 학습 공간을 교실 안으로 한정하지 않고, 교실 밖의 모든 생활 공간을 학습의 장으로 삼아 학생들이 다양한 맥락 속에서 직접 경험하고, 몸으로 체득하면서 문제를 해결하고, 동료 학습자들과의 협력 활동에 참여함으로써 실제적인 지식을 습득하고 기술을 터득할 수 있다. 즉, 미래의 학습 환경은 학습의 범위를 확장시키며, 학습자가 다양한 맥락 속에서 진정한 학습의 기회를 갖게 한다.

미래 교육의 모습 중 학습 환경적 측면에서 중요한 요소로 지능형 학습자의 구축, 차세대 지능형 단말기의 발달, 학습 콘텐츠의 중요성 강화 및 네트워크와 학습 콘텐츠의 통합, 교육 목표, 내용, 방법, 평가의 변화 등을 꼽을 수 있다.

지능형 학습장의 구축 미래 교육의 변화에 가장 선행되어야 하는 요소로 사람, 사물, 공간 간의 유기적이고 지능화된 센서 네크워킹을 들 수 있다. 이를 통해 학교, 가정, 사회 등 모든 공간이 학습의 장이 된다. 학교는 '지능형의 학습장'으로 전자칠판, 전자북, 3차원 투영기, 워크벤치(지능형 책상) 등의 설비를 갖추고 태그와 센서를 내장한 교보재를 활용한 수업을 진행할 수 있는 첨단 학습장 환경을 제공하게 될 것이다. 교과서 대신 전자북을 사용하며, 무선 네트워크 구축으로 교사와 학생 간, 학생 상호 간의 의사소통이 늘어나며 대용량 파일을 교환하거나 공동작업을 수행할 수 있다. 학교는 모든 행정, 교무, 학적의 업무가 자동화될 것이다. 이는 학교에 국한되지 않고 가정과 사회에서도 대부분의 업무가 자동화 · 지능화될 것이다.

지능형 단말기의 발달 현재 사용되고 있는 TPC(Personal Digital Assistants: 개인 휴대용 정보 단말기), TPC((Tablet Personal Computer: 태평양 횡단 케이블), 셀폰(Cellphone), 스윙폰(Swingphone) 등의 개인용 단말기는 계속된 기술 발달을 통해 작으면서도 많은 용량을 수용하고, 빠른 전송 속도를 가지는 스마트 디스플레이(Smart Display)로 발전될 것이다. 또한 유비쿼터스(Ubiquitous) 지능형 휴대 단말기가 개발되어 학습자가 이동하는 장소나 방법에 따라 콘텐츠를 변형하여 제공받을 수 있는 착용형(wearable) PC, 차량 이동시에 적합한 네비게이션용 PC가 등장할 것이다. 미래 사회로 갈수록 학습용 단말기는 대용량의 초소형 칩으로 변화되고 지능화되어, 우리가 휴대하거나 인식하지 않고도 자유롭게 사용할 수 있게 될 것이다.

학습 콘텐츠의 호환성 증대 및 콘텐츠와 네트워크 통합 센서 네트워크와 지능형 단말기 등의 기술적인 발달과 아울러 학습 콘텐츠의 중요도가 계속해서 증대될 것으로 전망된다. 텍스트, 사운드, 동영상, 애니메이션, 게임 등의 학습 콘텐츠는 다양화됨과 동시에 어떤 단말기나 플랫폼에서도 사용할 수 있는 높은 호환성을 가지게 될 것이다. 더불어 학습 콘텐츠는 교육용 메인 서버, LMS 서버 등을 이용하여 개별 학습자, 협력 학습자, 교수자들이 편리하게 활용 및 관리할 수 있게 될 것이다. 지능형 단말기와 초소형 칩이 내장된 사물과 주변 환경과의 네트워킹이 고도화됨으로써 네트워크와 효과적으로 통합된 참여형 콘텐츠, 지능형 콘텐츠 등이 학습을 지원하게 될 것이다.

개별화, 맞춤화 학습 구현 미래 교육은 온라인과 오프라인 학습 환경이 결합되고 학습 목표, 학습 방법, 학습 시간과 공간, 학습 활동, 학습 매체, 상호 작용 방식 등 다양한 학습 요소의 결합을 통해 최상의 학습 효과를 도출해 낼 것으로 예측된다. 집합적 교육이 이루어지더라도 각 개인의 학업 성취나 취미 등에 따라 다양성이 가미된 교육 프로그램, 즉 지능형 프로그램이 상시적으로 학생들의 학업 성취, 반응 등을 체크하고 이를 통해 수준별 학습 방법을 제공할 것이다. 미래에는 활동 중심의 통합교과 내용을 학습하기 때문에 교육 내용의 세분화가 진전되어 특정 주제별로 교육의 세분화도 가능하며, 다양한 학습 전략으로 학생들의 수준과 개성의 맞춤식 교육이 이루어질 것이다. 평가는 상시 평가 체제로 전환되면서 지속적인 교육 방법의 개선이 이루어질 것으로 예측된다.

학습활동적 측면

미래 교육은 교과서의 지식을 학생들에게 전달하는 방식의 기존 교육과는 매우 다른 면모를 보일 것이다. 학습자 중심의 개인별 맞춤식 교육을 지향하고, 원활한 의사소통 방법을 이용하여 협력 중심의 활동을 강조할 것이다.

자기 주도적 학습의 강조 미래 교육은 완벽하게 개인화된 학습 자원을 학습자에게 제공할 것이다. 학습자는 교수자가 제공하는 학습목표를 수용하기보다는 자신에게 필요한 학습 목표를 설정하고 학습 목표에 적절한 학습 자원을 선택한다. 지능화된 프로그램과 다양한 콘텐츠가 학습자의 인지 수준, 감성, 취미, 개성에 따라 적절하게 제공되겠지만 마지막 선택은 학습자가 하게 된다. 즉, 학습자의 자기 주도적인 학습이 강조될 것이며, 학습의 자율성과 다양성에 따른 권한(authority)과 책임을 중요하게 여길 것이다.

개인별 맞춤식 학습 미래 교육은 학습자 중심의 개인별 맞춤식 교육을 지향한다. 그 이유는 기술적인 요인과 인력 부족, 학습 자원의 부족 등으로 인해 기존의 교육이 학습자 개개인의 개성과 수준에 적합한 교육을 제공하지 못하였기 때문이다. 미래 사회에는 지능화된 학습 시스템이 개인의 감성 변화까지도 인지하여 무선망에 연계된 많은 센서를 이용하여 적절한 학습 환경(예: 조명을 밝히고, 공기를 정화시킴)으로 변화시키고, 개인의 인지 수준과 개성, 취향, 현재까지의 학습 과정에 대한 데이터를 종합하여 최적의 학습 자원을 제공하게 될 것이다.

협력 중심의 활동을 강조 현대사회에 비추어 미래 사회의 가장 큰 변화는 공간의 제약을 받지 않는다는 것이다. 모든 나라가 무선 네트워크로 연결되어 실시간 정보를 교환하고 의사소통을 할 수 있다. 따라서 먼 거리에 있는 학습자 간에 협력학습이 용이하게 된다. 미래 교육은 학습자가 다른 학습자와 즉각적이고 다양한 방법의 사회적 상호작용을 통하여 문제를 해결하거나, 서로의 지식 및 기술을 관찰 · 모방하는 동시에 협력적인 학습활동으로 공동체 의식을 느끼면서 사회화 과정을 학습하게 될 것이다. 또한 학습자가 이동하면서도 학습 콘텐츠의 서비스를 받을 수 있고, 학습자 간 또는 전문가와의 의사소통이 용이하며, 자료 수집과 분석을 자유롭게 할 수 있기 때문에 학습활동의 동선이 넓어지게 된다. 따라서 미래 교육은 활동 중심의 교육이 될 것이다. 학습자들은 교실 밖의 모든 생활 공간을 학습의 장으로 삼고 다양한 맥락 속에서 직접 경험하고 몸으로 체득하면서 문제를 해결하고, 동료 학습자들과의 협력 활동에 참여함으로써 실제적인 지식을 습득하고 기술을 터득할 것이다.

미국의 비전 2020보고서(2002)는 미국 각계의 저명한 인사들이 교육 분야에 대한 미래를 전망하고, 시 · 공을 초월하여 새로운 학습 경험과 기술이 어떤 모습으로 변화해 갈 것인가를 재미있는 에피소드와 시나리오 형식으로 그려 내고 있다(서정희, 2005).

다음은 미국의 The Secretary of Commerce에서 펴낸 2020 VISIONS에서 예견하는 교육 환경의 변화된 모습들이다.

- 학령 전의 기간에 아이들은 가상현실 게임을 통하여 정신운동,

독해, 작문, 수학 기능 등 학교에서 배울 것들의 기반을 형성하게 된다.

- 학습 환경은 아이들이 좋아하는 콘텐츠를 중심으로 맞춤화되고, 아이들이 문제 해결 환경을 통하여 자신들의 능력을 향상시킬 수 있도록 수행하는 활동이 결정되고, 학부모와 교사들은 온라인으로 개별적인 지도를 하게 되며, 학부모들은 아이들의 활동과 활용 콘텐츠를 모니터링 할 수 있게 된다.
- 학습 환경에서 의사소통과 협동이 강조되며, 구체적인 활동을 통한 학습이 주를 이루게 된다. 학생들은 그룹으로 공부하는 과정에서 각자에게 맞춤화된 피드백을 제공하는 유비쿼터스 기기를 이용하여 서로 의사소통을 한다.
- 학생들은 착용형(wearable) 기술을 이용하여 대형 스크린 디스플레이나 3차원의 홀로그램 환경에 지시된 정보를 교환하고, 수집하고, 전달하고, 발표한다. 수집한 정보는 학습 목표에 자동적으로 연계되어 쉽게 모니터할 수 있도록 스크린에 그래픽으로 표시된다. 성과지표가 성적을 대신하며, 학습의 초점은 그룹의 과업 성취도이고, 개인의 기여도는 교사와 학생들에게 전달된다.
- 학생 수행 프로젝트들은 시뮬레이션이 풍부하게 포함된 재사용 가능한 전자책을 제작하고, 장기적인 디지털 작품집을 만드는 것이다. 이러한 자료는 서로 공유되고, 저장되고, 재사용된다.
- 교사들은 자신들의 활동, 시간, 아이디어 등을 관련 전문가들과 공유한다.
- 교사들은 여전히 교육 현장에서 우수한 교수 전략을 이용하여

학생들과 공동으로 작업한다. 또한 학생들에게는 각자 언제나 접근이 가능한 가상 가정교사가 배정된다. 가정교사는 학생들의 활동을 온라인으로 모니터하고 새로운 아이디어를 제시하며, 대화를 통하여 학생의 감정과 역량을 파악한다.

- 학생들의 온라인 학습은 가정교사와 시스템을 통하여 학부모, 교사, 관련자들에게 지속적으로 전송되고, 학부모는 어느 장소에서나 이동 비디오 컴퓨팅과 새로운 통신기술을 통하여 아이의 활동에 참여할 수 있다.
- 학생들이 작업을 수행하는 이면에는 학생들의 작업과 관련된 콘텐츠를 제공하기 위한 유비쿼터스 인터페이스가 존재하여 활동과 관련한 학습 목표, 도구, 관련 내용, 팀원 등을 식별하고 필요한 경우 언제든지 활용할 수 있게 해 준다.
- 학생들이 협동적인 환경에서 공부하는 과정 중 학습 자료는 학생들의 학습 유형에 적합하도록 바로 변형되어, 이전의 학습과 경험에 따라 학생들에게 적합하고 유용한 학습 자료를 선택해 준다.
- 실험 기자재에 기술이 내장되어 원격으로 관리되고, 학생들이 실험을 해 나가는 동안 기자재들의 효과적인 사용 방법이 필요에 따라 제공된다.

이상 교육 패러다임의 변화에 대한 논의를 종합해 보면 교육 목표, 교육 내용, 교육-학습 방법, 교육 평가, 교육 환경 등 교육의 전반적인 분야에서 나타날 수 있는 변화에 대한 논의들이다. 이러한 논의는 기술의 발달에 의한 교육 패러다임의 변화를 예견하는 경우와 교육의 변화를 위한 기술의 변화를 예견하는 경우로 나눌 수 있다. 교육의 핵심을 학습자의 발달 내지 변화라는 관점에서 본다면, 발달한 기술을 활용하는 측면과 교육의 발전을 위해 새로운 기술의 출현을 요구하는 것은 매우 중요하다.

기술의 발달은 학습자 또는 교수자들이 학습을 위해 그 기술을 배우려는 수고스러움에서 벗어날 수 있도록 인간 친화적으로 변해야 할 것이다. 이를 위해 교육에 몸담고 있는 여러 분야의 전문가들이 교육에서 추구하는 모습을 정확하고 명확하게 선언해 주어야 한다. 그동안 우리 교육 현장에서는 발달한 기술을 습득하기에 너무 많은 시간을 소비한 것을 상기해 본다면, 그러한 과오를 다시 범하지 않기 위해 교육 패러다임의 변화를 명확히 해야 할 것이다.

2 u-Learning

유러닝이란

유비쿼터스의 개념

'유비쿼터스(ubiquitous)' 는 라틴어에서 유래한 것으로 '도처에 있다', '언제, 어디에서나 존재한다' 는 의미를 가지고 있다. 이 용어는 물이나 공기처럼 어디서든 접할 수 있는 자연의 대상이나, 시·공을 초월하여 어디에나 존재하는 신을 상징할 때 사용되었다. 이 용어는 1988년 제록스 사의 마크 와이저(Mark Weiser)가 '유비쿼터스 컴퓨팅 프로젝트' 를 통해 '유비쿼터스 컴퓨팅' 개념을 제안하면서 대중화되었다.

유비쿼터스 백서(전자신문사, 2005)에 따르면, 마크 와이저는 공간이나 사물 속에 내재된 보이지 않는 컴퓨터를 통해 컴퓨터의 활용과 연결을 의식하지 않아도 언제, 어디서나 컴퓨팅 환경에서 생활할 수 있는 '유비쿼터스 컴퓨팅' 을 제안하였다. 마크 와이저는 네트워크에 연결된 컴퓨터, 눈에 보이지 않는 조용한 기술, 가상이 아닌 현실에서 언제, 어디서나 사용 가능한 컴퓨터의 세 가지 조건이 동시에 충족되어야 유비쿼터스 컴퓨팅이라 하였다. 마크 와이저의 제안을 시작으로 '유비쿼터스 네트워크', '모바일 컴퓨팅' 등의 제안과 프로젝트들이 등장하였다.

유비쿼터스 컴퓨팅 개념은 우리가 살고 있는 실생활의 공간과 환경을 급격하게 변화시킬 것으로 예상되었다. 그 결과 유비쿼터스 컴퓨팅에 따른 변화를 예측하기 위한 다양한 연구와 전략 등이 논의되기 시작하였다. 우리나라에서 진행하고 있는 u-Korea, u-City 등도 유비쿼터스 컴퓨팅이 가져올 미래의 변화에 대한 전략 수립이라고 할 수 있다.

유비쿼터스 컴퓨팅에 의해 우리가 살고 있는 실제 생활 공간은 전혀 다른 형태로 변할 것이다. 이러한 변화를 유비쿼터스 관련 연구자들은 '제3공간' 또는 '유비쿼터스 공간'으로 개념화하여 지속적으로 연구 중이다. 하원규(2002)는 중세시대 도시의 형성에 따른 공간의 변화를 제1차 공간혁명으로, 19세기 산업혁명에 의한 공간의 변화를 제2차 공간혁명으로, 20세기 컴퓨터로 촉발된 IT혁명은 '전자 공간'이라는 새로운 공간의 등장으로, 21세기 유비쿼터스는 물리 공간과 전자 공간 사이의 경계를 허물고, 두 공간 사이의 융합으로서 제3공간으로 설명하고 있다. 이러한 점에서 제3공간에서 컴퓨터는 도구가 아니라 환경의 일부가 되고, 공간은 물리 공간과 전자 공간의 융합으로 생겨난 새로운 패러다임의 공간이 된다. 즉, '제3공간'이란 물리 공간과 전자 공간이 융합된 인류의 새로운 생활 공간을 말한다.

제3공간은 전자 공간을 물리 공간에 융합함으로써 생성된다. 물리 공간에 융합된 센서와 RFID 등 유비쿼터스 컴퓨팅과 유비쿼터스 네트워크는 컴퓨터와 사물을 연결하고, 사물과 사람을 연결함으로써 현실 세계와 가상공간의 한계를 동시에 극복하고 사람, 컴퓨터, 사물이 하나로 연결되어 기능적으로는 세상에서 가장 최적화된 공간인 제3공간을 생성한다. 이를 통해 물리 공간이나 전자 공간이 가진 한계를 뛰어넘을 수 있다. 유비쿼터스 공간인 제3공간에서는 컴퓨터와 사물 사이의 자유로운 정보 이동을 통해 정보를 필요로 하는 사람들에게 능동적으로 또는 부지불식간에 제공한다. 즉, 제3공간은 보이지 않는 기술인 유비쿼터스 컴퓨팅에 의해 구현된 공간이라 할 수 있다.

이러한 점에서 제3공간을 생성하기 위해 유비쿼터스 컴퓨팅 기술이 적용된 환경을 '유비쿼터스 환경' 이라 할 수 있으며, 유비쿼터스 환경은 사회, 문화, 교육, 국방, 의료, 건축, 도시 등 여러 분야에서 다양한 형태로 전개될 것이다.

유러닝에 대한 시각

유비쿼터스 컴퓨팅을 교육에 실현하고자 하는 노력은 지속적으로 진행되고 있다. 현재 교육인적자원부에서는 연구학교를 진행하고 있으며, 교육 관련 연구기관에서는 교육에서 유비쿼터스 컴퓨팅의 적용 방안을 연구하고 있다. 그러나 이러한 노력에도 불구하고 유러닝에 대한 인식은 넓지 못하다. 따라서 유러닝에 대한 정의를 살펴보기에 앞서 몇 가지 유러닝에 대한 시각에 대해 논하고자 한다.

'유러닝이 시작되면 학교가 필요 없고 학교에 가지 않아도 될 것이다.'는 시각 그렇지 않다. 유러닝을 단순한 매체 활용 교육, 컴퓨터 활용 교육, 인터넷 활용 교육 등으로 이해하는 사람들은 유러닝이 시작되면 학교가 필요 없고 학교에 가지 않아도 될 것이라고 생각한다. 그러나 유러닝은 학교 환경에 컴퓨터를 융합시키거나 새로운 학교 공간, 즉 제3의 공간을 창출하기 때문에 학교 환경이 고도로 변화 · 발달할 뿐 학교가 사라지지는 않을 것이다.

'유러닝은 우리 교육 현실과 거리가 멀다.'는 시각 그렇지 않다. 현재 우리 교육 환경에 컴퓨터가 융합되는 사례가 많지 않기 때문에 우리의 교육 현실과 거리가 먼 것처럼 느껴진다. 그러나 지금이야 말로 교육 현장에 있는 교사나 연구가들이 앞으로 우리 교육이 어떻게 변화해야 하는지를 정의하고, 그러한 정의에 따라 학습 모형을 개발하고 관련 컴퓨팅 기술을 개발하는 노력을 기울여야 할 때다. 교육의 변화 과정에 대한 정의를 바탕으로 컴퓨팅 기술이 발달한다면, 우리가 의도하였던 교육의 목표를 보다 더 효율적으로 달성할 수 있을 것이다.

'유러닝을 위해서는 교사가 지금보다 더 많이 필요하다.'는 시각 그렇다. 유러닝은 상호 작용을 강조한다. 특히, 교사와 학생의 상호 작용이 언제, 어디서든 이루어질 수 있는 교육 환경이 만들어진다. 학생들은 시간과 장소를 불문하고 학습 과제를 수행하는 과정에서 언제, 어디서든 교사를 호출할 것이다. 지금처럼 한 명의 교사가 많은 학생을 담당하는 교육 환경에서 학생의 요구는 너무나 다양할 뿐만 아니라 그 빈도 역시 많을 것이다. 이러한 교육 환경에서 각각의 학생이 요구하는 바를 적극적으로 반영하는 상호 작용을 기대하기는 어렵다. 따라서 학습자의 요구를 반영하고 학습자의 특성을 고려한 맞춤형 교육, 즉 유러닝이 이루어지기 위해서는 많은 교사가 필요할 것이다.

'유러닝은 돈이 많이 든다.'는 시각 그렇다. 교육 환경을 변화시키는 과정이다. 이러닝에서 경험하였던 학교 환경의 변화 이상으로 많은 변화가 예상된다. 학교 교정, 교실, 행정실, 과학실, 체육관 등 학교 내의 모든 시설물에 컴퓨터를 내재시켜야(embedded) 할 뿐만 아니라 학교 밖의 모든 시설에도 마찬가지의 시설들이 요구된다. 그러나 완벽한 유비쿼터스 환경은 우리가 지속적으로 변화시켜 가야 하는 방향이다. 지금은 현실적으로 가능한 영역에서부터 점진적으로 적용하도록 노력하는 것이 무엇보다 필요하다.

유러닝의 개념

유러닝이란 무엇인가? 유러닝을 정의하기 전에 유러닝이 갖추어야 할 몇 가지 조건을 살펴보면 다음과 같다.

- 유러닝을 통해 변화해야 하는 인간의 최종 모습, 즉 학습 목표를 담고 있어야 한다.
- 인간의 변화를 가능하게 하는 방법들을 갖추고 있어야 한다.

- 교사와 학생, 교사와 학부모, 학생과 학부모의 상호 작용을 도울 수 있는 커뮤니케이션 매체와 기술을 담고 있어야 한다.
- 교육 활동이 일어나는 환경을 조작(operation)할 수 있어야 한다.
- 교육이 일어나는 일련의 과정을 검토하여 진단과 처방의 절차를 거쳐야 한다.

이상과 같은 조건들은 유러닝을 정의할 때 '무엇을 의도하며', '어떻게 이루어지고', '왜 그것이 필요한지'를 설명해야 하는 요소다.

이러한 조건을 바탕으로 유러닝에 대한 개념을 살펴보는 것은 유러닝을 이해하는 데 많은 도움이 될 것이다. 유러닝에 대한 개념화는 어원 중심의 개념화, 매체 중심의 개념화, 교육적 의미 중심의 개념화, 유비쿼터스 컴퓨터의 창시자인 마크 와이저의 꿈에서 살펴본 개념화, 그리고 교육 환경인 공간의 정의로부터의 개념화로 나누어 설명할 수 있다.

어원을 중심으로 하는 유러닝의 의미

유러닝(u-Learning)은 유비쿼터스 러닝(Ubiquitous Learning)의 약자이다. 유비쿼터스란 '어디에나 있는, 편재하는(omnipresent)'이라는 형용사다. 마크 와이저(Mark Weiser)에 의해 주창된 유비쿼터스 컴퓨팅(Ubiquitous Computing)은 과거의 기술 중심적 컴퓨팅 패러다임에서 인본주의적 컴퓨팅 패러다임으로의 전환을 의미(강인애, 2006)하는 것으로, 새로운 컴퓨터 기술의 발전을 강조하기보다는 일상생활 속에 스며 있는 컴퓨터를 통해 인간의 본질을 추구하는 것을 강조한다.

이러한 맥락에서 유러닝을 정의하면 '언제 어디에서나 교육의 본질을 추구하는 학습' 이라고 할 수 있다.

매체를 중심으로 하는 유러닝의 의미

유비쿼터스는 사용자가 네트워크나 컴퓨터를 의식하지 않고 장소에 상관없이 자유롭게 네트워크에 접속할 수 있는 정보통신 환경이다. 안호임(2005)은 '유비쿼터스 교육은 모든 학습자가 언제, 어디서나 그 어떤 콘텐츠(any educational contents)에 상관없이 어떤 단말기로도(any device) 학습할 수 있는 환경을 의미한다. 이는 단순히 기존의 TV나 인터넷을 통한 교육을 의미하지는 않으며, 고도 인터페이스 및 인간적인 상호 작용을 가능하게 함으로써 학습자가 휴대할 수 있는 학습 단말기를 통해 언제, 어디서나 원하는 학습정보를 제공받을 수 있는 학습 환경을 의미하는, 모든 교육 콘텐츠에 대한 총체적 액세스 환경' 이라고 하였다.

매체를 포함하고 있는 환경을 중심으로 유러닝을 정의하면 '무선 인터넷과 초고속 인터넷을 이용해 PDA. TPC, 노트북 상에서 실시간으로 학습 자료를 검색하여 학습 과제를 수행하는 환경' 이라고 할 수 있다.

이러한 정의는 유비쿼터스 컴퓨팅, 즉 언제, 어디든 편재해 있는 컴퓨터 매체를 활용하여 학습활동이 이루어지는 환경을 강조한 것이라고 할 수 있다.

유러닝은 인간 중심적 컴퓨팅 패러다임이라는 개념에 걸맞게, 어떤 종류의 학습 테크놀로지를 사용하든지, 결국 학습은 기술이나 매체에 억눌리지 않고 '학습' 이 중심이 되어야 하며, 나아가 기술이나 매체를 어렵게 배워야 하는 수고에서 벗어나서 학습의 중심은 '학습 활동' 그 자체가 되어야 하는 관점을 지니고 있다(강인애, 2006). 따라서 유러닝에서 매체나 기술은 학습의 본질을 향상시키기 위해 존재할 뿐 그 자체가 강조되어서는 안 될 것이다.

교육적 의미를 중심으로 한 유러닝의 개념

교육인적자원부(2004)는 언제나, 어디서나, 누구나, 편리한 방식으로 원하는 학습을 할 수 있는 이상적인 학습 체제, 즉 에듀토피아(education utopia)로 정의하고 있다. 이는 교육이 추구하는 이상적인 목적을 달성하기 위한 방향을 제시한 것으로, 이러닝에서 추구하는 방향과 목적을 보다 심도 있게 확대하거나 발전 지향적으로 검토한 개념이다.

한국교육학술정보원(2005)은 교육정보화 용어집에서 유러닝을 '유비쿼터스 학습 환경을 기반으로 학생들이 시간, 장소, 환경 등에 구애받지 않고 일상생활 속에서 언제, 어디서나 원하는 학습을 할 수 있는 교육 형태를 말한다.' 고 개념화하였으며, 학습 장소, 학습 시간, 학습 콘텐츠, 교수-학습 방법 등이 〈표 2-1〉과 같이 변화할 것이라고 지적하였다.

〈표 2-1〉 유러닝의 개념 정의

구분	내용
학습 장소	언제, 어디서나 원하는 학습이 이루어지고, 일상생활에서 접하는 다양한 문제 해결에 필요한 학습을 즉시 할 수 있는 환경 구현 ※ 교육의 장소가 교실, 사이버 공간에 이어 일상생활 공간으로 확대
학습 시간	시간적 제약이 줄어들고 학습자의 능력과 생활 패턴, 시간 계획에 따라 최적의 학습 가능
학습 콘텐츠	사물의 기능과 장소와 사용자의 능력에 따라 적응적이고 역동적인 콘텐츠로 변화
교수 – 학습 방법	• 독서, 조사, 관찰, 실험, 숙고하기, 대화와 토론, 피드백 등 고등정신 능력 함양과 관련된 수업 방법은 지속 • 학생 주도의 학습활동이 강화되고 일상생활, 사물, 현장과 밀접히 연계된 학습 방법 및 상호 작용 강화 • 일상과 학교에서 수집된 학생 학습 이력이 축적 · 분석되어 맞춤형 수준별 학습 자료가 개개인에게 전송(push)되며, 개인별 · 수준별 맞춤형 학습이 일반화 • 학부모의 학습 과정 참여가 활발해지고 모니터링 기능의 강화(자녀 학습에 대한 실시간 모니터링, 교사와의 용이한 소통 등) ※학습의 누적 평가 결과에 따라 개인별 수준과 분량, 콘텐츠 형태가 조정된 맞춤형 과제가 즉시 개인 디바이스로 전송(push), 다운로드됨 ※야외 체험학습에서 자유롭게 이동하면서 사물에 관한 멀티미디어 학습 정보는 실시간으로 제공받으며, 메모 정보를 교환하거나 협동학습 전개 ※실시간으로 3D를 이용한 입체감 있는 정보를 양방향으로 교환함으로써 창의적인 공동 연구 진행 등

이러한 정의에서 유러닝은 그동안 존재하지 않았던 학습의 개념을 새롭게 탄생시킨 것이 아니라, 꾸준히 추구해 왔던 학습의 본질을 향해 끊임없이 추구해야 하는 방향을 제시한 것이다.

따라서 유러닝은 '그동안 우리가 교육의 다양한 측면, 예를 들면 평생교육, 교육 내용, 교육 방법, 교육 평가, 학생심리상담 등의 다양한 영역에서 이상적으로 생각해 왔던 목표를 향해 끊임없이 노력하는 것'이라고 할 수 있다.

유비쿼터스 컴퓨터의 창시자인 마크 와이저의 꿈에서 살펴본 개념화

하원규(2003)는 'u-제주구축구상' 토론회에서 마크 와이저의 꿈을 소개하였는데, 그의 꿈을 바탕으로 정의하면 다음과 같다.

꿈 1 21세기 컴퓨터의 바람직한 모습으로 외출 시 시계를 차듯, 구두를 신듯, 옷을 입듯 의식하지 않고 자연스럽게 우리 일상생활에 파고들게 할 수는 없을까. 최상의 도구란, 사용자로 하여금 그 도구를 이용하고 있음을 자각하지 못하게 하고, 수행하는 일에 집중하게 하면서 업무의 생산성을 높이는 것이다.

꿈 2 '컴퓨터는 연인과 가볍게 대화하면서 숲 속을 산책하듯 사용할 수 있어야 한다. ……이상적인 기술이란 자연과 융합된 평온하고 고요한 것이다(Calm Technology).'

이러한 꿈을 바탕으로 정의를 내리면 다음과 같다.

첫째, 컴퓨터를 사용한다는 의식 없이 학습 목표를 달성하기 위해 이루어지는 활동

둘째, 학습과 테크놀로지가 하나가 되는 환경

셋째, 교실에 테크놀로지 기술이 자연스럽게 포함되어 그 기술을 특별히 배우지 않고, 단지 학습자는 자기 자신의 교육적 변화에만 몰두하는 환경

꿈 3 '좋은 기술이란 보이지 않는 기술이다. 일상생활이라는 직물 속에 짜깁기 되어, 개개의 기술 그 자체는 우리의 눈에 보이지 않아야 한다(Invisible Technology).'

'안경을 사용해서 편안하게 세상을 보지만, 안경을 의식하지는 않는다. 그런데 컴퓨터는 이용자의 주의를 너무 사로잡는다(Computer–Centric).'

꿈 4 마술과 같이 놀랍다면 좋겠지만, 마술은 너무 심리적이고 판매 위주다. 그런 성향은 훌륭하고 생산적인 기술(technology)에 적용하기에는 너무 위험하다. '가상현실은 실재 그러한 것처럼 느끼지만, 컴퓨터가 만들어 낸 것일 뿐 사실이 아니다. 컴퓨터는 실제 세계 그 자체를 다루어야 한다(Real Technology).'

유비쿼터스 컴퓨팅 세계는 결코 가상세계가 아니다. 현재는 컴퓨터에 실제 공간을 심지만, 유비쿼터스 시대에는 실제 공간에 컴퓨터를 심는다.

꿈 5 '좋은 기술은 기술 존재 자체가 작업장의 환경과 의식세계를 전혀 방해하지 않아야 한다(Transparent Technology).'

읽고 쓰는 기술(literacy technology)은 기억을 오래할 수 있게 도와주는 최초의 정보기술이며, 잡지나 신문, 간판 등 어디에서나 유비쿼터스 하게 존재하고 있다. '쓰기와 읽기'를 늘 이용하는 우리는 그것이 정보기술이라는 생각도, 우리가 그것을 이용하고 있다는 생각도 전혀 하지 않은 채 자연스럽게 이용한다.

이상과 같은 꿈을 바탕으로 정의를 내리면, '교실 공간과 사이버 공간이 하나가 되어 새로운 공간이 형성되고, 교실에 테크놀로지 기술이 자연스럽게 포함(embedded)되어 학습자는 자기 자신의 교육적 변화에만 몰두하는 환경'을 의미한다.

유러닝의 종합적 개념화

제3공간, 곧 유비쿼터스 공간은 현재 우리가 일상생활을 누리고 있는 물리 공간과 컴퓨터와 같은 전자 매체를 통해 형성된 전자 공간의 융합으로 생성된 공간이다. 물리 공간과 전자 공간의 융합으로 이루어진 유비쿼터스 공간은 단순한 통합이 아니라 양 공간의 특성이 용해되어 하나가 된 것으로 이해해야 한다. 이것은 제3공간으로 인해 물리 공간이 없어지거나 전자 공간이 없어지는 것이 아니라 두 공간의 의미와 특성이 더 강화되어 새로운 공간을 만들어 낸 것을 뜻한다. 유비쿼터스 공간으로 인해 학교, 도서관, 그리고 체육관 등의 물리 공간이 없어지는 것이 아니라 각 물리 공간에 전자 공간을 융합시킴으로써 학교와 도서관, 체육관이 마치 하나의 공간 속에 있는 것과 같은 상태를 만들어 내는 것을 의미한다.

따라서 유러닝은 학교, 도서관, 그리고 체육관과 같은 물리 공간에 사이버와 같은 전자 공간의 의미와 특성이 강화된 새로운 하나의 공간이 형성되어 학습이 이루어지는 환경을 의미한다고 할 수 있다.

지금까지 살펴본 유러닝의 개념을 하나의 내용으로 종합 정리해 보면, 유러닝은 '제3공간에서 이루어지는 학습' 이라고 정의할 수 있다.

이러한 제3공간의 등장으로 학교, 교실 등 교육환경의 역할과 효용성은 더 극대화 될 것이다.

유러닝의 특징

유비쿼터스, 유비쿼터스 컴퓨팅, 유러닝을 보는 시각, 유러닝의 개념 등을 통해 유러닝이 무엇이고 유러닝에서 추구하는 바가 무엇인지를 살펴보았다. 마지막으로 유러닝의 특징을 검토해 봄으로써 유러닝이 지니고 있는 속성을 이해하고자 한다.

Ogata와 Yano(2003)는 유비쿼터스 학습(Ubiquitous Learning)의 특성을 〈표 2-2〉와 같이 말하고 있다(서정희, 2005).

〈표 2-2〉 유비쿼터스 학습의 특성

영구적인 학습 자원 관리 (Permanency)	학습자가 의도적으로 삭제하지 않는 이상 결코 그들의 작업 내용을 잃지 않는다. 또한, 모든 학습 과정을 매일매일 지속적으로 기록하게 된다.
접근성 (Accessibility)	학습자는 어느 곳에서나 그들이 작성한 문서, 데이터, 비디오 자료들에 접속할 수 있으며, 이러한 정보는 학습자의 요청에 의해 제공된다. 그러므로 자기 주도적인 학습이 이루어지게 된다.
즉시성 (Immediacy)	학습자가 어디에 있던지 학습자는 즉시적으로 원하는 정보를 얻을 수 있어 신속하게 문제를 해결할 수 있게 된다. 또는 현장에서 생긴 의문을 기록하거나 녹음해 둘 수 있다.
상호 작용성 (Interactivity)	학습자는 전문가, 교사, 또래 학생들과 동시적 · 비동시적으로 언제나 상호 작용할 수 있다. 그러므로 전문가와 지식에 보다 접근하기 쉬워진다.
학습활동 맥락성 (Situating of instructional activities)	학습은 일상생활 속에 내재되며, 모든 문제나 관련된 지식은 자연스럽고 실생활과 밀접히 연관된 형태(authentic forms)로 제시된다. 이것은 학습자로 하여금 문제 상황의 특성을 알아내고 관련된 활동을 할 수 있게 도와준다.

강인애(2006)는 고등학생과 대학생의 하루에 대한 가상 시나리오(Hinrichs, 2003)를 바탕으로 21세기 학습의 특성을 다음과 같이 유추하였다.

- 문제나 프로젝트 중심 학습과 실생활에 적용이 용이한 '시뮬레이션 환경' 이나 '3D 가상현실' 등을 활용한다.
- 비디오 컨퍼런싱 커뮤니케이션이 활발해지고, 이를 위한 커뮤니케이션 스킬이 매우 중요게 된다.
- 학습자 특성에 맞는 학습 콘텐츠 제공과 개별화된 학습 정보를

부모나 교사와 공유한다.

- 학습자는 교수자와 활발한 상호 작용을 하며, 온라인 상에서 전문가들과 프로젝트에 대해 도움을 받을 수 있다.
- 학생의 실험실 활동, 그룹 토론 등 모든 활동은 기록 · 저장되어 학생의 특성에 맞는 정보를 제공할 때 활용된다.
- 산학협력적 관계를 통해 학교나 수업에서 배운 내용을 실제 상황에 적용하는 방식으로 수업이 진행된다.
- 수많은 테크놀로지가 학습 환경 속에 스며들어 있어(embedded) 학생이 어디서 무엇을 하든 자신이 원하는 바를 바로 공급받을 수 있으며, 그 학생의 모든 학습 과정을 신속하게 저장, 검색, 활용할 수 있다.

서정희(2005)는 미래 교육을 위한 유러닝 교수-학습 모델 개발 연구에서 유러닝의 특징을 다음과 같이 제시하고 있다.

- 학습자는 명시적 학습 목표를 수용하기보다는 자신에게 필요한 학습 목표를 스스로 구성하고 자신의 학습 목표에 적절한 학습 자원을 스스로 찾아간다. 입거나 들고 다니는 컴퓨터와 같은 다양한 차세대 휴대기기를 활용하여 개인 서비스를 받아 혼자만의 학습을 하기도 하며, 실시간 쌍방향 커뮤니케이션형의 협력 학습 프로그램을 수강하기도 할 것이다. 또한 오프라인 프로그램과 모바일 프로그램의 막힘 없는 조합과 연계로 구성되는 학습 환경에서 적시학습과 위치기반학습을 수행한다.
- 완벽하게 개인화된 학습 자원을 학습자에게 제공한다. 이를 위

해서 학습 자원 체제는 개인화 및 맞춤화가 완벽하게 구현되는 트래킹기술을 기반으로 운영된다. 개인 인증 기능으로 이용자 각자의 학습 내력을 저장하고 이들 정보를 유의미하게 연계하여 콘텐츠를 제공한다. 결국은 개인 신상 정보에 따라 필요한 정보 또는 지식을 실시간, 위치기반으로 제공하고 개인의 욕구 발생에 따라 각기 다른 학습 목표를 설정하고 학습 수행의 과정이 목표 설정과 거의 실시간으로 이루어지도록 운영된다.

- 유연한 학습 자원을 학습자에게 제공한다. 개인의 욕구에 맞는 정보와 자원의 변형 및 전달 방식이 자유롭게 지원되고 움직임이 많은 환경에서 학습자가 최대한 학업 몰입도를 높일 수 있는 하드웨어, 소프트웨어, 자연 인터페이스 설계 등을 구현한다. 예를 들어, 작은 단위로 구성된 정보, 자원, 자문 서비스를 구성한다든지, 단발의 집중력을 보이는 학습자의 속성에 부합하는 교수 활동 및 학습 지원 서비스가 동반된다.
- 다면적 학습 공간을 제공한다. 물리적 공간과 사이버 공간, 오프라인 학습 조직과 모바일 학습 조직을 유연하고 조화롭게 연계하고, 다양한 표상 형태의 학습 자원을 적시에 개별화하여 제공한다. 또한 공동체적인 학습 환경을 제공한다. 정규 교육기관, 비정규 교육기관, 지역사회, 집단, 개인 등 사회 각 분야에서 제공하는 연수, 강좌, 자문, 정보, 자격증 시험 같은 다양한 학습 자원과 프로그램들을 제공한다.
- 인지, 정의, 심신의 통합 학습을 제공한다. 이처럼 다양한 목표가 통합적으로 학습될 수 있도록 관련 자원을 제공하며, 가치 교육과 감성 개발 교육을 원활하게 제공한다.

- 유비쿼터스 학습에 적합한 학습 방법을 지원한다. 궁극적으로는 오 감각을 통해 학습할 수 있는 환경이 제공될 것이며, 이를 지향하면서 시뮬레이션, 게임형의 교육 프로그램이 운영된다. 또한 학습자에게는 개별화뿐 아니라 공동체 기반의 협동학습 기회가 제공된다.
- 다면적인 상호 작용을 통한 교수–학습의 흐름이 가능한 진정한 의미의 편재성(ubiquitous) 행정 시스템을 제공한다. 즉, 학사 행정 서비스의 모바일화가 구현되는 것이다. 학습자, 교수자, 학부모, 지역사회 구성원이 실시간으로 교육에 참여하고 의사소통할 수 있는 환경, 즉 공동체 기반의 기술, 사회 환경을 제공한다. 따라서 진행되고 있는 교육 진행 상황, 학습하고 있는 내용, 내용에 대한 학습자의 의견, 공부하고 있는 상황 등을 교수와 학부모가 어느 곳에 있든지 확인할 수 있는 기술적 기능을 제공한다.
- 사용자가 상호 비교를 통해 최적의 학습 프로그램을 선택할 수 있는 서비스를 제공한다. 한 단계 더 나아가, 시간을 극복, 과거의 사실을 있는 그대로 데이터베이스화하여 생생한 과거를 접할 수 있는 기술 환경을 제공한다. 학습자 능력에 따라 유연한 학습이 가능한 제도권 교육 체제가 동시에 운영되어야 하는데, 이는 결국 유비쿼터스 패러다임을 기반으로 하는 공교육기관과 조직이 운영되는 것을 의미하기도 한다.

백영균 등(2006)은 교육공학 관련 저서를 집필하면서 유비쿼터스의 주요 특징을 다음과 같이 제시하고 있다.

- 학생들이 언제 어디에서나 어떤 내용이든 상관없이, 어떤 단말기로도 학습할 수 있는 교육 환경을 조성해 줌으로써 보다 창의적이고 학습자가 중심이 되는 교육과정을 실현하는 것이 유비쿼터스 교육의 목표다.
- 유비쿼터스 교육 환경은 획일적이거나 강제적이지 않다. 학생들은 각자의 개별화된 욕구에 따라 학습한다. 이 같은 학습 환경에서 부모와 교사들 간의 상호 작용도 자연스럽고 편안하게 이루어진다.
- 학습자가 사용하는 컴퓨터는 책상에 고정되어 있지 않다. 인터페이스나 휴대도 편리하다. 이를 통해 학습자와 친밀한 상호 작용을 돕는 학습 에이전트(learning agent) 역할을 수행한다.
- 학습 공간도 학교와 교실에 제한되지 않는다. 모든 실제 세계의 공간이 학습 공간이 된다. 센서나 칩 형태로 컴퓨터가 심어진 지능화된 사물도 학습에 도움을 줄 수 있으며, 학생들은 휴대하고 있는 학습 단말기를 통해서도 학습 정보를 제공받는다.

이상에서 살펴본 내용을 중심으로 유러닝의 특징을 종합하여 제시하면 다음과 같다.

유러닝은 시간과 장소에서 유연함을 제공한다. 학습자는 언제 어디에서나 원하는 자료를 접할 수 있을 뿐만 아니라, 즉각적으로 주어진 단서를 활용해 문제를 해결할 수 있다.

유러닝은 통합교육과 지식의 유연성을 강조한다. 유러닝은 학교와 교실에 국한하지 않고 생활 속에서, 즉 실생활과 관련된 문제 상황에서 학습이 이루어진다. 실생활 속의 학습 문제는 인지적, 정의적, 심동적 내용을 모두 포함하고 있다. 이러한 통합적 목표를 달성하기 위해 언제, 어디나 편재(또는 융합)해 있는 컴퓨터는 인간의 오감을 자극하여 인간의 변화를 지속적으로 요구할 것이다. 또한 지식은 한곳에 머물러 있는 것이 아니라 나의 지식이 다른 학습자에게 전달되어 새로운 지식이 창출되고, 새롭게 창출된 지식은 또 다시 나에게 전달되어 새롭게 발전된 지식으로 거듭나게 된다.

유러닝은 상호 작용을 극대화한다. 언제, 어디나 편재해 있는 컴퓨터는 네트워크로 연결되어 교수자, 학습자, 학부모, 지역사회 주민 등 교육과 관련된 모든 사람의 의사소통을 도와주고 서로 협력하도록 상호 작용을 극대화한다. 인간의 상호 작용은 획일적이거나 강제적이 아니라 자발적이며 다면적이다. 보다 지능화된 컴퓨터는 학습 에이전트 기능을 수행하여 보다 친밀한 상호 작용을 극대화할 것이다.

유러닝은 개별화된 학습자 특성에 관심이 많다. 학습자 특성을 고려한 개별학습의 학습자 특성을 분석하는 데서부터 시작된다. 학습자 주변에 편재해 있는 컴퓨터(때로는 학습자 본인에게 내재해 있는 컴퓨터)는 학습자 특성을 파악하는 데 도움을 줄 것이다. 이를 기반으로 맞춤형 콘텐츠가 제공(push)될 것이며, 학습자에게 적절한(또는 흥미 있는) 학습 방법으로 진행될 것이다. 또한 제공된 콘텐츠는 학습자의 자발적 노력과 그 자신의 의지에 의해 선택될 것이다.

유러닝에서 평가는 다양한 자료를 바탕으로 다면적으로 이루어진다. 진정한 평가를 위해서는 학습활동이 이루어지는 전 과정에서 나타난 다양한 증거를 기반으로 이루어져야 한다. 유비쿼터스 기반의 컴퓨터는 모든 학습 과정에서 나타나는 학습자의 활동을 기록하고 평가자에게 정보를 제공할 것이다. 언제, 어디나 편재해 있는 컴퓨터는 실시간으로 교육에 참여하고 학습자의 발달 상황을 점검하며, 학습 상황에서 나타난 문제점과 적절한 대안을 제시할 것이다.

학습은 보이지 않는 곳에서 이루어질 것이다. 학습은 형식적인 학습 공간에서뿐만 아니라 언제, 어디에서나 이루어질 것이다. 어디에 가든 무엇을 하든 학습자는 단지 학습을 향해 몰입하게 될 것이다. 이는 매체나 기술을 사용한다는 의식조차 없는 상태에서 가능하게 된다.

3 u-Learning

유러닝을 위한 기술

유러닝을 위한 기술 요소

앞에서 우리는 유러닝을 '제3공간에서 이루어지는 학습'이라 정의하였다. 물리 공간과 전자 공간, 즉 사이버 공간이 융합된 공간에서 이루어지는 학습은 단순한 기존의 이러닝(e-Learning), 엠러닝(m-Learning)과는 확연히 구분되는 유러닝의 특징이라 할 수 있으며, 이 책을 통해 전달하고자 하는 가장 중요한 핵심이다.

이러한 제3공간 속에서 전통적인 기존 교육의 장점을 그대로 살리고 단점을 극복하며, 기존 교육의 틀에서는 상상할 수 없었던 그런 학습이 이루어질 수 있도록 하는 것이 유러닝의 나아가야 할 방향이며 목표일 것이다. 그럼, 유러닝을 위한 기술 요소에는 어떤 것이 있을까? 이 책에서는 마크 와이저가 주장한 유비쿼터스 컴퓨팅의 특징을 기초로 유러닝을 위한 기술 요소에 대해 접근해 보고자 한다.

마크 와이저가 주장한 유비쿼터스 컴퓨팅의 특징을 요약하면 다음과 같다.

- 네트워크에 연결되어 있어야 한다.
- 제3공간에 부합되도록 인간 친화적인 인터페이스를 갖추고 있어야 하며, 가상공간이 아닌 물리 공간에 융합되어 있어야 한다.

따라서 유러닝을 위한 핵심적인 기술 요소의 특징을 다음과 같이 표현할 수 있다.

- 언제, 어디서나 학습할 수 있는 네트워크의 연결성이 확보되어야 한다.
- 학습에 직접적 혹은 간접적으로 사용될 콘텐츠에 대한 접근성이 빠르고 정확하게 제공되어야 한다.
- 기술적인 훈련을 받지 않은 학습자도 아무런 제한 없이 학습할 수 있는 인간 친화적인 인터페이스가 제공되어야 한다.
- 가상공간에서의 콘텐츠가 아닌, 물리 공간을 이루는 여러 요소를 직접적 혹은 간접적으로 학습 콘텐츠로 이용할 수 있는 환경이 구축되어야 한다.

물론, 우리가 사용하는 언어도 시대와 환경에 따라 변화하듯 유비쿼터스의 정의도 계속 변화되고 있으며, 또한 새롭게 발표된 기술이 유비쿼터스의 정의에 부합하느냐의 여부를 놓고 많은 논쟁이 벌어지고 있다. 그러나 새롭게 발표된 기술을 통해 유비쿼터스 세상에 조금이라도 접근할 수 있다면, 무의미한 논쟁보다는 더 큰 의미를 가질 수 있을 것이다.

그럼에도 유비쿼터스의 개념에 대한 정의를 내려야만, 그 정의에 근거한 유러닝에 대해 얘기할 수 있다.

유비쿼터스를 바라보는 시각에 따라 서로 다르게 보일 수 있을지라도 누구나 인정할 수 있는 가장 유비쿼터스다운 생각은 무엇일까? 필자들은 그 유비쿼터스다운 가장 핵심적인 개념이 무엇일지를 두고 몇 날 며칠을 서로 토론한 끝에 아주 간단명료한 하나의 결론에 도달하였다. 그것이 바로 '제3공간'의 개념이다. 따라서 다루고자 하는 유러닝을 위한 기술 요소는 모두가 제3공간을 염두에 둔 기술임을 다시 한 번 밝혀 둔다.

유러닝을 위한 기술은 다음과 같이 분류할 수 있다.

- 네트워크 기술
- 정보 검색 기술
- 지능형 교육 기술
- 인간-컴퓨터 인터페이스(HCI) 기술
- 유비쿼터스 공간론

네트워크 기술은 유무선 환경에서 물리적으로 네트워크를 통해 디바이스를 접속시키는 기술과 액세스하는 기술을 말한다. 이 기술은 대부분의 유비쿼터스 컴퓨팅을 소개하는 문헌에서도 자세히 소개되어 있으므로, 여기에서는 따로 깊이 살펴보지 않는다.

정보 검색 기술은 학습자가 원하는 학습 서비스를 제공하기 위해 디바이스 또는 콘텐츠를 찾아 제공해 주는 기술로, 지금까지의 데이터베이스에 기초한 서비스를 뛰어넘어 추론 등의 고차원적 인공지능 서비스까지 가능한 기술이다.

지능형 교육 기술은 학습자의 개인 변인을 고려하여 수준별 맞춤

학습을 할 수 있는 기술로, 수요자 중심의 학습 환경을 구축 가능하게 할 것이다.

인간-컴퓨터 인터페이스 기술은 궁극적으로 가장 편하게 상호작용할 수 있고 학습 서비스를 받을 수 있는, 말을 중심으로 한 인터페이스 기술과 물리 공간에 융합된 컴퓨팅 디바이스와의 인터페이스 기술 등이 해당된다.

유비쿼터스 공간론은 물질적으로 형성된 물리 공간과 전자적으로 형성된 전자 공간의 융합으로 생성된 공간에 대해 다룬다(유러닝을 위해 교실 공간을 어떻게 가져가야 하는지 등에 대해서는 '4. 유러닝을 위한 교실 공간' 에서 자세하게 소개한다).

유러닝을 위한 정보 검색 기술

유러닝을 위한 정보 검색 기술은 지금까지의 정보 검색 기술을 뛰어넘는 아주 복잡하고 어려운 분야가 될 것이다. 단순한 문서, 이미지, 동영상 등의 모노 또는 멀티미디어 콘텐츠만이 아닌 그 이상의 학습 콘텐츠와 디바이스를 검색하여 사용자가 원하는 학습 서비스를 제공해 주어야 하기 때문이다. 물론, 기본적인 적용은 현재의 정보검색 기술에 준해야 할 것이다. 하지만 아직도 많은 사람이 네이버나 엠파스 등의 검색엔진을 쓰면서, 검색 키워드를 입력해야만 비로소 키워드에 부합하는 정보를 찾는다고 생각한다. 그러나 정보 검색 기술은 네트워크 공간을 돌아다니며 새로운 정보나 수정된 정보를 찾는 검색 로봇과 이렇게 수집된 정보를 나중에 찾기 쉽게 가공하는 색인기, 사용자와 정보 검색 시스템 간의 상호 작용을 담당하는 질의 처리기로 분류된다. 즉, 유러닝을 위한 정보 검색에서도 차원이 완전히 다르긴 하겠지만 네트워크 공간을 따라 새로운 학습 콘텐츠와 디바이스를 찾아 돌아다니는 검색 로봇이 존재하여야 하며, 이러한 학습 콘텐츠와 디바이스부터 검색에 사용될 주요 정보를 추출하여 저장하는 색인기, 그리고 학습자 또는 학습관리 시스템의 요구에 부합하는 검색 결과를 제공해 줄 수 있는 질의 처리기를 만들어야 한다.

현재 이러한 학습 콘텐츠의 아카이빙(디지털 아카이브는 최근에는 멀티미디어 분야의 자료 및 정보 처리를 위한 시스템으로 정의되고 있으나, 좁은 의미에서 기존의 아날로그 자료 및 정보를 디지털화하고 찾기 쉬운 형태로 전자적으로 보존하여 향후 재사용이 편리하도록 하는 기술을 의미한다)을 위한 메타데이터에 대한 연구가 계속되고 있으며, 이를 표준화하기 위한 노력도 이어지고 있다. 여러 연구를 통해 정리된 IEEE LTSC의 LOM(류정우, 2002), ADL의 SCORM(송미숙, 2003), IMS(김태수, 2001), Dublin Core(김태수, 1998), DC Education(김태수, 2001)에 대해 소개한다.

LOM

IEEE의 Learning Technology Standardization Committee(LTSC)는 1996년에 조직되어 5개의 그룹(일반, 학습자 관련, 콘텐츠 관련, 데이터와 메타데이터, 학습관리 시스템)으로 분류되는 다양한 학습기술과 관련된 표준을 제정하고 있다. 교육 분야의 디지털 자원이 급속도로 증가되고 있는 상황에서, 그에 대한 정보나 메타데이터 없이는 자원의 관리와 검색에 많은 어려움이 있기 때문에 IEEE LTSC는 이러한 문제를 해결하고자 LOM(Learning Object Metadata)을 만들게 되었다.

LOM은 다양한 형태의 교육 자료에 필요한 최소한의 속성만을 정의함으로써 폭넓은 적용성과 확장성을 갖도록 하였다. LTSC는 모든 개인이나 기관이 참여할 수 있도록 개방되어 있으며, LTSC의 LOM은 IMS, ARIADNE, AICC, ADL의 SCORM 등 학습 매체 메타데이터를 개발하는 많은 기관의 동의 속에 연구 개발되고 있다. 또한 이들 기관들은 모두 LOM의 개발에 적극적으로 참여하고 있다.

LOM은 교육 자료의 기술을 위한 메타데이터 요소를 의미에 따라 9가지 범주로 나누어 계층적으로 구조화함으로써, DC Education과는 차별화하고 있다. 9 가지 범주에는 General, LifeCycle, Meta-metadata, Technical, Educational, Rights, Relation, Annotation, Classification이 있으며, 특히 Educational 범주의 요소들이 교육 분야의 특징을 잘 반영하고 있는 부분이다. 〈표 3-1〉은 LOM의 요소들을 간략하게 정리한 것이다.

〈표 3-1〉 LOM의 요소들

요 소	정 의
1. General	자원에 대한 일반적인 내용 서술
Identifier	자원의 고유한 식별 기호
Title	자원에 부여된 이름
Catalog Entry	자원에 주어진 기호(문자열)
Catalogue	값으로 갖는 문자열의 근원(식별 시스템명)
Entry	실제 문자열 값
Language	자원의 언어

Description	자원의 내용에 대한 설명
Keywords	자원을 설명하는 키워드
Coverage	자원의 내용이 지닌 지리적, 시간적 특성
Structure	학습 자료의 구성 구조
Aggregation Level	학습 자료의 기능적 묶음의 수준
2. LifeCycle	자원의 역사, 버전, 저작, 배포 관련 인적, 사적 정보
Version	자원의 버전(판)
Status	자원의 상태나 진행 등급
Contribute	자원에 기여한 사람이나 기관
Role	기여(역할)의 종류
Entity	관련된 개체(사람, 기관)
Date	기여한 날짜
3. Meta-metadata	메타데이터 자체에 대한 내용 서술
Identifier	메타데이터의 고유한 식별 기호
Catalog Entry	특정 식별 시스템에서 주어진 명칭
Catalogue	특정 식별 시스템
Entry	실제 값
Contribute	메타데이터에 기여한 사람 또는 기관
Role	기여의 종류
Entity	연관된 개체(들)로서, 관련이 큰 순서대로 기재
Date	기여한 날짜
Metadata Scheme	메타데이터 스키마의 이름
Language	메타데이터 인스턴스의 언어
4. Technical	자원의 기술적 요구 사항, 특징 정보
Format	자원의 기술상(technical)의 유형
Size	디지털 자원의 크기
Location	자원의 위치 또는 그 위치로 변환시키는 방법
Requirements	자원을 사용하기 위해 요구되는 기술적 성능
Type	requirement의 유형

Name	요구되는 아이템의 이름
Minimum Version	요구되는 아이템의 가장 낮은 버전
Maximum Version	요구되는 아이템의 가장 높은 버전
Installation Remarks	자원을 설치하는 방법에 대한 설명
Other Platform_ Requirements	다른 소프트웨어 및 하드웨어 요구 사항에 대한 정보
Duration	원래의 속도로 자원을 연속 재생시킬 때 걸리는 시간
5. Educational	자원의 교육학적 특징
Interactivity Type	자원이 지원하는 상호 작용의 유형
Learning Resource Type	학습 자원의 특정 유형
Interactivity Level	최종 이용자와 자원 간의 상호 작용 수준
Semantic Density	자원의 크기나 시간과 비교하여 자원이 갖는 유용성
Intended end user role	자원의 일반적인 이용자
Learning Context	학습 배경(학습이 일어나는 주요 환경)
Typical Age Range	전형적인 이용자의 연령
Difficulty	대상 이용자들이 자원을 이용할 때의 난이
Typical Learning Time	자원을 학습할 때 소요되는 시간
Description	자원의 이용 방법에 대한 설명
Language	자원의 이용자들이 사용하는 모국어
6. Rights	자원의 저작권, 사용 권한 설정 여부
Cost	비용을 지불해야 하는지의 여부
Copyright and Other Restrictions	저작권 및 기타 제한점
Description	자원의 이용과 관련된 조건에 대한 설명
7. Relation	자원 간의 관계 서술
Kind	자원 간의 관계 유형
Resource	관계가 지시하고 있는 자원
Identifier	다른 자원의 고유 식별 기호
Description	다른 자원에 대한 설명

8. Annotation	자원에 대한 주석
Person	논평을 한 사람
Date	논평을 한 날짜
Description	논평의 내용
9. Classification	자원에 대한 분류
Purpose	분류의 목적
TaxonPath	분류상의 경로
Source	분류표의 이름
Taxon	분류에서의 특정 용어
Id	분류의 식별 기호
Entry	분류의 텍스트 라벨
Description	기술하고 있는 특성에 대한 설명
Keywords	특성을 설명하는 키워드

SCORM 메타데이터

SCORM은 정부, 기업, 교육기관이 참여하여 각 표준안의 장점을 모아 하나로 통합된 형태의 표준안이다. 이는 1997년 미 국방성에서 가상교육의 표준안으로 제안되었으며, 이후 여러 업체가 참여하여 현재까지 계속 발전해 나가고 있다. SCORM은 웹 공간에 존재하는 공유할 수 있는 콘텐츠를 모아서 실시간으로, 주문형으로 조합할 수 있도록 표준을 정해 다양하고 수준 높은 교육을 언제, 어디에서나, 누구든지 접하도록 하고자 하는 것이 목표다.

SCORM의 스펙 1.2버전에는 스펙의 구성을 세 가지로 나누어 교육 콘텐츠 모델의 구성 요소나 과정, 콘텐츠, 미디어 등에 대한 메타데이터, 콘텐츠 패키징, Run Time 환경 기술 등의 내용이 정의되어 있다.

SCROM 2004에서는 여기에 시퀀싱(Sequencing)-네비케이션 개념이 추가되었다. 쉽게 설명하자면 여러 학습 콘텐츠에 대한 학습 순서를 정의하는 것으로, 단순한 콘텐츠 단계별 순서가 아닌 여러 가지 학습 상황의 변인을 고려한 순서화를 적용시킨다고 할 수 있다.

가상교육 콘텐츠 모델의 구성 요소는 미디어, 텍스트, 이미지, 사운드, 웹 문서 등 가장 기본적인 형태의 학습 자원을 나타내는 Asset과 하나 이상의 Asset이 모인 작은 집합체인 SCO(Sharable Content Object), Asset과 SCO가 모여 의미를 이루는 집합체인 Contents Aggregation으로 이루어진다.

SCORM의 메타데이터는 LTSC의 LOM을 기반으로 작성되었다. 〈표 3-2〉는 SCORM의 메타데이터에 대한 간략한 설명이다.

〈표 3-2〉 SCORM의 메타데이터

요 소	정 의
1. General	자원에 대한 일반적인 내용 서술
Identifier	자원의 고유한 식별 기호
Title	자원에 부여된 이름
Catalog Entry	자원에 주어진 기호(문자열)
Catalogue	값으로 갖는 문자열의 근원(식별 시스템명)
Entry	실제 문자열 값
Language	자원의 언어
Description	자원의 내용에 대한 설명
Keywords	자원을 설명하는 키워드
Coverage	자원의 내용이 지닌 지리적, 시간적 특성
Structure	학습 자료의 구성 구조
Aggregation Level	학습 자료의 기능적 묶음의 수준
2. LifeCycle	자원의 역사, 버전, 저작, 배포 관련 인적, 사적 정보
Version	자원의 버전(판)

Status	자원의 상태나 진행 등급
Contribute	자원에 기여한 사람이나 기관
Role	기여(역할)의 종류
Entity	관련된 개체(사람, 기관)
Date	기여한 날짜
3. Meta-metadata	메타데이터 자체에 대한 내용 서술
Identifier	메타데이터의 고유한 식별 기호
Catalog Entry	특정 식별 시스템에서 주어진 명칭
Catalogue	특정 식별 시스템
Entry	실제 값
Contribute	메타데이터에 기여한 사람 또는 기관
Role	기여의 종류
Entity	연관된 개체(들)로서, 관련이 큰 순서대로 기재
Date	기여한 날짜
Metadata Scheme	메타데이터 스키마의 이름
Language	메타데이터 인스턴스의 언어
4. Technical	자원의 기술적 요구 사항, 특징 정보
Format	자원의 모든 요소에 대한 기술적 데이터 타입 정의
Size	디지털 자원의 크기(바이트 단위)
Location	자원을 접근할 때 사용되는 문자열
Requirements	자원을 사용하기 위해 필요한 기술적 장비들
Type	기술적 장비의 타입
Name	기술적 장비의 이름
Minimum Version	자원에 사용되는 기술 장비의 최소 버전
Maximum Version	자원에 사용되는 기술 장비의 지원 가능한 최대 버전
Installation Remarks	자원을 설치하는 방법에 대한 설명

Other Platform_ Requirements	다른 소프트웨어 및 하드웨어 요구 사항에 대한 정보 Requirements
Duration	자원의 의도한 사용 시간 표시(사운드 등에 유용)
5. Educational	자원의 교육적 특징
Interactivity Type	자원이 지원하는 상호 작용의 형태 기술
Learning Resource Type	자원의 지정된 종류 표시
Interactivity Level	최종 사용자와 자원 간의 상호 작용 레벨
Intended end user role	자원의 일반적 사용자 표시
Learning Context	자원이 적용되는 대표적 학습 환경 기술
Difficulty	대상 이용자들이 자원을 이용할 때의 난이도
Typical Learning Time	자원을 수행하는 데 걸리는 대략적 혹은 대표적인 시간
Description	자원의 이용 방법에 대한 설명
Language	자원의 이용자들이 사용하는 모국어
6. Rights	자원 사용에 대한 지적 소유권
Cost	자원 사용에 대한 지급이 필요한지 아닌지에 대한 유무
Copyright and Other Restrictions	저작권 및 다른 제약 사항의 유무
Description	자원 사용 상태에 대한 주석문
7. Relation	자원과 다른 자원 사이의 관련된 특징 서술
Kind	자원 간의 관계 유형
Resource	관계가 지시하고 있는 자원
Identifier	다른 자원의 고유 식별 기호
Description	다른 자원에 대한 설명
8. Annotation	자원의 학술적 사용에 대한 주석, 시간과 저자 표시
Person	자원에 대한 논평을 한 사람
Date	논평을 한 날짜
Description	논평에 대한 내용 설명

9. Classification	자원이 특정 부분으로 구분되는 것에 대한 설명(분류 체계 안에서의 자원의 특징)
Purpose	분류의 목적(특징)
TaxonPath	특정 범위의 분류법
Source	특정 범위 지정
Taxon	분류에서의 특정 용어
Id	분류의 식별 기호
Entry	분류의 이름이나 라벨
Description	분류된 자원에 대한 본문 설명
Keywords	분류된 자원의 키워드나 문장

IMS 메타데이터

IMS 프로젝트는 1997년 EduCom NLII(National Learning Infrastructure Initiative)로부터 시작된 기업체와 연구기관, 정부기관 간의 합동 프로젝트로써, 다양한 교육 관련 서비스가 상호 운용성을 가지도록 교육 분야 자료의 기술을 위한 메타데이터 및 기술적(technical) 측면의 요구 사항을 연구, 개발하여 널리 보급하기 위한 사업이다. IMS는 회원 기관으로써 교육기관(California State University, University of California, University of Michigan, Virginia Tech. 등), 기업(Apple, Cisco, IBM, Microsoft, Oracle, Sun MicroSystems, WebCT 등), 그리고 정부기관(US DoDefence, US DoLabor, US DoEducation 등)을 망라하고 있으며, 협력기관(ADL, ARIADNE, AICC, Dublin Core, CEN/ISSS, IEEE, W3C, NIST 등)은 세계적인 ICT와 교육 관련 표준화 기관들이 포함되어 있다. 따라서 IMS에서 발표하는 명세서는 교육 명세서의 세계적인 표준안이라고 할 수 있다. IMS는 현재까지 다음과 같은 5종의 명세를 발표하였고, 계속적인 개발이 진행 중이다.

IMS 학습 자원 메타데이터 명세(Learning Resources Metadata Specifications) 학습 콘텐츠를 기술하는 단일한 방법을 제공하여 학습 콘텐츠를 보다 쉽게 검색할 수 있다. 메타데이터를 사용하여 검색함으로써 다양한 학습 상황에서 발생하는 사용자의 고유한 요구에 부응하는 콘텐츠를 찾아낼 수 있다.

IMS 엔터프라이즈 명세(Enterprise Specification) 코스, 성능, 학습자 등에 대한 정보를 여러 플랫폼, 운영 체제, 사용자 인터페이스 등에 관계없이 공유하기 위해 필요한 애플리케이션과 서비스 제공을 목적으로 한다.

MS 콘텐츠 패키징 명세(Contents & Packaging Specification) 다양한 학습 시스템에서 사용될 수 있는 재사용 가능한 콘텐츠 객체의 생성을 목적으로 한다.

IMS 문제와 시험 명세(Question & Test Interoperability Specification) 시험 아이템들과 다른 평가도구를 다른 시스템에 걸쳐서 공유할 수 있도록 해 준다.

IMS 학습자 프로파일 명세(Learner Profiles Specification) 학습 시스템이 각 학습자의 요구에 보다 지능적으로 반응하기 위해 학습자 정보를 조직하는 방안을 제공한다.

〈표 3-3〉에서 정리되어 있는 IMS의 글로벌 학습 컨소시엄에서

배포한 메타데이터 버전 1.2는 IEEE의 LOM 6.1을 수용하되 약간의 수정을 가한 것인데, 수정 결과를 LOM과 비교해 보면, 요소 자체의 추가 및 삭제는 없고 단지 몇 가지 요소의 데이터 타입과 개념에 변화가 있을 뿐이다.

〈표 3-3〉 IMS의 메타데이터

요 소	정 의
1. General	자원 전반에 걸친 일반적 정보 서술
Identifier	자원에 대해 전체적으로 유일한 식별 기호
Title	자원에 부여된 이름
Catalog Entry	자원에 주어진 기호(문자열)
Catalog	catalog의 이름
Entry	catalog 내 실제 문자열 값
Language	사용 중인 자원의 언어
Description	자원의 내용에 대한 설명
Keywords	자원을 설명하는 주요 단어나 어휘
Coverage	자원의 내용에 적용된 지역, 지리, 문화, 시간 등과 같은 적용 범위 서술
Structure	학습 자료의 구성 구조
Aggregation Level	학습 자료의 기능적 집합 수준 서술
2. LifeCycle	자원의 발전 과정 동안에 이전 관련 특징이나 현재의 상태
Version	자원의 버전(판)
Status	자원의 상태
Contribute	자원에 영향을 미친 사람이나 조직 서술
Role	구성 요소의 종류
Entity	사람이나 조직의 실제 정보 및 식별 값 입력
Date	기여한 날짜

3. Meta-metadata	메타데이터 자체에 대한 내용 서술
Identifier	메타데이터의 고유한 식별 기호
Catalog Entry	메타데이터 내의 catalog와 그 값
Catalogue	catalog의 이름
Entry	catalog 내의 실제 값
Contribute	메타데이터에 기여한 사람 또는 기관
Role	기여의 종류
Entity	연관된 개체(들)로서, 관련이 큰 순서대로 기재
Date	기여한 날짜
Metadata Scheme	메타데이터를 만들 때 사용된 정당한 권한의 스펙의 버전과 이름 표시
Language	메타데이터 인스턴스의 언어
4. Technical	자원의 기술 요소와 특징
Format	자원의 모든 요소에 대한 기술적 데이터 타입 정의
Size	디지털 자원의 크기(바이트 단위)
Location	자원을 접근할 때 사용되는 문자열
Requirements	자원을 사용하기 위해 필요한 기술적 장비들
Type	기술적 장비의 타입
Name	기술적 장비의 이름
Minimum Version	자원에 사용되는 기술 장비의 최소 버전
Maximum Version	자원에 사용되는 기술 장비의 지원 가능한 최대 버전
Installation Remarks	자원을 설치하는 방법에 대한 설명
Duration	자원의 의도한 사용 시간 표시(사운드 등에 유용)
5. Educational	자원의 교육적 특징
Interactivity Type	자원이 지원하는 상호 작용의 형태 기술
Learning Resource Type	자원의 지정된 종류 표시
Interactivity Level	최종 사용자와 자원 간의 상호 작용 레벨
Intended end user role	자원의 일반적 사용자 표시

Learning Context	자원이 적용되는 대표적 학습 환경 기술
Difficulty	대상 이용자가 자원을 이용할 때의 난이도
Typical Learning Time	자원을 수행하는 데 걸리는 대략적 혹은 대표적인 시간
Description	자원의 이용 방법에 대한 설명
Language	자원의 이용자들이 사용하는 모국어
6. Rights	자원 사용에 대한 지적 소유권
Cost	자원 사용에 대한 지급이 필요한지 아닌지에 대한 유무
Copyright and Other Restrictions	저작권 및 다른 제약 사항의 유무
Description	자원 사용 상태에 대한 주석문
7. Relation	자원과 다른 자원 사이의 관련된 특징 서술
Kind	자원 간의 관계 유형
Resource	관계가 지시하고 있는 자원
Identifier	다른 자원의 고유 식별 기호
Description	다른 자원에 대한 설명
8. Annotation	자원의 학술적 사용에 대한 주석, 시간과 저자 표시
Person	자원에 대한 논평을 한 사람
Date	논평을 한 날짜
Description	논평에 대한 내용 설명
9. Classification	자원이 특정 부분으로 구분되는 것에 대한 설명
Purpose	분류의 목적(특징)
TaxonPath	특정 범위의 분류법
Source	특정 범위 지정
Taxon	분류에서의 특정 용어
Id	분류의 식별 기호
Entry	분류의 이름이나 라벨
Description	분류된 자원에 대한 본문 설명
Keywords	분류된 자원의 키워드나 문장

Dublin Core

인터넷과 웹을 비롯한 각종 정보통신기술의 발전으로 메타데이터로 기술되는 자원의 유형과 이들 자원의 접근 방법이 다양해졌으나 현재 웹에서 문서 전체를 대상으로 한 로봇색인은 그 한계가 지적되고 있다. 더욱이 각종 목록 규칙이나 메타데이터의 요소를 규정한 다수의 표준이 네트워크상의 정보 자원에 대해 사용되고 있으나, 메타데이터마다 그 요소를 달리하고 있기 때문에 호환성이 결여되고 정보의 중복과 검색상 여러 문제를 야기하고 있는 상황이다.

따라서 메타데이터의 호환성을 유지하고 네트워크 자원의 기술에 필요한 일련의 데이터 요소를 규정하고, 이들 자원의 신속한 검색을 목적으로 1995년 OCLC와 NCSA(National Centre for Supercomputer Application)가 미국 더블린(Dublin)에서 개최한 워크숍에서 합의된 메타데이터를 더블린 코어라고 한다.

더블린 코어의 목적은 데이터의 형식과 구조를 단순화하여 원문의 저자나 발행자가 메타데이터를 직접 작성하고, 네트워크 출판을 위한 저작도구의 개발자가 이 정보에 대한 템플릿을 직접 소프트웨어에 포함할 수 있도록 하며, 작성된 데이터를 기초로 특정 분야에서 요구되는 상세한 수준으로 확장하여 사용하기 위한 것이다.

〈표 3-4〉 Dublin Core

요 소	정 의
Title	자원에 부여된 제목
Creator	자원의 내용에 주된 책임을 지닌 개체
Subject	자원의 내용으로 다루어진 주제(topic)
Description	자원의 내용에 대한 설명
Publisher	자원을 현재의 형태로 이용 가능하게 만든 실체
Contributor	자원의 내용에 기여한 책임이 있는 기여자
Date	자원의 저술일이나 개정일, 유효 기간 등의 날짜
Type	자원 내용의 성격 또는 장르
Format	자원의 물리적 표현 형식 및 디지털 표현 형식
Identifier	자원을 식별하기 위한 식별 기호
Source	현 자원의 출처가 되는 원래의 정보 자원으로의 참조
Language	자원의 지적인 내용을 기술하고 있는 언어
Relation	관련 자원들로의 참조
Coverage	자원의 내용에서 다루어진 시간적, 공간적 범위
Rights	자원에 대한 권리 정보

DC Education

DCMI(education working group)는 더블린 코어 메타데이터를 교육 분야의 자료에 활용하는 방안을 연구하기 위하여 1999년 DCMI Education Working Group을 구성하였다. 이 Working Group에서는 IEEE LTSC LOM 연구자들과의 공동회의를 통하여 DC의 요소 전부에 LOM 요소 일부를 추가하는 방안을 제안하였는데, 이러한 작업은 DC와 LOM 간의 의미상 및 구문상의 상호 운용성을 이루기 위한 시도라고 할 수 있다.

DCMI 교육 실무진에서는 교육 자료의 기술을 위하여 교육 분야라는 특수성을 반영한 새로운 요소와 한정어 세트를 제안하였다. DC Education 메타데이터는 학교교육뿐만 아니라 직업교육과 평생교육에 이르기까지 다양한 교육 분야의 자료를 기술하는데 적용할 수 있는 유용한 의미를 정의하고자 하였다.

DC Education의 메타데이터 구성 요소는 더블린 코어의 15개 기본 데이터 요소와 함께 분야의 특수성을 반영하여 추가된 소수의 요소와 한정어를 추가하였으며, 다른 메타데이터 세트(LOM)에서 차용한 요소도 포함되었다. 〈표 3-5〉는 DC Education의 메타데이터를 간략하게 정리한 것이다.

〈표 3-5〉 DC Education의 메타데이터

요 소	정 의
Title	자원에 부여된 제목
Creator	자원의 내용에 주된 책임을 지닌 개체
Subject	자원의 내용으로 다루어진 주제(topic)
Description	자원의 내용에 대한 설명
Publisher	자원을 현재의 형태로 이용 가능하게 만든 실체
Contributor	자원의 내용에 기여한 책임이 있는 기여자
Date	자원의 저술일이나 개정일, 유효 기간 등의 날짜
Type	자원 내용의 성격 또는 장르
Format	자원의 물리적 표현 형식 및 디지털 표현 형식
Identifier	자원을 식별하기 위한 식별 기호
Source	현 자원의 출처가 되는 원래의 정보 자원으로의 참조
Language	자원의 지적인 내용을 기술하고 있는 언어
Relation	관련 자원들로의 참조

Coverage	자원의 내용에서 다루어진 시간적, 공간적 범위
Rights	자원에 대한 권리 정보
Audience	자원에 대한 이용자 범주
Mediator	자원에 대한 접근을 중개하는 개체
Standard	자원과 관련된 교육 관련 표준에 대한 참조
Identifier	관련 표준을 고유하게 식별해 주는 식별 기호
Version	참조된 표준의 버전을 제시하는 정보
InteractivityType	자원과 이용자 사이의 상호 작용의 유형
InteractivityLevel	최종 이용자와 자원 사이의 상호 작용 정도
typicalLearningTime	자원의 이용에 소요되는 일반적인 시간

지능형 교육 기술

유러닝에서의 학습 환경은 개인의 다양한 변인을 고려 및 반영하여 개별 학습자에게 특화된 학습활동이 가능하도록 설계될 것이다. 이러한 노력은 단순히 첨단기술의 편리한 적용이라는 측면을 뛰어 넘어 궁극적으로 학습을 통해 달성해야 할 목표에 도달할 수 있는 방법을 제공할 수 있을 것으로 기대된다. 전통적인 지능형 교육 시스템의 의미(이기호, 1993)와 구성 요소(Badjonski, 1997)에 대해 소개하고, 이를 한층 더 발전시킬 개인화 기술에 대해 알아보도록 한다.

ITS(Intelligent Tutoring System)란 CBI(Computer-Based Instruction)에서 진보된 교육 시스템으로써, 학습 및 문답을 통해 학습자의 수준을 분석하고 수준에 맞는 학습을 제공하는 지능적인 시스템으로 정의된다. 일반적인 컴퓨터 보조 교육 시스템은 상황에 따른 교수 방법의 변경이 불가능하지만, 인공지능기법을 도입한 지능형 교육 시스템에서는 학습자에게 맞는 교육 여건을 동적으로 제공할 수 있다.

ITS의 목적은 학습 과정에서 학생의 특별한 요구와 관심을 이해하고 이끌어 냄으로써 학생에게 적용하는 것이다. 또 이러한 과정에서 학습자의 상태를 알기 위해 학습자의 행동을 진단해야 하며, 이때 학습자의 진단 과정은 학습자 모델을 근거로 하여야 하고 ITS에 의해 지속적으로 수정된다.

ITS의 일반적인 구성 요소로는 [그림 3-1]과 같이 인터페이스 모듈, 학습자 모듈, 교수 모듈, 전문가 모듈 등이 있다(이기호, 1993; Badjonski et al., 1997).

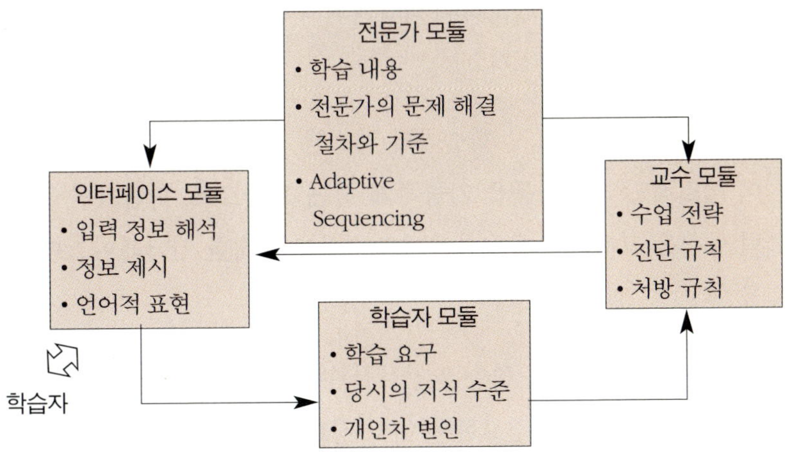

[그림 3-1] 일반적인 ITS의 구성도

전문가 모듈 어떤 사실을 분류하고 처리하며 해결하는 데서 전문가의 지식이나 방법을 담고 있는 부분이다. 즉, 해당 분야에 관한 전문가의 조언을 통해 지식 베이스를 구축, 운용하는 모듈로서 교육의 목표, 내용에 대한 측면과 특정 교수 상황에 적합한 규칙에 관한 정보를 관리한다.

학습자 모듈 학습자의 현재 지식 상태를 나타내는 학습자 모델과 그를 추론하는 진단 과정으로 구성된다. 학습자의 특징, 학습자의 사전지식, 학습자의 학습에 대한 요구, 부족한 부분, 학습 과정에 대한 기록 등을 하게 된다.

교수 모듈 학습자의 학습 상태를 감지하여 어떤 학습 내용을 어떤 방법으로 언제 제시할 것인가를 결정하는 모듈이다. 교수 모듈은 인터페이스 모듈로부터 입력받은 학습자의 반응을 학습자 모듈과 전문가 모듈을 참조하여 학습자의 수준과 취향 등에 맞게 제시하는 역할을 한다.

인터페이스 모듈 학습자와 시스템 간의 상호 작용을 담당하여 실질적인 의사소통을 가능하게 하는 모듈로써, 학습자의 입출력 방식을 고려하여 학습자에게 적합하고 친숙한 인터페이스를 제공한다.

지능형 교육 기술을 한층 발전시킬 수 있는 기술이 바로 '개인화' 기술이다. 개인화는 정보화 시대의 정보 과잉 속에서 선택의 문제를 해결하는 데 도움을 준다. 다시 말하면 개인화 서비스는 개인의 필요와 목적, 지식, 흥미 또는 상황에 따라 개인별로 다른 정보를 제공함으로써 시간과 노력의 낭비를 줄이고, 만족감을 얻어 낸다. 교육에 있어 학습자에게 개인화 서비스를 제공하게 되면 학습자 중심의 학습을 가능하게 한다. 이는 학습자의 학습에 대한 결정 동기를 고무시켜 주고, 그에 따라 학업 성취에 긍정적인 결과를 가져올 수 있다. 그러나 개인화 서비스를 제공하는 입장에서는 방대한 자료를 선별하고, 시스템을 구축하기 위해 많은 시간과 노력을 투자해야 한다. 또한 개인화를 시도하는 대상 아이템의 변화에 맞춰 상응하는 시스템을 구축하려면 비슷한 투자가 반복되어야 하는 등의 어려움이 있다.

인간-컴퓨터 인터페이스 기술

디바이스를 비롯한 컴퓨터가 사람의 말을 알아듣고, 그에 따라 정보를 처리하며, 또 답변하는 인터페이스야말로 학습자에게 가장 편안한 접근 기술이 될 것이다.

사람의 말을 알아듣고 이해하며 또 말을 할 수 있는 컴퓨터가 만들어지기 위해서는 크게 음성 인식, 자연 언어 처리, 음성 합성 등의 세부 기술이 구현되어야 한다.

음성 인식 기술은 사람의 말을 입력으로 받아 문자 코드로 변환하는 것을 목표로 하는 기술이며, 많은 연구가 진행되고 있으나 실용화를 위해서는 많은 시간이 소요될 것으로 예상된다.

자연 언어 처리 기술은 자연 언어를 이해하는 단계로 기본적인 품사를 구분하는 형태소 분석, 문장의 주어, 목적어 등을 구분하는 구문 분석, 문장의 앞뒤 구문을 통해 모호성을 해소하는 의미 분석의 세 단계로 이루어진다. 현재 인터넷 검색엔진, 워드프로세서의 맞춤법 검사기 등이 이 자연 언어 처리 기술을 이용하여 제작되고 있다. 한글을 대상으로 하는 자연 언어 처리는 현재 형태소 분석 수준을 넘어 구문 분석 단계에서 활발히 연구가 진행 중에 있으며, 부분적으로 의미 분석 단계까지를 실험하고 있다. 이러한 자연 언어 처리 기술이 컴퓨터가 사람의 말을 완벽히 알아들을 수 있도록 완성되기까지는 음성 인식 기술보다 더 많은 시간이 필요하다.

일반적으로 TTS로 알려진 음성 합성 기술은 음성 인식, 자연 언어 처리 기술과 비교하여 현재 상용화될 만큼의 높은 완성도를 보이고 있어 생활 곳곳에서 음성 합성 기술이 적용된 서비스를 제공받고 있다.

인간과 인간이 주고받는 대화의 이해 수준을 컴퓨터와 나누기에는 아직 기술적으로 역부족이다. 그러나 각 수준별로 단계를 나누어 조금씩 진보한다면 아주 불가능한 얘기만은 아닐 것으로 보이며, 20~30년쯤 후의 세대에는 그런 인터페이스 환경에서 컴퓨터를 사용할 수 있을 것으로 기대된다.

이러한 관점 외에도 디바이스를 포함한 컴퓨터들끼리의 인터페이스도 중요한 기술이다. 여기서는 대표적으로 적용되고 있는 RFID와 칼라코드에 대해 살펴보고자 한다.

RFID(Radio Frequency Identification)는 마이크로 칩을 내장한 태그에 저장된 데이터를 무선 주파수를 이용하여 리더에서 비접촉식으로 자동 인식하는 기술을 말한다. 필요한 모든 것에 RFID 태그를 부착하여 기본적인 사물의 인식 정보뿐만 아니라 주변의 상황 정보, 환경 정보까지도 인식 가능하다.

RFID 시스템은 RFID 태그와 리더, 리더를 지원하는 호스트로 구성된다. 태그는 메모리와 안테나를 포함하고 있으며, 메모리에 저장된 정보를 RFID 리더로 전송하는 기능을 수행한다(김형준, 2005).

RFID 태그는 크기와 모양이 다양하며, 전원 공급 유무에 따라 수동형(passive) 태그와 능동형(active) 태그로 분류되며, 사용하는 주파수 대역에 따라 〈표 3-6〉과 같이 저주파(125KHz, 134KHz), 고주파(13.56MHz), 극초단파(433.92MHz, 860~960MHz), 마이크로파(2.45GHz) 등으로 분류된다(조대진, 2005).

수동형 태그는 태그에 배터리가 없으며, 능동형 태그에 비해 가볍고 가격도 저렴하면서 반영구적으로 사용이 가능하다. 하지만 인식거리가 짧고 RFID 리더에서 많은 전력을 소모하는 단점이 있다. 능동형 태그는 태그에 배터리가 부착되어 있고 리더와의 인식 거리를 멀리 할 수 있는 장점이 있으나, 수동형에 비해 고가인 단점이 있다.

〈표 3-6〉 RFID 주파수 대역

<table>
<tr><th rowspan="2">주파</th><th>저주파</th><th>고주파</th><th colspan="2">극초단파</th><th>마이크로파</th></tr>
<tr><th>125KHz,
134KHz</th><th>13.56MHz</th><th>433.92MHz</th><th>860~
960MHz</th><th>2.45GHz</th></tr>
<tr><td>인식
거리</td><td>60cm 미만</td><td>60cm까지</td><td>50~100m</td><td>3.5~10m</td><td>1m 이내</td></tr>
<tr><td>일반
특성</td><td>• 비교적 고가
• 환경에 의한 성능 저하 거의 없음</td><td>• 저주파보다 저가
• 짧은 인식거리와 대중 태그 인식이 필요한 응용 분야에 적합</td><td>• 긴 인식거리
• 실시간 추적 및 컨테이너 내부 습도, 풍격 등 환경 센싱</td><td>• IC 기술 발달로 가장 저가로 생산 가능
• 다중 태그 인식거리와 성능이 가장 뛰어남</td><td>• 900대역 태그와 유사한 특징
• 환경에 대한 영향을 가장 많이 받음</td></tr>
<tr><td>동작
방식</td><td>• 수동형</td><td>• 수동형</td><td>• 능동형</td><td>• 능동형
수동형</td><td>• 능동형
수동형</td></tr>
<tr><td>적용
분야</td><td>• 공정자동화
• 출입통제/보안
• 동물 관리</td><td>• 수화물 관리
• 대여 물품 관리
• 교통카드
• 출입통제/보안</td><td>• 컨테이너 관리
• 실시간 위치 추적</td><td>• 공급망 관리
• 자동통행료 징수</td><td>• 위조 방지</td></tr>
<tr><td>인식
속도</td><td colspan="5">저속 -- 고속</td></tr>
<tr><td>환경
영향</td><td colspan="5">강인 -- 민감</td></tr>
<tr><td>태그
크기</td><td colspan="5">대형 -- 소형</td></tr>
</table>

〈표 3-7〉 매체별 인식기술 비교(이은곤, 2004)

<table>
<tr><th>구 분</th><th>바코드</th><th>자기 카드</th><th>IC 카드</th><th>RFID</th></tr>
<tr><td>인식 방법</td><td>비접촉식</td><td colspan="2">접촉식</td><td>비접촉식</td></tr>
<tr><td>인식 거리</td><td>~50cm</td><td colspan="2">리더기에 삽입</td><td>~27cm</td></tr>
<tr><td>인식 속도</td><td>4초</td><td>4초</td><td>1초</td><td>0.01~0.1초</td></tr>
<tr><td>인식률</td><td>95% 이하</td><td colspan="3">99% 이상</td></tr>
<tr><td>투과력</td><td colspan="3">불가능</td><td>가능(금속 제외)</td></tr>
<tr><td>사용 기간</td><td>—</td><td>1만 번
이내(4년)</td><td>1만 번(5년)</td><td>10만 번(60년)</td></tr>
<tr><td>데이터 저장</td><td>1~100byte</td><td>1~100byte</td><td>16~64Kbyte</td><td>64Kbyte 이하</td></tr>
<tr><td>Data Write</td><td>불가</td><td colspan="3">가능</td></tr>
<tr><td>카드 손상률</td><td>매우 잦음</td><td>잦음</td><td>잦음</td><td>거의 없음</td></tr>
<tr><td>태그 비용</td><td>가장 저렴</td><td>저렴</td><td>높음
($10 이상)</td><td>보통($0.5~$1)</td></tr>
<tr><td>보안 능력</td><td>거의 없음</td><td>거의 없음</td><td>복제 불가</td><td>복제 불가</td></tr>
<tr><td>재활용</td><td colspan="2">불가능</td><td colspan="2">가능</td></tr>
</table>

〈표 3-7〉과 같이 RFID와 기존에 사용되고 있는 인식 매체(바코드, 자기카드, IC카드)들과 비교해 보면, RFID가 비접촉식으로 한 번에 다중 태그를 인식하며 다른 매체에 비해 인식 속도가 빠른 특징을 가지고 있는 것을 알 수 있다. 또한 다른 매체에 비해 인식거리가 상대적으로 길고 금속을 제외한 장애물의 투과도 가능하다. 그리고 재활용성도 뛰어나 반영구적으로 사용할 수 있으며, 복제가 불가능하여 높은 보완 능력을 가지고 있다(이은곤, 2004).

RFID는 기존의 인식 매체들과는 달리 여러 장점을 가지고 있다. 이와 더불어 최근 새로운 기술로 각광받는 컬러코드(Colorcode)는

[그림 3-2]와 같이 최소 3×3mm 크기의 매트릭스 형태로 4가지 색상(적색, 흑색, 녹색, 청색)을 조합하여 나올 수 있는 경우의 수를 이용하여 각종 디지털 정보를 기록·저장하는 새로운 개념의 데이터 표현 기술이다. 컬러코드는 자체에 정보를 입력하는 것이 아니라, 온라인 정보(콘텐츠)의 URL을 데이터베이스에 저장하고 컬러코드 인식을 통해 데이터베이스에 저장된 URL만 불러오는 방식이다(칼라집미디어).

이러한 컬러코드와 RFID는 몇 가지 차이점과 공통점을 가지고 있다. 그 차이점을 살펴보면 컬러코드는 10만 화소급 이상의 카메라가 부착된 단말기로 인식이 가능하지만, RFID는 고가의 RFID 리더가 필요하다. 그리고 컬러코드는 한 번에 단일 코드를 인식할 수 있는 반면에, RFID는 한 번에 다중 태그를 인식할 수 있으며 컬러코드에 비해 보안 능력이 뛰어나다. 공통점은 컬러코드와 RFID 모두 통신 환경을 필요로 한다는 것이다(김상태, 2003).

[그림 3-2] 컬러코드

〈표 3-8〉 컬러코드와 RFID의 비교(김상태, 2003)

구 분	컬러코드	RFID
인식기	단말기에 부착된 카메라	별도의 RFID 리더기 부착
패턴 수	5×5의 경우 170억 개	1,038
통신 환경	필요	필요
가 격	저가	고가
유통 방식	인쇄매체 등으로 배포 가능	물리적인 미디어이므로 태그 자체에 한정됨
보 안	낮음	높음

RFID와 컬러코드의 가장 큰 차이점으로 인식 방법을 말할 수 있다. RFID는 RFID 태그가 어디에 붙어 있는지 모르더라도 인식 가능한 거리에 RFID 리더가 위치하면 자동으로 태그를 인식하여 태그에 부합하는 서비스를 받을 수 있다. 하지만 컬러코드는 컬러코드가 부착된 곳을 찾아 단말기(PDA, 휴대전화)의 카메라를 이용하여 인식시켜야 그에 맞는 서비스를 제공받을 수 있다.

유러닝을 위한 학습 지원 단말기

현재 유러닝을 위한 개인 휴대용 학습 지원 단말기로는 태블릿 PC, PDA, 휴대전화 등이 주로 사용되고 있으며, 최근 PMP, UMPC, 교육용으로 특화된 PC 등이 점차 사용되고 있는 추세다. 여기서 이들 기기가 유비쿼터스다운 환경을 제공하는지에 대한 논쟁은 접어두기로 한다.

태블릿 PC

태블릿 PC는 노트북의 한층 업그레이드된 제품군으로 분류할 수도 있으나, 태블릿 PC만의 화면 제어, 스타일러스 펜을 사용한 인터페이스 등의 특징이 기존의 노트북과는 차별화된다. 그러나 학습 단말기로의 이용은 고가이며, 무게가 무겁고, 배터리 등의 문제로 장시간 휴대하여 사용이 어렵다는 단점이 있다.

HP 컴팩 TC4200 태블릿 PC PA751AV

PDA(Personal Digital Assistant)

PDA는 휴대성과 성능이 비교적 뛰어나고, 무선 네트워크를 이용한 인터넷 접속으로 최근에도 다양하게 많이 사용되고 있다. PC에서 가능한 업무를 대부분 PDA에서도 작업이 가능하지만, 자체 입력을 위한 인터페이스가 불편한 것이 무엇보다 큰 단점이다. 학습용 으로 휴대전화와 함께 많이 연구되고 있는 단말기이다.

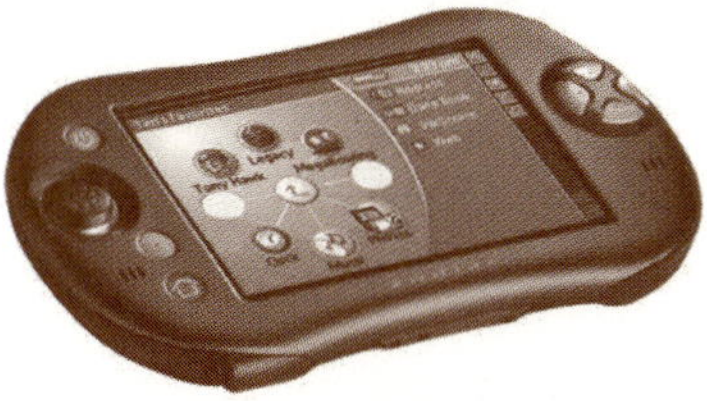

Zodiac 2

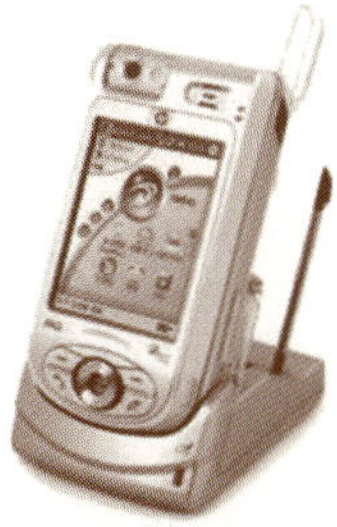

iPAQ rw6100

휴대전화

휴대전화는 가장 일반화된 휴대용 단말기이며, 특히 우리나라에서는 남녀노소를 막론하고 그 사용층이 광범위하여 학습용 단말기로도 많이 고려되어 왔다. 그러나 화면 크기의 제약이 심하고 인터페이스가 불편하며, 단순 정보 제공 외의 기능을 갖기가 어려운 단점이 있다.

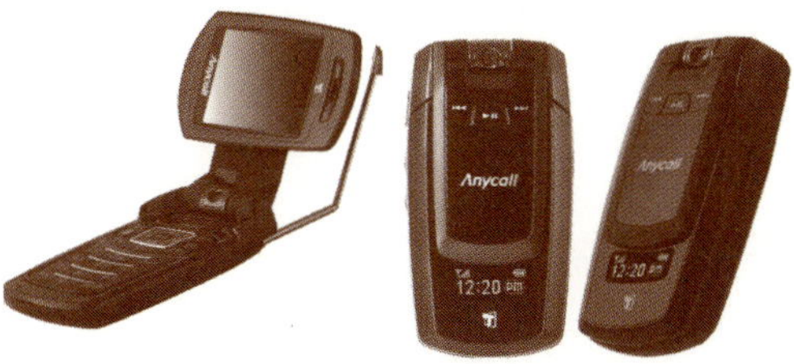

삼성 애니콜 SCH-B560

팬택 SKY IM-U160

PMP

플래시메모리, 하드디스크 드라이브를 내장한 휴대형 멀티미디어 재생기로, 디지털카메라 등의 다양한 기능과 함께 제공되고 있다. 최근 멀티미디어 학습 콘텐츠를 이용한 학습에 많이 사용되고 있다.

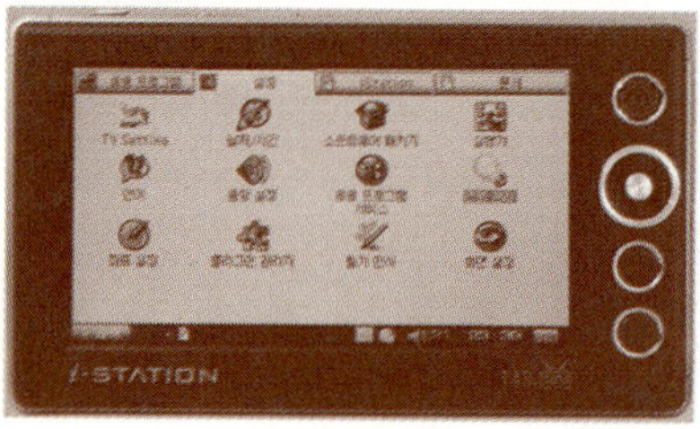

디지털큐브 T43

UMPC

현재의 단말기 가운데에서는 가장 유비쿼터스다운 단말기라 할 수 있다. 모바일 환경에 비교적 적합한 인터페이스 기능을 갖추고 있으나, 여전히 불편함을 가지고 있다. 학습 단말기로 이용하기 위해서는 가격 문제와 배터리 문제가 선결되어야 한다.

라온디지털 Vega

교육용 PC: 에듀와이즈(Eduwise)와 저가 노트북

교육용 PC로는 인텔에서 만든 에듀와이즈가 있다. 플립 여닫이형(flip-open) 시스템이며, Wi-Fi 기반의 무선 랜을 내장하고 있으며 손잡이가 부착되어 있다. 저렴하게 학습 단말기를 이용할 수 있다는 것이 무엇보다 큰 장점이다. 이와 함께 최근에 경쟁적인 노트북의 저가 정책으로 파격적인 가격의 노트북이 출시되고 있어, 향후 학습 단말기의 가격 문제도 자연스럽게 해결될 것으로 기대되고 있다.

유러닝의 바른 정착을 위한 우리의 노력

유러닝의 바른 정착은 어떤 형태로든 새로운 변화를 느끼지 않고 시나브로 학습 효과를 이끌 수 있는 그런 상태에서 가능하다. IT 패러다임의 변화 속에서 정보화의 역기능을 직접 경험하고 있는 우리는 더욱 발전된 미래를 생각하여 미리 대비하지 않으면 큰 혼란에 직면하게 될 것이다. 새로운 유비쿼터스 환경이 몰고 올 폐해를 상상해 보며 예방을 위해 서로 어떤 노력을 기울여야 하는지, 유비쿼터스 환경에서의 학습을 통해 우리가 얻을 수 있는 장점은 무엇이며, 그러한 장점을 극대화하기 위해서는 어떻게 해야 하는지 등에 대해 같이 고민해 볼 시점이다.

유비쿼터스 세상의 도래는 우리에게 많은 순기능과 함께 역기능 또한 가져다줄 것이다. 현재와는 전혀 다른 차원의 개인 프라이버시 침해, 무분별한 정보의 과잉, 과도한 컴퓨팅에 대한 의존과 범죄 수단으로의 악용 등 현재의 우리를 거울삼아 보더라도 향후에는 더욱 심각한 상황에 직면하게 될 것이다. 이러한 문제를 법적으로, 기술적으로, 윤리적으로 해결하기 위한 다양한 노력을 이제는 구체적으로 논의해야 할 것이며, 정보 윤리 교육에 대한 보다 다양화된 연구가 필요하다.

그러나 유러닝의 바른 정착을 위해 무엇보다 고민해야 할 사항은 사회 계층 간에 더욱 심화될 정보 격차에 대한 문제며, 이는 접근성의 문제를 뛰어넘어 빈부 격차 등의 사회적 문제로 연결될 것이 자명하다. 따라서 정보 교육에 대한 초·중등에서의 공교육 강화와 함께 정보 격차를 좁힐 수 있는 다양한 지원책이 앞으로는 더욱 필요하다. 그동안 정보화 역기능을 유발한 원인 중에 초·중등 공교육에서 단순한 정보도구의 활용적인 면만을 지나치게 강조해 온 문제점을 지적하지 않을 수 없기 때문이다. 컴퓨팅의 이해를 바탕으로 실생활의 문제 해결력을 향상시킬 수 있는 정보 교육이야말로 순기능의 강조를 통해 역기능을 줄여 나갈 수 있는 가장 기본적이고 중요한 요소일 것이다.

유비쿼터스의 특징을 두고 '언제, 어디서나' 라는 말을 일반적으로 많이 사용하고 있다. 이보다 더 중요하게 강조되어야 할 특징으로 반드시 추가되어야 할 말이 정보 격차의 해소를 의미하는 '누구든지' 가 아닐까?

유러닝을 위한 교실 공간

유비쿼터스 공간 개념

19세기 말 독일 미학에서 공간이라는 용어가 처음 등장하였을 때, 공간은 물리적이거나 정신적인 대상이었다. 그러나 공간은 19세기 독일 미학자들이 다루기 이전부터 일상생활의 장으로써 인류 역사의 토대였다. 공간에는 지나온 인류 역사의 정보와 물질이 축적되어 있다. 더욱이 21세기 현재의 공간은 물리적인 한계를 넘어 사회적 가치와 자본의 대상으로 다루고 있다.

공간의 역사는 인류의 역사와 함께한다. 한 시대의 사회적, 문화적, 기술적 패러다임이 바뀔 때마다 공간에 대한 인식과 가치도 바뀌었다. 곧 시대의 변화와 공간의 변화는 동시대적으로 이루어졌다. 시대의 변화와 공간의 변화를 정리하면 도시혁명, 산업혁명, 정보혁명, 유비쿼터스 혁명으로 요약할 수 있다.

하원규(2002)에 따르면, 도시혁명은 인류의 활동 공간인 물리 공간을 도시 공간으로 창조한 1차 공간혁명을 의미하고, 산업혁명은 도시 공간을 중심으로 물리 공간의 생산성을 고도화한 2차 공간혁명시대를 의미한다. 정보혁명은 인류의 활동 기반으로 물리 공간이 아닌 인터넷과 같은 완전히 새롭고 보이지 않는 전자 공간을 창조한 3차 공간혁명을 말한다. 4차 공간혁명은 물리 공간과 전자 공간을 융합시켜 제3공간, 곧 유비쿼터스 공간을 생성시킨 유비쿼터스 혁명을 의미한다.

유비쿼터스 혁명은 과거와는 전혀 다른 공간인 제3공간이 생성되는 공간혁명이라 할 수 있다. 물리 공간과 전자 공간의 융합으로 정의할 수 있는 제3공간에서는 물리 공간과 전자 공간의 한계를 벗어나 언제, 어디에서나 제한 없이 원하는 정보에 접속할 수 있다. 정보혁명은 물리 공간을 컴퓨터 속에 집어넣는 혁명이지만, 유비쿼터스 혁명은 물리 공간에 컴퓨터를 집어넣는 혁명이기 때문이다.

제3공간인 유비쿼터스 공간에서는 물리적 환경과 사물 간에도 전자 공간과 같이 정보가 흘러다니며, 마치 사람이 그 속에 들어가 있는 것처럼 지능화되어 정보를 원하는 사람들에게 제공한다. 유비쿼터스 혁명은 물리 공간과 전자 공간의 한계를 동시에 극복하고 사람, 컴퓨터, 사물이 하나로 연결된 살아 있는 공간으로 가는 공간혁명이라 할 수 있다. 이러한 점에서 제3공간, 즉 유비쿼터스 공간이란, '물질적으로 형성된 물리 공간과 전자적으로 형성된 전자 공간의 융합으로 생성된 공간'이라 정의할 수 있다.

유비쿼터스 공간을 생성하는 물리 공간과 전자 공간의 융합은 단순히 물리적인 통합이 아니라, 양 공간의 특성이 용해된 것으로 이해해야 한다. 다시 말해, 현재 나타나고 있는 물리 공간과 전자 공간의 특성이 서로 융합되어 새로운 특성을 가진 제3공간으로 이해해야 한다는 것을 의미한다. 이것은 제3공간의 생성으로 물리 공간이 없어지거나 전자 공간이 없어지는 것이 아니라, 두 공간의 특성이 더 강화된 새로운 공간을 체험하는 것을 뜻한다. 유비쿼터스 공간은 학교, 병원, 사무소 등의 물리 공간을 해체하는 것이 아니라, 각 물리 공간을 전자 공간에 융합시킴으로써 학교와 병원과 사무소가 마치 하나의 공간 속에 있는 것과 같은 상태를 만들어 내는 것을 의미한다. 따라서 제3공간의 등장으로 학교, 병원, 사무소 등 물리 공간의 역할과 효용성은 더 극대화될 것이다.

유비쿼터스 공간의 공간 특성과 공간 구조

유비쿼터스 공간은 물리 공간과 전자 공간의 융합으로 생성된다. 일반적으로 물리 공간과 전자 공간을 이분법적으로 구분할 수 있지만, 유비쿼터스 공간에서 이를 구분하는 것은 무의미하다. 유비쿼터스 공간은 물리 공간에 이식된 유비쿼터스 네트워크와 센서, RFID 등과 같은 아주 작은 컴퓨터가 사물과 연결됨으로써 생성된다. 전자 공간과 다르게 유비쿼터스 공간은 물리 공간을 전자 공간에 이식하는 것이 아니라, 전자 공간을 물리 공간에 이식하는 방법으로 실현되는 것이다. 이를 통해 물리 공간이나 전자 공간이 가진 한계를 뛰어넘을 수 있다. 물리 공간이 수동적이고 전자 공간이 능동적일 때, 유비쿼터스 공간에서는 능동성이 극대화된다. 유비쿼터스 공간에서 접속은 사람의 의도적인 접속이나 조작 없이도 가능하기 때문이다.

능동성의 극대화는 기술의 주체인 사람이 여러 대상과 관계를 복합적으로 구성하고 있기 때문에 가능하다. 사람과 사람, 사람과 사물, 사람과 기술의 관계가 이분법적이지 않고 네트워크로 구성된 세계의 인터넷 망처럼 복합적으로 구성되어 있기 때문에 조용하면서도 능동적인 공간이 생성될 수 있다.

이러한 특성은 물리 공간이나 전자 공간이 공통적으로 가지고 있는 것이다. 이 특성이 유비쿼터스 공간을 통해 상호 간의 틈이 사라지고 경계가 없어짐으로써 능동성이 극대화된 것으로 볼 수 있다. 즉, 유비쿼터스 공간에서는 21세기 현대사회가 가진 물리 공간의 특성과 전자 공간의 특성이 융합됨으로써 극대화된 능동성이 생성된다.

물리 공간과 전자 공간의 특성이 유비쿼터스 공간 내에서 극대화될 때, 유비쿼터스 공간은 물리 공간과 전자 공간 사이의 경계가 없어진 상태로 놓일 것이다. 이것은 물질과 정보의 흐름이 극대화된 인체의 신경망과 같다고 할 수 있다. 인체의 신경망은 세포들의 구성이 네트워크로 집적되어 있으며, 이 네트워크를 통해 신체에서 일어나는 수많은 정보가 전달된다. 전달된 정보는 뇌의 정보 처리를 통해 다시 세포들로 전달된다. 이러한 점에서 유비쿼터스 공간은 인체의 생명체 네트워크와 유사하다.

인체에서 신경의 자극과 운동은 동시에 일어난다. 주변 환경에 대한 지각은 인체의 감각기관을 통해 뇌로 바로 전달된다. 뇌에서 나오는 정보 또한 순간적으로 전달되어 뇌가 요구하는 행동이 즉각적으로 취해진다. 이러한 동시성을 유비쿼터스 공간이 가진 '시간과 공간의 동시성'이라 할 수 있다.

유비쿼터스 공간에서도 주위 환경을 감지하고 해석 · 판단하며 작동하는 지능화된 장치들이 물리 공간 내에 이식되어 있다. 이 장치들은 시간과 공간의 한계를 넘어 순간적으로 반응하고 작동한다. 그 결과 유비쿼터스 공간 안에 있는 사람들은 인식하지도 못한 채 네트워크로 연결된 지능화된 장치의 도움을 받게 된다. 이것은 곧 살아 있는 공간과 같은 것이다. 물리 공간과 전자 공간의 구분 없이 살아 움직이는 것과 같은 공간이 유비쿼터스 공간이다.

능동적이고 살아 있는 공간으로써 유비쿼터스 공간은 '융통성', '유연성', '소통성', '동시성'을 가진다. 유비쿼터스 공간은 벽과 바닥으로 구분된 물리 공간처럼 그 경계를 명확하게 할 수 없다. 따라서 공간의 영역은 확정적이지 않고 불확정적인 상태가 된다. 사람들은 유비쿼터스 공간 영역을 규정하여 인식할 필요가 없다. 병원을 예로 들면, 병실, 진료실, 약국 등 기능으로 구분된 공간들은 유비쿼터스 공간으로 통합되어 병실에서 진료와 약 처방이 동시에 이루어질 수 있다. 학교에서는 교실에서 시청각, 어학, 회의, 교무 등의 기능적 공간의 구분 없이 수행될 수 있다. 유비쿼터스 공간에는 유비쿼터스 컴퓨팅이 언제, 어디에서나 존재하기 때문이다. 이와 같이 유비쿼터스 공간에서는 공간의 영역과 기능이 고정되지 않고 공간 상호 간의 교환과 통합이 발생하는 공간의 융통성이 극대화될 것이다.

또한 유비쿼터스 공간은 살아 있는 신체처럼 작동하기 때문에 유연하다. 사람의 행동에 따라 공간은 열리고 닫힌다. 공간이 살아 있는 듯이 능동적으로 움직인다. 스스로의 지능에 따라 공간 내에서 작동하고 멈춘다. 그리고 이러한 작동은 공간과 시간의 틈 없이 동시에 이루어진다. 유비쿼터스 공간의 활성화는 시간과 공간의 차이가 사라질 때 나타난다. 개인이 주체가 되어 작동시키는 전자 공간과는 이러한 점에서 큰 차이가 있다. 이러한 점에서 유비쿼터스 공간은 유연성과 동시성을 가지고 있다.

소통성은 유비쿼터스 공간의 핵심적인 특성이다. 물리 공간과 물리 공간, 전자 공간과 전자 공간, 물리 공간과 전자 공간, 지능화된 장치와 공간 간의 소통, 사람과 컴퓨터와의 소통 등 유비쿼터스 공간에서 소통성은 가장 중요한 특성인 동시에 유비쿼터스 공간을 완성하는 요소이기도 하다.

이와 같이 유비쿼터스 공간 특성은 '융통성', '유연성', '소통성', 시간과 공간의 '동시성'으로 정리할 수 있다. 이러한 특성은 유비쿼터스 공간이 가진 뉴런 구조와 리좀의 구조적인 성격을 통해 보다 분명하게 나타난다.

유비쿼터스 공간의 뉴런 구조

인체의 신경기관인 뉴런은 외부 환경에 대한 감각 정보를 뇌에 전달하고, 뇌에서 전달하는 정보를 신체의 운동기관에 전달하는 신경이다. 뉴런은 감각뉴런(sensory neuron), 연합뉴런(inter neuron), 운동뉴런(motor neuron)으로 구성되어 있다. 감각뉴런은 인체의 오감에서 들어오는 정보를 뇌로 전달하고, 연합뉴런은 감각뉴런과 운동뉴런의 중개 역할을 수행한다. 운동뉴런은 뇌의 명령을 근육과 같은 운동기관에 전달하는 역할을 한다. 인체는 이 세 가지 뉴런의 기능을 통해 주위 환경을 감지하고 적절한 행동을 취함으로써 환경에 적응한다.

유비쿼터스 공간을 움직이는 원리는 인체의 뉴런이 작동하는 원리와 거의 같다. 유비쿼터스 공간에서는 끊임없이 정보가 들어오고 전달되며, 처리되고 동작되어야 하기 때문이다. 유비쿼터스 공간이 가진 시간과 공간의 동시성은 인체의 뉴런처럼 바로 감지, 작동되어 이루어지는 것이다. 즉, 유비쿼터스 공간은 인체의 뉴런 구조와 같이 기능할 때 형성된다.

뉴런 구조와 비교하여 유비쿼터스 공간의 작동 원리를 살펴보면, 먼저 광대역 유선망, 모바일 네트워크, 초고속 무선 랜 등은 물리 공간 곳곳에 침투되어 있는 연합뉴런과 같다. 모든 정보는 앞의 장치를 통해 연계된다. 시스템 온칩, 랩 온칩, 바이오칩, RFID, 스마트라벨 등 물리 공간의 사물에 이식된, 지능화된 센서는 주위의 환경을 정확하게 인식하고 전달하는 감각뉴런과 같다. 유비쿼터스 공간에서 실제적으로 움직이는 마이크로머신, 바이오 마이크로머신, 로봇 등은 처리된 정보를 바탕으로 능동적으로 움직이는 운동뉴런과 같다.

유비쿼터스 공간을 살아 있는 것과 같이 움직이는 지능화된 센서들과 네트워크, 그리고 실행 머신은 사람들의 인위적인 조작 없이도 작동해야 한다. 이를 위해서는 각 장치들이 인체의 뉴런 구조와 같

[그림 4-1] 인체의 신경 뉴런

이 긴밀하게 연결되어 있어야 하며, 유연할 뿐만 아니라 끊임없이 상호 소통해야 하고, 동시적으로 기능해야 한다. 결국, 전자 공간과 물리 공간이 뉴런 구조처럼 조직화될 때 진정한 유비쿼터스 공간이 만들어질 것이다.

유비쿼터스 공간의 리좀 구조

리좀은 뿌리줄기를 일컫는 식물학 용어로, 능동적이며 자율적으로 뻗치고 이동해 나가는 망상 조직을 가진 특성이 있다. 이러한 조직성은 현대사회의 인터넷 네트워크의 특성과 같다. 컴퓨터에 인터넷을 연결하는 순간, 컴퓨터는 개인의 선택이나 의도 없이 세계의 인터넷 등 통신 네트워크와 연결된다.

유비쿼터스 공간에서도 동일한 현상이 일어난다. 일정한 영역의 물리 공간에 설치된 지능화된 센서들과 실행 머신들은 연합뉴런에 해당하는 통신 네트워크에 접속되면서 일련의 네트워크에 자동적으로 연결될 것이다. 이렇게 연결된 장치들은 네트워크상에서 상호 소통하면서 능동적 · 자율적으로 필요한 정보들을 주고받을 것이다. 이처럼 유비쿼터스 공간의 확장과 침투는 리좀 구조처럼 진행될 것이다.

리좀 구조의 특성인 접속과 이질성의 원리, 복수성의 원리, 비기표적 단절의 원리, 제작술과 전사술의 원리는 현대의 인터넷과 같은 통신 네트워크의 특성과 유사하다. 이 특성들은 서로 다양하고 이질적인 코드화 양식에 따라 집합적으로 끊임없이 접속하고 소통되는 점, 수많은 접속점으로 이루어진 구조라는 점, 단절이 발생하였을 때 다른 것으로 끊임없이 옮겨간다는 점, 다양한 입구를 가지고

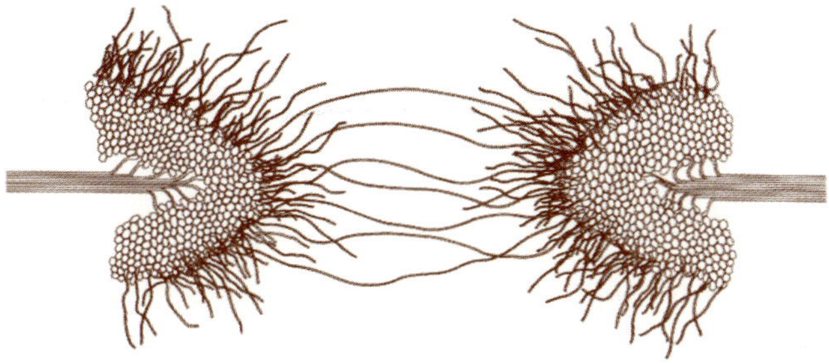

[그림 4-2] 식물 뿌리의 리좀 구조(Kisho Kurokawa, 1965)

있어 그 경로가 변할 수 있다는 점 등에서 현대의 첨단 네트워크와 같은 특징을 가지고 있다.

유비쿼터스 공간도 리좀 구조와 같은 특성을 가지고 있을 때 능동적이고 자율적으로 작동될 것이다. 하나의 센서로 주위 환경을 감지하는 것이 아니고 다양하고 복수화된 센서들이 주위를 감지해야 하며, 이 센서들은 집합적으로 끊임없이 네트워크에 접속하고 소통해야 한다. 또한 센서와 실행 머신 등은 수많은 접속점을 가지고 있어서, 네트워크에서 일부가 단절되었을 때 능동적이고 자율적으로 다른 네트워크로 옮겨가야 한다. 이를 위해 다양한 입구와 출구가 형성되어 있어야 한다. 이미 21세기 현대사회의 건축과 도시에는 리좀 구조를 토대로 한 물리 공간의 변화가 나타나고 있다. 리좀이 가진 능동적이고 자율적인 구조를 물리 공간에 적용함으로써, 물리 공간이 가진 제약성과 한계를 극복하고자 하기 때문이다.

리좀 구조를 가진 물리 공간에 전자 공간이 융합된다면, 유비쿼터스 공간은 보다 현실적으로 우리의 일상과 가까워질 것이다. 다시 말해, 유비쿼터스 공간의 구체적인 실천을 위해서는 유비쿼터스 공간 구조를 뉴런 구조와 리좀 구조 형식으로 실현해야 한다. 생명체의 뉴런 구조와 리좀 구조가 물리 공간과 전자 공간에 퍼져 있을 때 조용한 기술이 살아 있는 유비쿼터스 공간이 생성될 것이다.

리좀 구조를 갖는 유비쿼터스 공간에서 경계를 명확히 한다는 것은 무의미하다. 공간은 능동적이고 자율적으로 확장·변화될 것이다. 지능화된 센서와 네트워크, 그리고 실행 머신의 자율적인 조직화가 공간의 경계를 지울 것이기 때문이다.

또한 리좀 구조의 유비쿼터스 공간은 유연하다. 현재 인터넷망은 장애가 발생할 경우 관련 작업을 중단할 수밖에 없다. 그러나 리좀 구조 내에서는 장애가 발생하더라도 자율적으로 다른 네트워크로 이동할 수 있다. 따라서 유비쿼터스 공간은 리좀 구조처럼 수많은 접속점과 출입구를 가지고, 집합적으로 접속할 수 있는 구조를 갖추어야 한다.

공간의 융통성과 유연성을 확보하는 것은 소통성이다. 리좀 구조가 가진 능동적이고 자율적인 소통성은 유비쿼터스 공간의 핵심이 될 것이다. 센서와 실행 머신 사이의 소통뿐만 아니라 물리 공간과 전자 공간, 각 사물 간의 소통은 리좀 구조처럼 다양하고 다수의 접점을 통해 소통해야 한다. 이 경우에만 정보가 단절 없이 소통될 수 있을 것이다.

리좀 구조 내에서 세포들이 동일성으로 고착되지 않고 계속 생성되는 관계를 통해 변해 가듯이 유비쿼터스 공간 내에서 모든 요소는 개체성에 갇히거나 제한되지 않고 자율적으로 관계를 생성해가야 한다. 이를 통해 물리 공간과 전자 공간이 이상적으로 융합된 유비쿼터스 공간이 생성될 것이다.

이상의 유비쿼터스 공간의 특성과 구조는 유비쿼터스 공간 생성을 위해서 필수적으로 고려해야 할 사항이며, 앞으로의 발전 모델로 삼아야 한다.

〈표 4-1〉 유비쿼터스 공간의 공간 특성과 공간 구조

구분	유비쿼터스 공간	
공간 특성	융통성 (flexibility)	물리 공간과 전자 공간의 경계가 소멸됨으로써 공간의 경계를 명확하게 확정할 수 없다. 소멸된 공간의 경계로 인해 공간 상호 간의 융통성이 극대화된다.
	유연성 (softness)	유비쿼터스 공간은 인간의 신체처럼 살아 있는 공간으로써 유연하게 작동한다. 스스로의 지능에 따라 공간은 열리고 닫힌다.
	소통성 (communication)	유비쿼터스 공간은 물리 공간과 전자 공간, 공간 내의 모든 사물과 사람이 끊임없이 소통함으로써 생성된다.
	동시성 (simultaneity)	물리 공간과 전자 공간의 융합은 둘 사이의 경계 소멸을 의미한다. 따라서 유비쿼터스 공간은 인체의 신경 체계처럼 모든 정보 전달과 작동이 동시적으로 이루어진다.
공간 구조	뉴런 구조 (neuron)	유비쿼터스 공간의 지능화된 센서, 네트워크, 실행 머신 등은 신체의 신경조직인 뉴런과 같이 작동해야 한다.
	리좀 구조 (rhizome)	유비쿼터스 공간이 능동적이고 자율적으로 작동하기 위해서는 다수의 입구와 출구, 그리고 접점을 가진 리좀과 같이 작동되어야 한다.

이러닝 교실 공간과 유러닝 교실 공간

이러닝은 물리 공간을 전자 공간에 이식하였던 정보혁명의 기반 위에 만들어졌다. 정보혁명을 토대로 하고 있는 이러닝은 기존의 교육 내용을 온라인상에서 다루거나, 컴퓨터나 인터넷 등의 정보기기를 교육과 학습에 사용한다. 따라서 교실 공간에서는 교육 도구인 정보기기를 어떻게 배치 또는 설치할 것인가가 중요한 문제가 된다. 현재 학교의 보통 교실에서는 이러닝을 위한 컴퓨터와 네트워크, 빔 프로젝트나 멀티비전 등을 설치할 공간 마련을 최우선 과제로 생각하고 있다.

학교에 별도의 정보화 교실을 만드는 경우는 이러닝 환경을 위한 특수 교실을 마련한 경우로 볼 수 있다. 보통 교실에서는 최소한의 정보기기만 설치되어 있는 반면에, 정보화 교실은 화상 학습, 사이버 강의, 인터넷 통신, 전자도서관 등 이러닝을 수행하기 위한 다수의 정보기기가 설치된다는 점에서 이러닝을 위한 최적화된 교실 환경이라 할 수 있다.

공간적인 측면에서 살펴보면, 소수의 정보기기가 설치된 보통 교실이나 다수의 정보기기가 설치된 정보화 교실 간에 큰 차이는 없다. 보통 교실과 정보화 교실 간의 차이는 이러닝을 수행하기에 최적화되었는가 또는 그렇지 않은가의 차이일 뿐, 공간이 가진 물리적인 특성의 차이는 거의 없다.

대부분의 정보화 교실이 많은 수의 정보기기를 상호 연결하는 네트워크를 필요로 하기 때문에 별도의 서버실을 두거나 네트워크 연

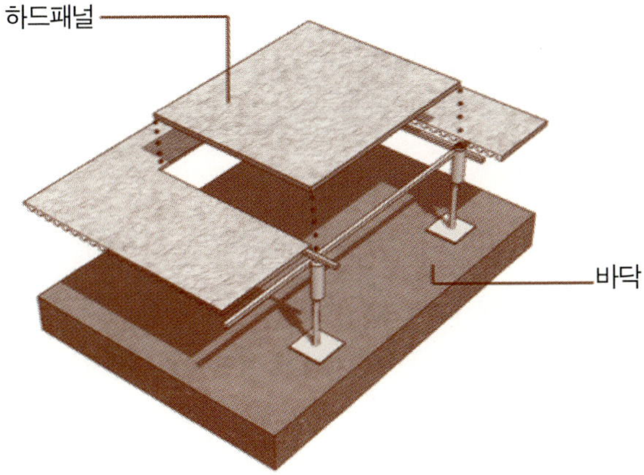

[그림 4-3] 액세스 플로어

결선이 외부에 노출되지 않도록 바닥을 액세스 플로어로 구성하는 점이 보통 교실과 다른 물리적 공간 요소의 차이점이라 할 수 있다.

이러한 점에서 보통 교실이나 정보화 교실 모두 일반적인 교실 공간과 큰 차이가 없다고 할 수 있다. 다만, 이러닝 교실의 최적화 정도는 정보기기와 네트워크 시설의 설치 및 구성의 최적화로 구분할 수 있다.

이러닝 환경의 교실과 다르게 전자 공간을 물리 공간에 이식한 유비쿼터스 공간인 유러닝 교실에서는 보통 교실이나 정보화 교실을 따로 구분할 필요가 없다. 이러닝 공간에서는 정보기기의 최적화 정도에 따라 보통 교실과 정보화 교실을 구분할 필요가 있고, 더 나은 이러닝 환경을 위해서는 정보화 교실과 같은 특수 교실을 다수 확보하는 것이 중요하지만, 유러닝 환경에서는 모든 교실이 정보화 교실과는 다른 차원의 역할을 해야 하기 때문에 보통 교실과 정보화 교실 같은 교실의 구분은 무의미하다. 더 나아가 교실을 포함한 학교의 모든 공간도 유비쿼터스 공간 내에 편입되어, 마치 살아 있는 생물체와 같은 공간이기 때문에 굳이 정보화 수준에 따른 공간 구분을 할 필요가 없다.

유러닝에서는 모든 교실에 정보기기뿐만 아니라 유비쿼터스 네트워크와 센서, RFID 등과 같은 아주 작은 컴퓨터가 심어진다. 학습은 컴퓨터와 네트워크 또는 인터넷에서만 이루어지는 것이 아니라, 교실 내에 있는 각종 사물을 통해서도 이루어진다. 이 사물들에는 이미 센서와 RFID 등이 이식되어 있어 살아 있는 컴퓨터처럼 움직인다. 예를 들어, 교실의 온도와 습도 등을 센서가 감지함과 동시에 공기조화설비가 가동되어 최적의 학습 환경을 유지한다. 학생은 학교나 교실에 들어서는 순간 옷이나 가방에 부착된 RFID를 통해 출석이 확인되고, 확인된 출석 여부는 모바일 단말기를 통해 학부모에게 전송된다. 수업은 인공지능 전자칠판과 전자북, 전자책상, 전자의자를 통해 이루어진다. 교사는 인공지능 전자칠판을 이용하여 그날의 수업 내용을 학생 개인의 책상 위에 설치된 모니터가 부착된 단말기 또는 전자북에 전송하거나 저장하여 학생 스스로 능동적인 학습을 수행할 수 있도록 도와준다. 또한 교사의 화면과 동일하게 유지되어 별도의 유인물 없이도 교육 내용을 전달받을 수 있다. 학생들은 책으로 만든 교과서 대신 전자북을 활용하고, 메모나 필기도 전자북에 기록하여 별도의 공책을 사용하지 않아도 된다. 교사가 병원 등 다른 곳에 있는 경우는 인공지능 전자칠판이 교사와 직접적으로 연결되어 언제라도 수업을 진행할 수 있도록 도와준다. 또한 학교와 교실 곳곳에 심겨진 RFID는 학생의 개인 단말기와 능동적으로 정보를 주고받음으로써 학생의 능동적인 학습을 유도한다. 특히 RFID가 부착된 교구나 과학 기자재는 학생들의 교구이용 현황이나 기자재의 관리 및 파손, 재고 정보 등이 능동적으로 체크되도록 하여 최적의 교육 환경이 유지되도록 할 수 있다. 더욱이 RFID가 부착된 과학 기자재를 사용할 경우, 해당 기자재에 관한 세부 정보를 실험대의 화면을 통해 동영상으로 제공하여 학생들이 유효 적절하게 사용하게 하고, 잘못 사용하는 경우 경보음을 울리거나 화학약품 같은 실험 기자재를 잘못 배합하는 경우 등의 위험한 상황에는 메시지를 전달함으로써 안전사고를 사전에 예방할 수 있도록 한다. RFID가 심겨진 운동복과 운동화는 학생의 운동량과 심폐 기능 등 학생의 건강 상태를 체크하여 적절한 운동을 유도하거나 과도한 운동은 삼가하도록 하며, 주기적으로 학생의 신체 발육과 건강을 교사와 학부모에게 전달한다. RFID가 부착된 운동기구는 기구별 운동 방법에 대한 설명을 학생의 전자북과 단말기를 통해 제공하며, 과거에 해당 운동기구를 언제 얼마만큼 사용하였는지를 전송하여 현재 필요한 운동량과 주의 사항 등을 알려 준다.

이와 같은 유러닝 교실에서는 곳곳에 심겨진 RFID와 센서, 단말기와 인공지능 정보기기 등을 통해 능동적인 학습과 정보 교환이 이루어지기 때문에 정보화 교실과 같은 별도의 교실을 구분할 필요가 없다.

따라서 유러닝 환경의 교실 공간에서는 컴퓨터 등 정보기기의 배치가 아니라 센서와 RFID 등 소형화된 유비쿼터스 컴퓨팅 장치를 물리 공간에 어떻게 이식할 것인가가 중요한 문제가 된다. 이 경우 학생과 교사의 위치가 이러닝 교실 공간보다 더 유연하게 배치될 수 있다. 이미 교실 곳곳에 유비쿼터스 컴퓨팅이 이식되어 있으므로 정보기기나 책상 등은 필요에 따라 가변적으로 배치할 수 있기 때문이다.

이러한 점에서 유러닝 교실은 이러닝 교실에 비해 유연하고 상호소통적인 특성을 갖는다고 할 수 있다.

유러닝 교실을 위한 유비쿼터스 공간 요소

유러닝 교실의 최적화를 위해서는 RFID 등 소형화된 유비쿼터스 컴퓨팅 요소를 교사와 학생의 학습에 방해가 되지 않은 곳에 이식할 필요가 있다. 이를 위해 요구되는 것이 유-실링(u-Ceiling), 유-플로어(u-Floor), 유-월(u-Wall), 유-컬럼(u-Column)이다. 이 공간 요소들은 모두 이중 공간 구조를 가지고 있어서 RFID 등 유비쿼터스 컴퓨팅을 이식하는 데 최적의 공간 요소로 사용할 수 있다. 김형준(2007)의 '유비쿼터스 공간 모형 및 디자인 개발 연구' 에 실린 유-실링, 유-플로어, 유-월, 유-컬럼을 정리하면 다음과 같다.

유-실링(u-Ceiling)

천장 공간은 조명, 냉난방의 공조, 소방장치인 스프링클러와 열감지기, 감시카메라 등 물리 공간에서 기계장치가 가장 많이 이식된 공간이다. 유비쿼터스 공간에서도 천정 공간의 활용은 극대화될 것으로 보인다.

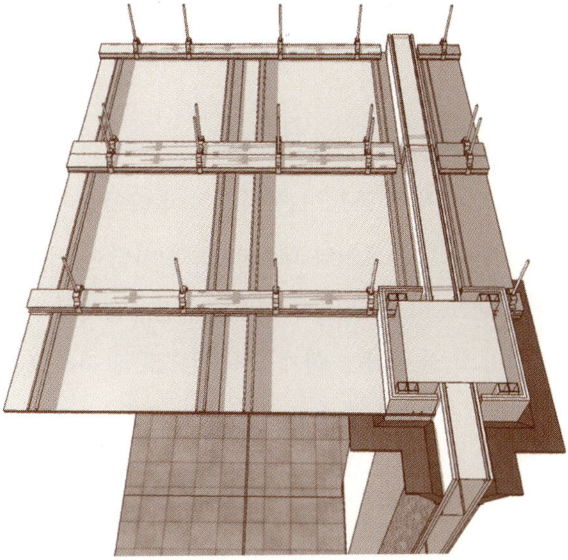

[그림 4-4] 유-실링

기존의 천장과 다르게 유-실링에서 중요한 것은 다양한 전자장치들의 은폐다. 천장 공간의 활용도가 높아질수록 수많은 전자장치가 천장 공간에 이식될 것이다. 이때 지금의 천장처럼 많은 장치가 외부로 노출될 경우 천장은 전자장치들이 지저분하게 붙어있는 흉물이 될 것이다. 따라서 유-실링은 유비쿼터스가 지향하는 조용한 기술의 실현을 위해 센서와 구동체 등 수많은 전자장치를 수용하면서도 동시에 은폐할 수 있는 공간 구조를 가지고 있어야 한다. 이러한 점에서 유-실링은 천장 마감재의 일정 부분을 이중적인 구조로 만들어 전자장치를 은폐해야 한다. 예를 들어, 마감재를 연결하는 M형바 또는 T형바와 마감재 사이에 공간을 마련하거나, 천장과 벽이 만나는 지점의 몰딩을 이중 공간으로 만들어 그 사이에 전자장치를 이식할 수 있도록 해야 한다.

유-플로어(u-Floor)

바닥은 기존의 액세스 플로어를 사용하여 다양한 전자장치를 이식할 수 있다. 액세스 플로어와 더불어 벽과 바닥이 접하는 부분 또는 걸레받이 부분도 이중 공간으로 만들어 전자장치를 이식할 수 있을 것이다. 액세스 플로어는 현재 지속적으로 발전하고 있기 때문에 향후 유비쿼터스 공간 요소로써 폭넓게 활용될 것이다. 따라서 유-플로어는 액세스 플로어를 토대로 구성할 수 있다.

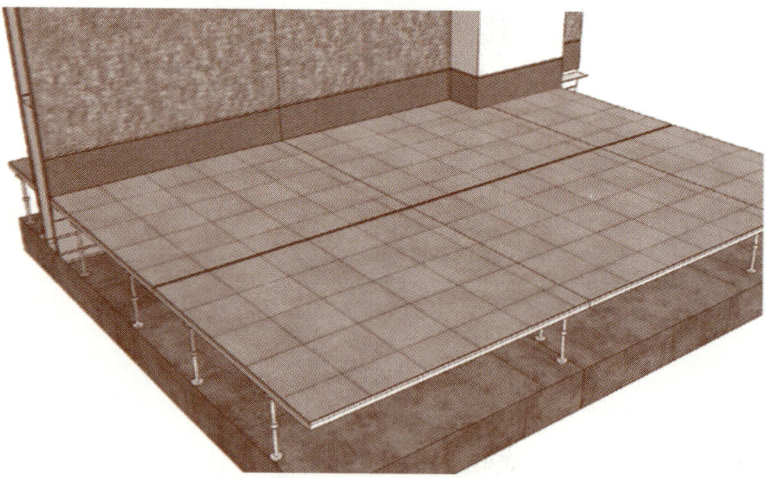

[그림 4-5] 유-플로어

유-월(u-Wall)

벽은 구조체와 칸막이로 주로 사용되는 공간 요소다. 물리적으로 단단하고 고정화된 벽을 유비쿼터스 공간 요소로 활용하기 위해서는 가볍고 최대한 융통성을 가진 요소로 만들어야 한다. 이와 함께 벽 또한 액세스 플로어와 같은 형식의 이중 공간 구조로 구축해야

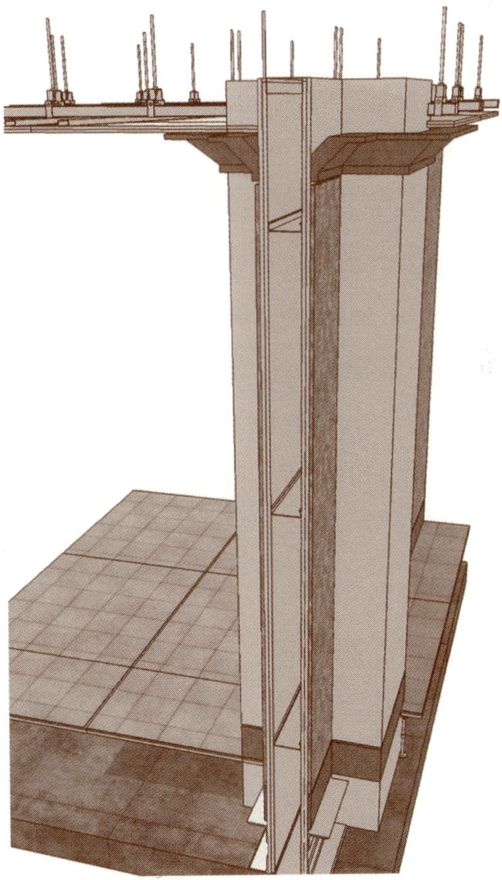

[그림 4-6] 유-월

한다. 벽을 이중 공간화함으로써 전자장치를 자유롭게 이식할 수 있는 공간이 마련될 것이다. 액세스 플로어를 벽에 적용하여 융통성을 가진 칸막이로 구조화할 필요가 있다.

유-컬럼(u-Column)

기둥은 주로 구조적인 것에 한정된 공간 요소다. 그러나 유비쿼터스 공간 내에서 기둥은 층과 층 사이의 정보를 연결하는 중요한 정보 소통의 통로가 될 것이다. 이러한 점에서 기둥은 반드시 이중 공간 구조로 만들어야 한다. 이를 위해서 바닥과 기둥을 연결하는 부분의 구조적인 문제도 앞으로 해결해야 할 과제가 될 것이다.

유비쿼터스 공간의 공간 요소인 유-실링, 유-플로어, 유-월, 유-컬럼은 개별적인 요소지만, 유비쿼터스 공간을 위해서는 서로 긴밀하게 연결되어 있어야 한다. 이 요소들에 이식된 전자장치들이 뉴런 구조처럼 연결되기 위해서는 이중 공간 구조로 이루어진 공동의 공간을 공유해야 하기 때문이다. 따라서 유-실링, 유-플로어, 유-월, 유-컬럼의 이중 공간 구조를 기밀하게 연결하여 유연하고 상호 소통적인 공간의 특성을 가지게 한다면, 이 요소들은 유러닝 교실을 위한 공간 요소로 활용될 수 있을 것이다.

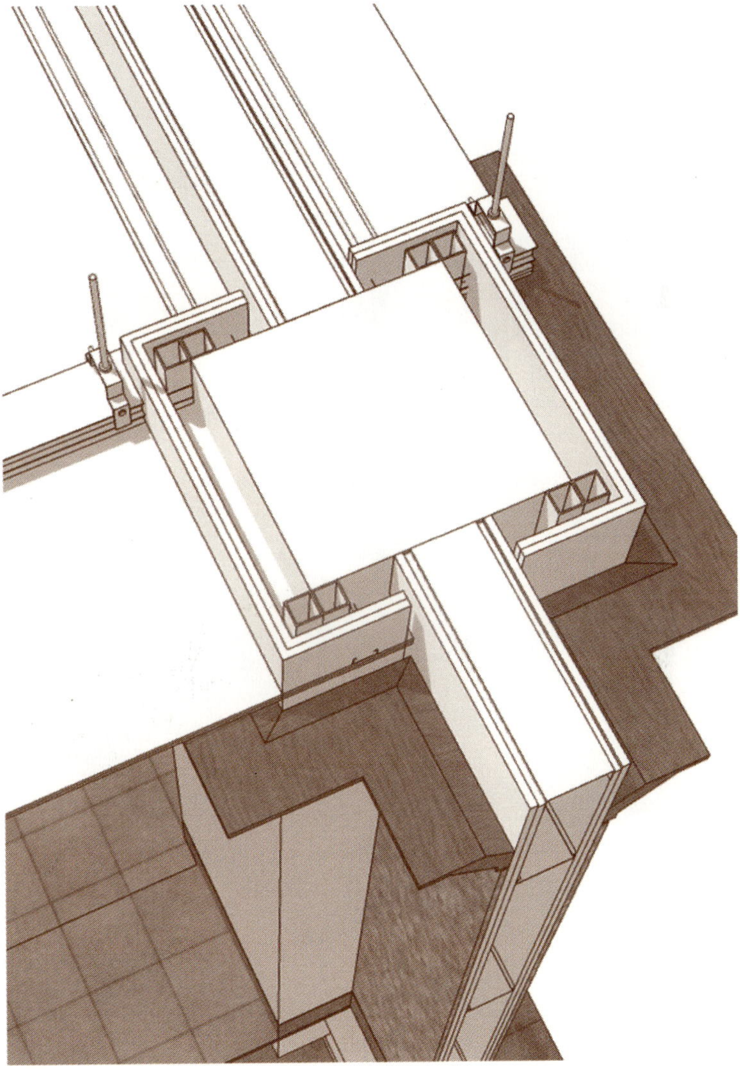

[그림 4-7] 유-컬럼

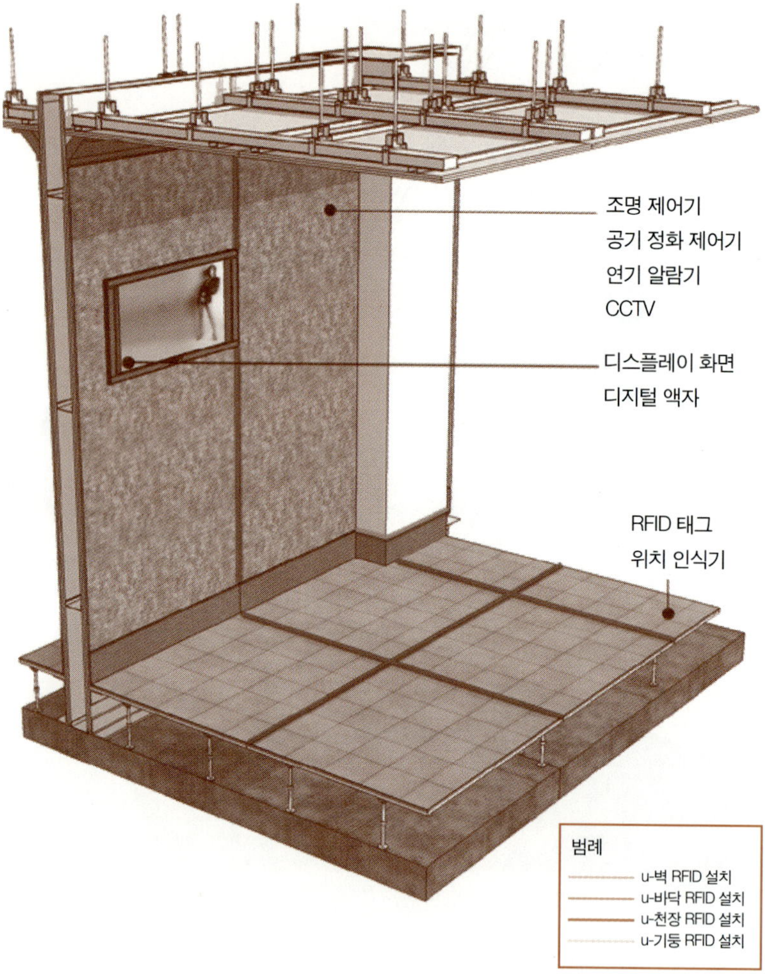

[그림 4-8] 유비쿼터스 공간 요소

유러닝 교실 공간 모델

유러닝 교실이 미래에 구현될 공간이라는 점에서, 현재 시점에서 모범적인 모델의 제시는 불가능하다. 그러나 유비쿼터스 공간의 특성으로부터 실현 가능한 미래의 유러닝 교실 공간 추론은 가능하다. 분명한 점은 현재의 교실처럼 교사와 선생이 마주보는 형태의 공간과는 전혀 다른 모습이 등장할 것이라는 점이다. 먼저 유비쿼터스 공간이 가진 융통성, 유연성, 소통성, 동시성을 통해 미래의 유비쿼터스 학교 모습을 상상해 보자.

학생들이 등교할 때 학생들은 학교 공간에만 존재하는 것이 아니라, 학부모의 공간 안에도 여전히 존재한다. 또한 학교 정문에 설치된 등교 인식 센서는 교사와 학부모에게 동시에 학생의 등교 상황을 알려 준다. 또한 운동장과 교실에 설치된 위치 인식 RFID도 학생의 현재 상황을 알려 준다.

학생의 경우, 학습 공간은 교실에만 국한되지 않는다. 무선 인터넷 환경과 휴대용 단말기의 등장으로 교실뿐만 아니라 옥외 공간인 생태학습 공간이나 야외 휴게 공간, 심지어 운동장에서도 가상 시뮬레이션과 체험을 기반으로 한 학습이 가능하다. 또한 운동장에 설치된 위치 인식 센서는 운동 시 움직임을 종합적으로 분석하여 학생의 운동 습관과 운동량을 지도할 수 있는 자료를 구축한다. 또한 학교의 안전사고와 쾌적한 학습 환경 조성을 위한 낙하 방지 인식 센서나 습도, 채광 조절 센서 등은 학교의 기본적인 시설이 될 것이다.

이상의 내용을 그림으로 정리하면 다음과 같다.

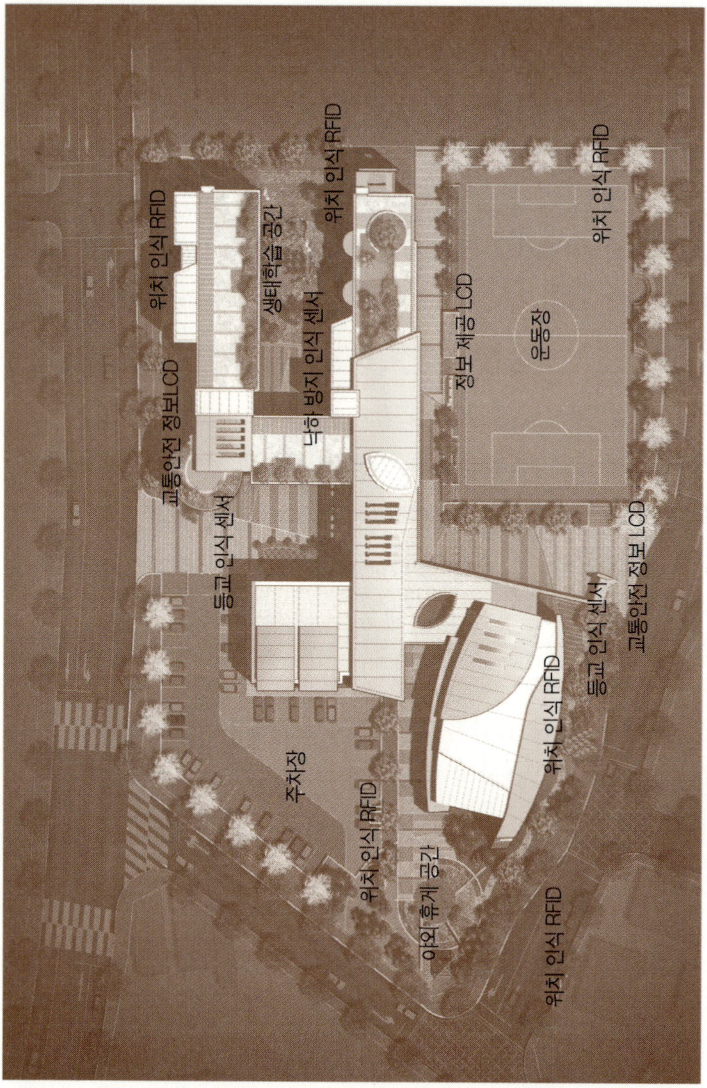

[그림 4-9] 유비쿼터스 학교 모델, 배치도

[그림 4-10] 유비쿼터스 학교 모델, 조감도

교실의 경우 학교 공간보다 더 많은 변화가 일어날 것이다. 현재 일반 교실이나 정보화 교실 모두 교사의 위치가 정해진 정면이 있고, 학생과 책상, 컴퓨터 등은 모두 교사를 향한 형태로 배치되어 있다. 물리 공간과 전자 공간이 통합된 유러닝 교실은 이러한 전통적인 교실 환경과는 전혀 다른 형식의 교실이 될 것으로 예상된다.

박인우(2006)는 '교수-학습 환경의 u-Class의 발전 전망' 에서 미래 교실의 전제 조건과 교수-학습 공간의 변화 동향을 다음과 같이 정리하였다.

미래 교실 프로토 타입 구성 전제 조건

- 미래 교실은 유비쿼터스 기술이 통합되는 것과 더불어 교수-학습 모형, 그리고 학습 공간 등의 측면도 고려되어야 한다.
- 미래 교실은 융통성을 바탕으로 한다. 미래의 교실은 교수-학습 활동에 맞추어 재구조화될 수 있어야 한다.
- 미래 교실에는 다양한 학습 공간이 있어야 한다.
- 미래 교실은 학습자의 참여를 촉진하여야 한다.
- 미래 교실은 종이 없는 환경이어야 한다.
- 미래 교실은 학습자가 학습을 위해 수행해야 하는 활동까지 대신하지는 않는다.
- 미래 교실은 기본적인 환경 요소도 중요하다.
- 미래 교실은 교사와 학생이 대부분의 시간을 보내는 생활 공간이다.

교수-학습 공간의 변화 동향

- 개인 학습 공간의 설치
- 소집단 활동 학습 공간의 증가
- 융통적 학습 공간(다목적 공간)의 증가
- 공학 기반의 공간 조성: 디지털 및 무선 공간
- 개인 휴대 단말기: Tablet PC 위주
- 사회적 공간의 조성
- 수업 모형 기반 조성

이상의 조건들과 변화 동향을 유비쿼터스 공간이 가진 특성들과 비교할 때, 유러닝 교실은 융통성을 가진 공간으로 형성될 것이다. 물리 공간과 전자 공간 간의 경계 소멸로 공간 간의 상호 융통성이 극대화될 때, 각각의 공간이 가진 기능과 특성은 하나로 융합되어 작동할 가능성이 크다. 예를 들어, 현재 교실에서는 교사와 학생 간의 교류를 통해 학습이 이루어지지만, 유러닝 교실에서는 교사와 학생 사이에 유비쿼터스 기술을 기반으로 한 환경이 개입되기 때문에 다양한 형태의 교수-학습이 동시에 이루어질 수 있다. 따라서 한 교실 안에 강의실, 독서실, 도서실, 실험실, 상담실, 심지어 교무실의 기능까지 통합된 형태로 운영될 수 있다.

또한, 개인 학습 공간이나 소집단 학습 공간도 한 교실에서 운영될 수 있기 때문에 유러닝 교실은 개인과 소집단, 전체가 활용할 수 있는 교실 공간으로 구성되어야 하고, 이 공간들은 상호 소통할 수 있는 구조를 가져야 한다.

이를 위해 필요한 것이 유비쿼터스 환경을 구현하는 기술들이다. 인터넷과 무선 기반 컴퓨터 기술들, 개인 휴대 단말기와 전자칠판, 디스플레이 LCD와 3D 투사기 등의 유비쿼터스 관련 기술들이 물리 공간에 이식되어야만 유러닝 교실이 완성될 수 있다.

유비쿼터스 공간이 가진 소통성은 단순히 물리 공간과 전자 공간 상호 간의 소통성을 의미하는 것은 아니었다. 여기서 소통성은 유비쿼터스 공간 내의 모든 사물과 사람 간의 소통이었다. 따라서 유러닝 교실에서는 유비쿼터스 사물뿐만 아니라 교사와 학생, 교사와 학부모, 학부모와 학생 등 물리적 한계를 넘어서는 상호 간의 교류와 소통이 동시적으로 일어나야 한다. 이를 위해서는 현재 교실 형태처럼 교사와 학생이 마주보고 있는 형식이 아니라, 상호 의사를 자유롭게 교환하고 토론할 수 있는 형식을 가져야 한다.

또한, 학생들이 위치나 장소에 관계없이 학습 자원을 살필 수 있고, 학습자 간의 대화 또는 의사소통이 이루어지는 사회적 공간을 구성하기 위해서는 현재 교실이 가진 일방향 형식의 공간이 아니라 다자간 소통 형식의 공간으로 유러닝 교실이 구축되어야 한다. 이러한 점을 고려할 때 교실의 책상 등 사물의 배치는 격자 형식보다는 원형 등의 유연한 형식 배치가 되어야 한다.

일과의 많은 시간을 교실에서 보내야 하는 교사와 학생의 입장에서 교실은 단순히 교수-학습 공간이 아니라 생활 공간이라 할 수 있다. 미래의 유러닝 교실은 이러한 점도 고려하여 교사와 학생의 안전과 건강뿐만 아니라, 쾌적한 환경 조성도 기본적으로 고려되어야 한다.

이러한 점을 반영하여 미래의 유러닝 교실 모델을 그림으로 정리하면 다음과 같다.

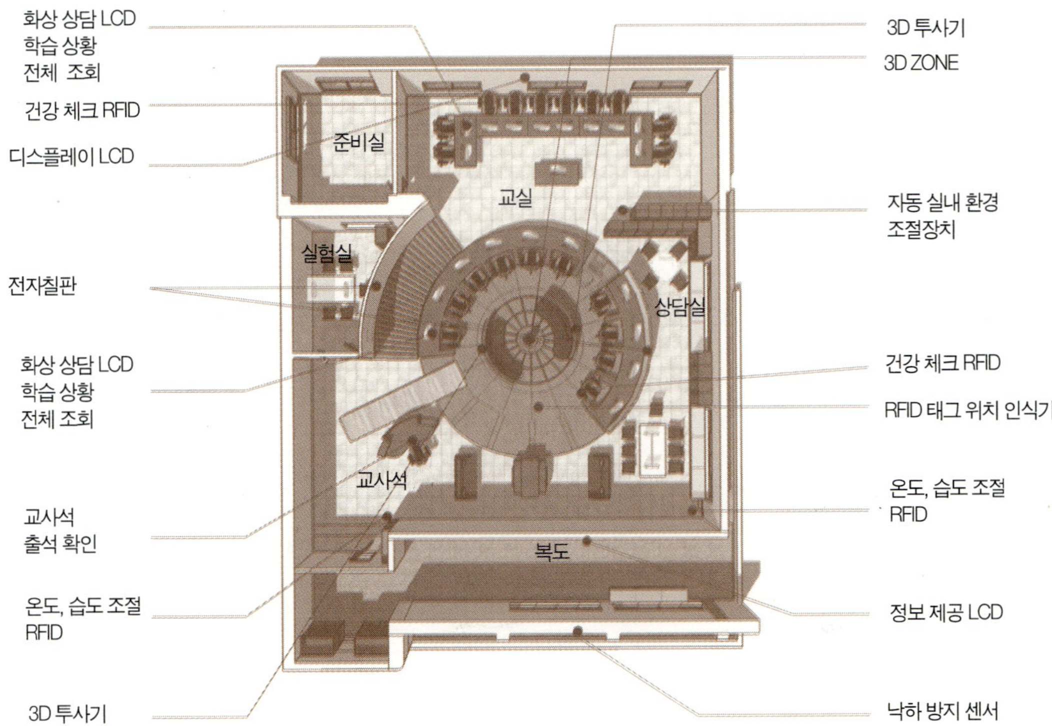

[그림 4-11] 유비쿼터스 교실 모델, 평면도

[그림 4-12] 유비쿼터스 교실 모델, 조감도

제2부

유러닝 시나리오

제2부에서 소개하는 유러닝 시나리오는 유러닝이 무엇인지, 어떻게 이루어지는지, 어떠한 컴퓨팅 기술과 공간 개념이 적용되는지를 보다 쉽게 안내하고자 마련되었다. 또한 각각의 시나리오들은 교육이 앞으로 어떠한 형태로 변하게 되고 그러한 변화의 과정에서 교육 관련 종사자들이 어떠한 역할을 수행해야 하는지에 관한 아이디어를 제공한다.

시나리오 구성은 내용 중심, 시간 중심, 배경 중심, 이론 중심 등으로 이루어졌지만 어떤 특정 형태에 국한하지 않고 하나의 시나리오에 다양한 형태를 통합한 형태로 구성되었다. 시나리오 작성과 함께 교육과정의 틀 속에서 자기 분석을 실시하였는데, 이는 교육적 타당성을 높이기 위한 시도였다. 또한 시나리오 자기평가는 시나리오의 교육적 가치를 점검하기 위한 것이다.

이 책에서 제공하는 시나리오를 바탕으로 독자 여러분도 자신만의 유러닝 시나리오를 작성할 수 있다면 유러닝의 발전은 한층 빨라질 것이다.

1 u-Learning

강 교사의 학급 경영

* **등장인물**: 강 교사, 재진, 수정, 학급 학생들, 학부모들
* **학습주제**: 강 교사의 u-Class 학급 경영

3월 2일 월요일 아침 6시

창가의 블라인드가 서서히 올라가자 침실이 조금씩 환해진다. 요즘 내가 가장 좋아하는 음악이 귓가에 들려온다. 아침잠이 많은 나는 눈을 잠깐 떴다가 다시 이불을 뒤집어쓴다. 10분이 경과되자 침대가 조금씩 흔들린다. 할 수 없이 일어난 나는 도우미 로봇을 부른다. 로봇이 시원한 물 한 잔을 가져온다. 차가운 물을 마시니 정신이 맑아진다. 요즘 새 학년 준비로 잠이 좀 부족했나 보다.

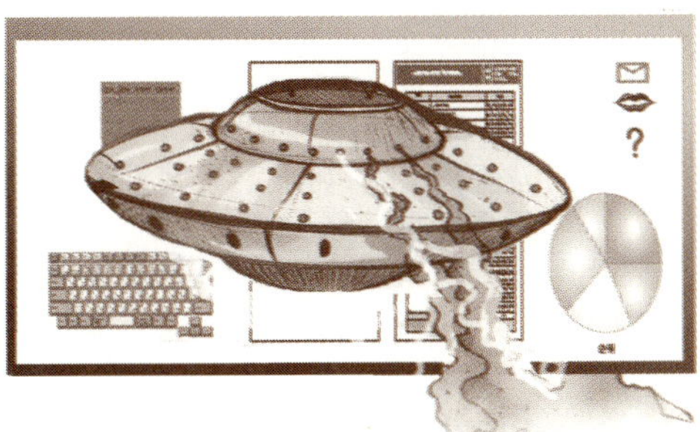

교실에 도착하자 자

동 교실 관리 시스템이 작동된다. 적절한 채광, 온도, 습도가 조절되고 공기청정 시스템이 작동된다. 최적의 학습 환경이 준비되는 것이다. 교실 전면은 전자칠판으로 이루어져 있고, 나와 학생들의 책상과 의자는 인공지능 컴퓨터와 일체화되어 있다. 커피를 들고 의자에 앉자 책상 위에 자동으로 화면이 생기고 '좋은 아침입니다. 강 선생님.' 이라는 산뜻한 인사와 함께 자동음성인식 프로그램이 작동된다.

'학생들 프로필'

나의 음성이 자동 인식되며, 이미 자동 전송된 '학생들의 프로필' 이라는 파일이 열린다. 커피를 마시며 다시 한 번 학생들의 이름과 이력을 확인한다. 그러고 나서 오늘 수업을 위해 준비한 파일들을 열어 확인한다.

등교 시간이 가까워지자 학생들이 교실에 들어온다. 나는 학생들의 프로필을 다시 띄워 놓고 얼굴과 대조해 가며 학생들의 이름을 불러 주며 반갑게 인사로 맞는다. 이미 전자칠판에는 환영의 메시지와 학생들이 앉아야 할 자리가 떠 있다.

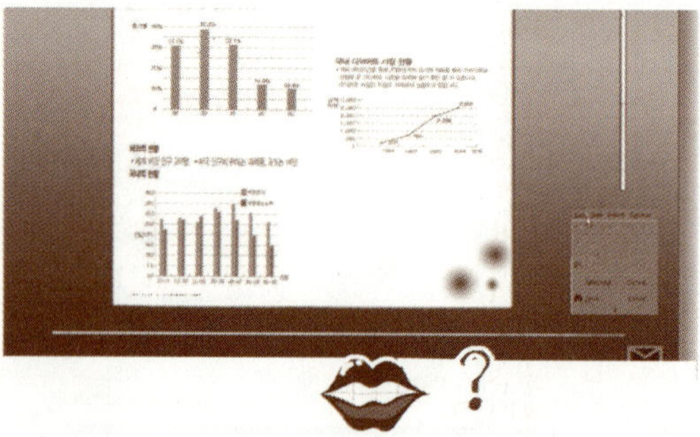

1교시

나는 전자칠판에 담임교사의 소개 자료를 제시하며 나의 소개를 한다. 그리고 학급 경영 안내서를 학생들의 PDA에 전송한다.

"이제 여러분이 선생님과 친구들에게 자신에 대해 소개할 차례입니다. 잠시 각자 PDA에 준비해 온 자료를 다시 한 번 확인하고 선생님한테 전송해 주세요."

1번인 희정이가 교실 앞 전자칠판 앞에 서자 가상 스튜디오가 만들어지고 희정이가 준비한 사진, 동영상, 음향 등이 입체적으로 보이고 들리는 가운데 희정이의 멋진 자기소개가 이어진다.

3월 9일 월요일 아침 8시

오늘은 진단평가가 있는 날이다. 아이들이 조금은 긴장된 얼굴로 의자에 앉자 책상에 화면이 들어오면서 선생님 모습을 닮은 친근한 아바타의 인사 메시지가 나오고, 오늘 시험 일정이 안내된다. 그동안 의자에서는 학생들의 건강이 체크되고, 그 자료는 선생님의 컴퓨

터로 자동 전송된다. 학생들은 자신의 PDA 자료함에 담겨진 전 학년에서 학습한 내용을 각자 복습한다.

9시가 되자, 시험이 시작되고 학생들의 인공지능 책상이 선생님의 통제에 들어간다. 화면에는 시험문제가 나타나고 학생들은 정답을 선택하거나 정답을 서술한다. 학생들의 시험 문제는 제시 순서가 다르도록 구성되어 있어서 컨닝은 불가능하다.

학생들이 돌아가고 강 교사는 자동평가 시스템을 통해 채점되고 분석된 학생들의 평가 결과를 꼼꼼히 체크한다. 개별 학생용 평가 결과 메뉴를 선택하자 그래프 등으로 이해하기 쉽게 정리되어 나온다. 교사의 의견을 입력한 뒤 학부모 전송 버튼을 누른다. 개별 학생의 평가 결과가 곧바로 학부모의 PDA로 전송된다. 학생의 PDA로

는 피드백과 선생님의 격려 메시지를 전송한다. 학부모들에게서 자녀의 평가 결과에 대한 의견이나 간단한 답변이 담긴 메시지가 전송되기 시작한다.

3월 12일 목요일

오늘은 첫 번째 학부모와의 대화가 있는 날이다. 학부모와의 대화는 몇 가지 방법을 선택할 수 있기 때문에, 모든 학생의 부모님이 참석할 수 있다. 학생들이 돌아간 후 학부모님들이 들어오기 시작하고, 각자 자녀의 자리에 앉는다. 못 오시는 분들은 직장이나 가정에서 참여한다. 전자칠판에는 직접 오지 못한 학부모님들의 모습이 보인다. 약속한 시간이 되고 학부모님들이 모두 참석한 가운데 대화가 시작된다. 담임 소개에 이어 학부모님들의 간단한 소개와 인사가 이어진다.

오늘의 대화 주제에 대해서는 지난 주 금요일에 미리 전송해 드렸다. 미리 읽고 온 담임교사의 학급 경영 안내 자료에 대한 질의응답과 학부모님의 의견을 들어보는 순서다.

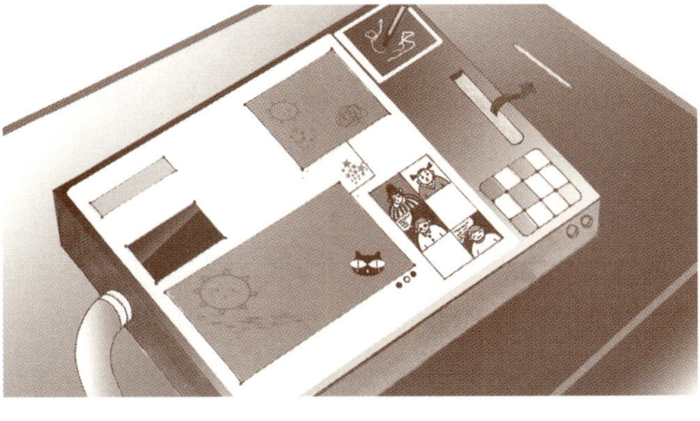

3월 18일 수요일

1 · 2교시는 미술 시간이다. '내가 살고 싶은 집' 이라는 주제를 가지고 상상 표현 활동을 하는 시간이다. 학생들이 책상에서 그림을 그리면, 책상의 자동 스캔 기능을 통해 나의 책상 위에 학생들의 그림이 보인다. 학생들의 그림을 살펴보다가 재진의 그림을 보고는 깜짝 놀랐다. 재진의 집은 바닷속에 있고, 집 주위를 지키는 로봇 상어들이 있다. 로봇 상어들이 집에 방문하는 사람들을 물어뜯어 사지가 절단된 사람들의 모습이 그려져 있었다. 그림이 너무 끔찍하고 잔인했다. 바로 재진에게 메시지를 보내 1:1 대화를 요청했다.

재진과 대화를 나눠 보니 그냥 장난으로 그런 그림을 그린 것은 아닌 것 같다. 재진에게 어떤 문제가 있는 걸까? 아무래도 전문가의 의견을 들어봐야겠다.

수업을 마치고 사이버 지역교육청에 접속했다. 담당 미술심리전문가에게 도움을 요청하고 상황 설명과 재진의 그림 파일을 함께 전송하였다. 잠시 후 답변이 왔다. 재진 어머님께 대화 요청 메시지를 보냈다. 재진 어머님과 화면으로 이야기를 나누고, 재진의 그림 파일과 전문가의 의견을 보내드렸다. 재진 어머님께서는 담임교사가 잘 몰랐던 여러 가지 정보를 주셨다. 재진을 이해하는 데 많은 도움이 되었다. 오늘 상담한 내용은 상담일지에 자동 저장되었다.

4월 11일 화요일

요즘 들어 수정이의 혼자 있는 모습이 자주 보인다. 친구들과 어떤 문제가 있는 걸까? 수업이 끝날 무렵 수정이에게 오늘 4시쯤 사이버 교실에서 만나자는 메시지를 보냈다. 수정이에게서 좋다는 메시지가 왔다. 내일 수업에 필요한 자료들을 정리해서 전자칠판에 전송하였을 때 알람이 울리며 수정이와의 대화 약속 시간이 10분 남았음을 알려 주었다. 나는 바로 사이버 교실에 입장해 비밀 대화방을 만들어 놓고 기다렸다. 잠시 후 수정이의 아바타가 보였다. 서로 인사를 나눈 후 수정이에게 요즘 친구들과 어떻게 지내는지 물어보았다. 예상했던 대로 요즘 친구들이 자신을 멀리 한다는 이야기를 했다.

수정이와 대화를 나누고 나니 수정이가 친구를 사귀는 데 문제점이 있다는 것을 알게 되었다. 나는 우리 반 사이버 교실에 '좋은 친구들' 이라는 시뮬레이션 게임을 탑재하고, 수정이가 문제점을 스스로 발견하고 개선할 수 있도록 내용을 수정하였다. 마침 도덕 시간에 진정한 우정에 대해 배우고 있으니 수업 시간에 활용해야 겠다.

자기 평가표

평가 관점	내 용	수 준		
		좋음	보통	노력
1. 교육 목표는 분명한가?	교사-학생-학부모의 유기적 협력 관계에 기반한 자기 주도적, 창의적, 협동적 인간 육성	☺		
2. 목표 달성의 절차가 과학적인가?	체계적이고 과학적이며 인간적인 학급경영관리 프로그램을 적용	☺		
3. 유비쿼터스 컴퓨팅 기술이 내포되어 있는가?	자동 교실 관리 시스템, 전자칠판, 책상, 의자 등		☺	
4. 환경적 요소가 확대되었는가?	가정, 지역 현장, 가상교실, 가상교육청		☺	
5. 네트워크 요소가 풍부한가?	메신저, 네트워크	☺		
6. 대상 설정이 분명한가?	교사, 학부모, 학생 등		☺	
7. 인물의 심리적 상황 묘사	재진, 수정		☺	
8. 교사의 역할이 분명한가?	안내자, 조력자, 상담자로서의 역할	☺		
9. 학교의 장이 분명한가?	학교의 장에 대한 내용은 생략됨			☺
10. 목표 달성의 확인이 가능한가?	결과물이 데이터화되어 자동 저장됨		☺	
11. 학습이론에 충실한가?	현장 중심의 활동		☺	

■ 시나리오 분석

교육의 목표 자기 주도적 학습력을 바탕으로 스스로 탐구하며 창의적으로 재구성하고, 협동적인 태도를 갖추어 타인과 더불어 살 수 있는 인간의 육성

교육의 과정 이 시나리오에서는 교사를 중심으로 유비쿼터스 시대의 학급 경영의 방향에 대해 살펴보았기 때문에 특별히 학습이 이루어지는 과정에는 초점을 맞추지 않았다.
인지적인 학습이 일어나는 교육의 장면보다는 교사가 학급을 어떻게 경영해 나갈지에 대해 생각하며, 유비쿼터스 컴퓨팅이 이루어진 교실과 가정의 환경 속에서 그러한 기술적인 장점들을 어떻게 효과적으로 활용할지에 초점을 맞추어 보았다.

교사의 역할 유비쿼터스 시대의 교사는 지식의 전달자가 아닌 조력자, 안내자로서의 의미가 커질 것이다. 교사는 지금처럼 교과서를 이용해서 가르치는 것이 아닌 통합적인 교육과정하에서 주제를 제시하고, 그것을 해결할 수 있는 다양한 방법을 학습할 수 있도록 도와주는 역할을 한다.
이 시나리오에서 첨단 네트워크 시대를 살아가는 교사는 개방적인 마음가짐이 필수적으로 요구되며, 학습자와 학부모 교육과정, 그리고 관련 전문가들과 유기적으로 협력하여 보다 더 충실하고 효과적인 학습은 물론 인간관계 기술까지도 향상시킬 수 있도록 노력해야 한다. 또한 학생과 학부모에게 학습 과정과 결과에 대한 평가 결과와 피드백을 항시 제공하여, 더욱 개별화된 교육이 이루어질 수 있도록 노력해야 할 것이다.

학교의 장 유비쿼터스 시대의 학교는 현재의 복잡한 기기들이 사라지고 사물과 융합된(imbedded) 학습 환경이 만들어질 것이다. 모든 시설과 기기들은 네트워크화되고 유비쿼터스적 환경을 지원하게 될 것이다. 보다 쾌적한 환경

을 만들어 학생들과 교사가 건강한 몸과 마음으로 학습에 충실할 수 있는 환경이 지원된다.

목표 달성의 확인 유비쿼터스 환경의 특징인 네트워크와 편재성을 이용하여 학습자들이 학습해 나가는 모든 과정과 결과물에 대한 평가가 이루어질 것이다. 교사는 아동들의 학습 상황을 모니터하고 필요에 따라서는 통제도 가능하다. 이러한 것들을 바탕으로 자기 평가, 동료 평가, 교사 평가가 통합된 형태로 이루어지고 즉각적인 피드백 시스템을 이용하여 자신의 목표 달성의 정도와 성취 정도를 이해하고 보충 · 심화하는 것이 가능하다. 학습을 통해서 얻은 모든 자료와 평가는 교사와 학생의 디지털 포트폴리오에 저장되어 학습자 개인의 자료로 남는다.

학습이론 이 시나리오는 쌍방향 의사소통을 강조한 학급 경영과 학습자의 수행평가 이론에 근거한 포프폴리오 평가를 그리고 있다. 모든 환경 속의 사물이 네트워크화됨에 따라 교사와 학생은 언제, 어디서든 학습 문제 해결 과정에 대해 논의할 수 있고, 교사와 학부모는 언제든지 학생의 발달 과정에 대해 서로의 의견을 교환할 수 있다.

---

* 시나리오: 강혜영

2 u-Learning

유비쿼터스 시대의 3R 교육

교육 목표

만 세 살 아동의 유비쿼터스 러닝을 통한 한글의 읽기, 쓰기 능력의 함양

교육과정

택균이는 만 세 살이다. 최근 한글 공부를 하느라 재미를 느끼고 있다.

아침에 택균이가 눈을 뜨면, 전등이 자동으로 켜진다. 택균이의

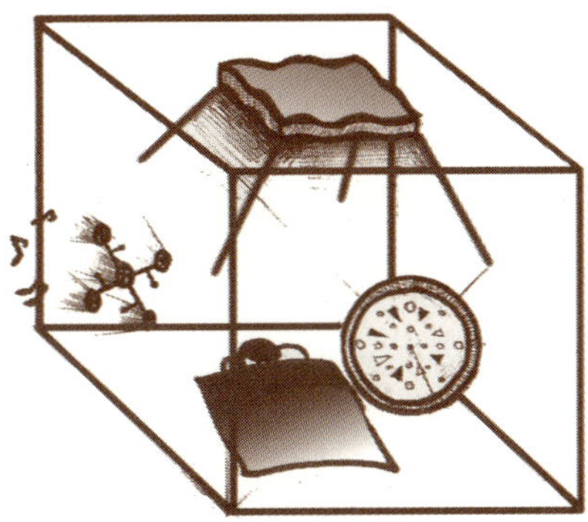

집은 벽에 설치된 스테레오 카메라가 제공하는 정보를 통하여 실내에 몇 명의 사람이 있는지와 그들이 어디에 있는지를 인식하고 있다. 각 스테레오(3헤드) 카메라에 연결된 컴퓨터가 빈 실내의 이미지에서 빠르게 움직이는 사람 등의 객체 이미지를 찾아낸다. 사람을 발견하는 시스템이 제공하는 정보는 다른 각도에서 작동하는 다른 카메라로 사람을 추적하는 시스템에 제공된다. 이러한 정보에 기반하여 택균이의 기상과 동시에 전등과 컴퓨터가 작동되며, 자동 또는 수동으로 설정된 학습 관리 시스템(LMS)에 로그인이 된다.

그동안 택균이가 학습한 내용이 포트폴리오로 LMS에 저장되어 있는데, 오늘은 기린, 코끼리, 사자, 동물과 관련된 단어를 익힐 차례다. 자동 LMS는 택균이의 행동을 인식하며 오늘 학습할 단어와 이미지, 소리를 수시로 제공한다.

소리 제공 프로그램은 자연의 소리에서 다양한 음악 연주까지 모든 음악 파일 리스트를 제공한다. 또한 실내의 모든 스피커에 대한 리스트도 제공한다. 소리 프로그램과 상호작용한 LMS는 이미 오늘 학습할 단어의 음성 언어와 음향 효과 등의 정보를 보내왔다. 각 스피커는 현재 택균이의 위치를 파악하여 다양한 위치에서의 청취 가능 여부를 표시해 준다. 택균이의 엄마는 아이의 활동을 판단하여 소리의 제공을 자동으로 할 것인지 수동으로 할 것인지를 판단한다. 오늘은 택균이가 관심을 가지고 보는 사물의 소리를 제공하도록 설정하였으며, 이들 정보는 자동으로 갱신된다.

단어와 이미지, 영상의 제공은 실내에 존재하는 모든 사물에 스크린처럼 투사할 수 있도록 인터페이스를 구성한다. 이는 디스플레이, 키보드, 마우스와 같이 컴퓨터에 부착된 인터페이스 장치에만 의존할 필요가 없다. 택균이는 실내에 존재하는 어떤 사물의 영상과 단어를 인식할 수 있다. 놀이를 하거나, 책을 읽더라도 오늘 계획된 동물과 관련된 정보가 노출되면, 이를 확실히 인식하기 위해 문자, 이미지, 소리의 정보가 택균이에게 제공된다. 예를 들어, 동물 관련 책을 읽을 때 꾀꼬리가 나타나면, 꾀꼬리 소리와 꾀꼬리라는 단어 이미지가 책 위에 투사된다. 단어, 소리, 이미지의 제시 순서는

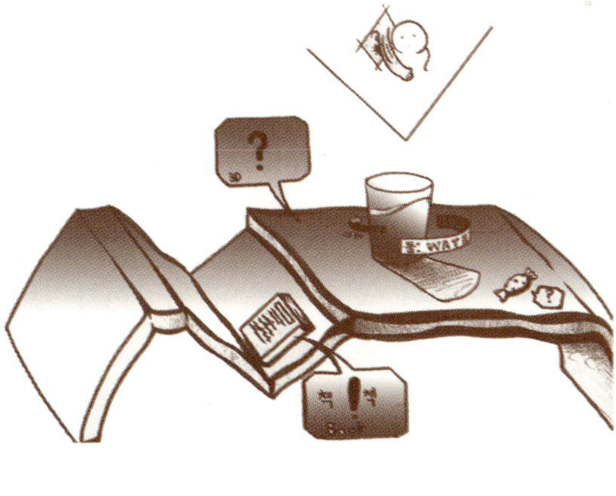

택균이의 인지 양식 정보를 분석한 LMS가 자동으로 설정한다. 택균이는 시각적 이미지 인지 능력이 강하다고 판단한 LMS는 꾀꼬리의 이미지, 단어, 소리 순으로 정보를 제공한다.

심리적 부담에서 벗어나기

택균이는 매일 연속되는 언어 자극에 너무 피곤하다. 사실 단어 학습의 설정은 시간제로 운영하여 아이가 가장 잘 놀 때, 기분이 좋을 때, 질문을 할 때 등 엄마가 학습을 해야겠다고 판단하면 LMS에 로그인된다. 아이의 기분이 좋지 않을 때는 시스템 접속에서 벗어나고, 이를 자동으로 제어할 수 있다.

교사의 역할

택균이의 언어 학습 평가는 일주일에 한 번 교사와의 면대면 화상 학습을 통하여 이루어진다. 화상 학습은 택균이가 가장 좋아하는 일로, 다른 지역의 학생들과 화상으로 대화를 할 수 있어 좋다. 대화

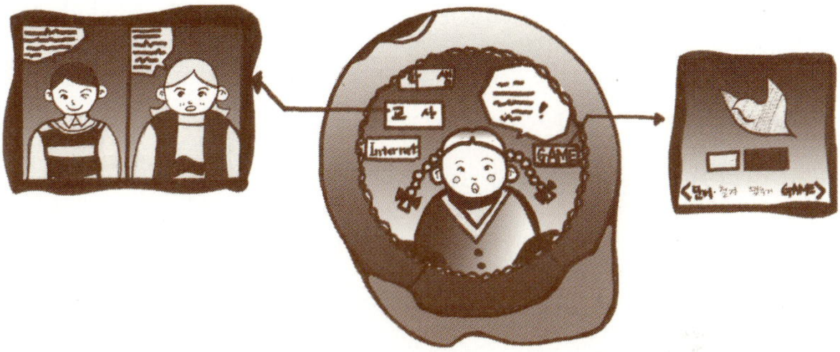

하는 과정을 교사가 적절한 질문을 통하여 서로 번갈아 가며 이야기하도록 하고, 단어 및 철자 맞추기 게임을 통하여 흥미를 부여한다. 한 게임이 끝나면 LMS는 학습자의 수준을 자동으로 나누고, 그룹핑을 통하여 게임 그룹을 재설정한다. 다른 게임의 장이 바뀌면, 학생의 능력에 맞는 교사가 재설정된다.

교사는 두 부류로 나눌 수 있는데, 학습 과정을 전체 운영하는 학습 관리 교사와 학습 내용을 전담하는 내용 전문가로 구분한다.

택균이의 학습 관리 교사는 일정하여 어느 선생님과 어떤 학습을 하였는지를 택균이의 부모에게 메일로 정보를 보내며, 학습 과정을 어느 정도 이수하고 있는가를 알린다.

내용 전문가 교사는 택균이의 학업 성취도를 평가하고, 학습 요소별 성취를 분석하여 역시 부모와 학습 관리 교사에게 알린다. 이는 과정이 끝날 때까지 택균이의 학습을 책임진다. 이수 후에는 다음 단원, 다음 단계의 내용 전문가 교사에게 자동으로 재설정된다. 수준별 교사의 설정도 같다. 내용 전문가 교사는 영역별, 능력별로 세분화하여 구성되기 때문에, 교사는 더욱더 전문적 경험에 의해 세분화된다. 이러한 구성은 초·중등학교에서도 동일하다. 교사의 전문 영역은 더욱 세분화되어 영역별로 구분된다. 예를 들면, 같은 사회과 교사라도 고대 그리스 역사 전문가 교사, 또 그 안에서 수준을 나누어 담당하는 교사, 학생의 인지 양식을 가장 잘 이해하는 교사 등으로 세분화된다.

교사의 교수 이력도 LMS에 저장되어 학생의 이력과 교사의 이력이 거의 일치하는 교사를 LMS가 자동으로 재설정하도록 한다. 즉, 자신의 전문 분야에서 오랜 경험이 있는 교사이어야 교수 이력이 더욱 좋게 평가되고, 이는 교사의 포트폴리오가 되며 교사 평가의 준거가 된다.

학습이론

이러한 과정은 개별화 학습이론에 기반하고 있다. 학습자의 인지 양식과 흥미 영역에 따라 학습 내용이 제공되고, 학습자의 심리적 특성에 따라 인지적 부담에서 벗어나도록 학습 내용이 조절된다.

---

* 시나리오: 고은경

3 u-Learning

유비쿼터스 환경에서 교사의 하루

* **등장인물**: 교사, 희동, 희동 부모, 반 친구들
* **학습주제**: 일탈 행동을 보이는 학생 지도하기
* **주요사건**: 수업을 잘 듣지 않고 과제도 하지 않는 희동이는 가상게임에 중독되어 있으며, 신임 교사가 희동이를 지도해야 한다.

숲 속의 새소리와 함께 창문이 열리면서 하얀 햇살이 나를 비춘다. 발령을 받은 지 일주일이 지났다. 어떻게 시간이 지나갔는지 모를 정도로 바쁜 일주일이었다. 하지만 마음 한구석에 무엇인가 걸리는 게 있다. 우리 반 친구 희동이…….

희동이는 계속해서 자신이 해야 하는 프로젝트를 하지 않고 있다. 나와 이야기를 하는 중에도 형식적인 대답뿐 마음에서 우러나오는 말은 하지 않는다. 더군다나 가상게임에 빠져 하루라도 게임을 하지 않으면 언행이 폭력적으로 변하기도 한다. 교감 선생님은 희동이가 계속해서 학교 과제를 수행하지 않으면 특별 지도 프로그램으로 전환하여야 한다고 말씀하신다. 학교운영위원회를 거쳐야 하겠

지만, 나는 내 힘으로 해결하고 싶고 또 희동이에게도 상처를 주고 싶지 않다. 이런 생각으로 아직 일어나지 못하고 있는데 큐티가 낭랑한 목소리로 말을 한다.

"지금 일어나셔야 합니다. 그렇지 않으면 오늘 일정을 조정해야 합니다."

생각에 잠겨 있던 나는 깜짝 놀라 자리에서 일어난다. '큐티'는 홈 케어 유비컴이다. 이번에 새로운 버전으로 업그레이드 했는데 10만 원이 들었다.

"큐티! 유비컴 환경!"

말이 끝나기 무섭게 미리 정해진 순서대로 홈케어 시스템이 작동한다. 홀로그램 형태의 큐티가 나타나며 수면 시간 동안 체크된 건강지수, 감성지수, 컨디션 등을 말해 준다. 그 소리를 들으며 욕실로 들어가 거울을 본다. 샤워를 하는 동안 감성지수에 맞는 음악이 흘러나온다. 오늘은 기분이 별로 좋지 않아서인지 큐티가 조금 경쾌한 음악을 준비한 것 같다. 샤워를 마친 후 나오니 큐티가 오늘 아침 식단을 결정하기 위해 안내를 한다.

"어제 술을 조금 많이 드셨습니다. 먼저 알코올 분해제를 드시고 식사를 하셔야 합니다. 오늘 식단으로는 버섯으로 가루를 낸 식빵과……."

"큐티! 알코올 분해제를 먹을 테니 식단을 얼큰한 국물로 준비해 주면 좋겠어! 메뉴는 아무것이나 좋아!"

"네! 알겠습니다. 준비하겠습니다."

"오늘 일정에 대해 말씀드리겠습니다. 오전 9시 화상 교사회의가 있습니다. 12시까지는 개인 공부 시간이고, 점심에는 작년 동 학년 선생님들과 약속이 있습니다. 2시 30분부터 교실 수업이 있습니다. 오늘은 그동안의 프로젝트에 대해 학생들과 협의를 합니다. 5시 30분에는 상해 교육청 출장이 있습니다."

"오늘 상해 출장은 다음으로 미루었으면 좋겠어! 그 대신 희동이 부모님께 화상 전화 부탁해!"

출장 문제를 해결하고 희동이 부모님과 화상 전화를 끝냈다. 희동

이 부모님께서 많이 속상해 하시는 모습이다. 아침을 먹은 다음 서재에 자리했다. 경기도 메인 컴퓨터에 접속한 후 희동이와 같은 사례를 조사하고 해결책을 찾아보았다. 전문가들과 상담을 했고, 프로그램도 소개를 받았다. 요즘은 고대 희랍어에 관심이 많아 홀로그램 강사와 대화를 하면서 공부를 했다. 화상회의를 알리는 큐티의 메시지에 따라 화상회의를 준비한다. 여러 선생님과 반갑게 인사를 나누고 자연스럽게 희동이의 문제로 넘어갔다. 내 생각을 이야기하고 여러 선생님의 조언을 들은 후 최종적으로 교감 선생님과 협의를 하고 화상회의가 끝났다.

교감 선생님의 조언대로 희동이와의 상담을 위해 시뮬레이션 프로그램에 접속한다. 희동이의 특성과 일탈행동에 대해 입력하니, 그에 맞는 시뮬레이션이 준비되었다. 시뮬레이션을 하다 보니 여러 실수와 함께 어떻게 대화를 이끌어가야 할지 알게 되었다. 하지만 실제의 상황에서는 다양한 변수가 작용해 성공적인 대화를 하기가 쉽지 않다. 휴대전화의 전원을 켜니 여러 메시지가 뜬다. 교육청, 대학원, 학교 업무, 학생들의 질문 등 여러 업무를 간단히 휴대전화로 해결하고 나니 어느새 점심 시간이 가까이 왔다. 학교로 이동하는 동안 휴대전화로 반 친구들의 프로젝트를 살펴보고, 코멘트할 점을 정리하고 나니 학교에 도착했다. 동 학년 선생님들과 점심을 먹으며 또 희동이의 문제를 끄집어낸다. 역시 여러 사람의 의견을 들으면 참고할 만한 사항이 많다. 식사를 끝내고 토론이 이어진다. 작년부터 진행해 온 인공지능 교실에 대한 프로젝트다. 개발이 어느 정도 끝난 상태라 지금은 테스트를 위주로 하고 있는데, 결과를 해석하고 미비한 점을 서로 이야기했다. 교육청 지원 사업이라 테스트가 끝나면 관내 초등학교에서 시범적으로 실시할 예정이다.

교실 수업을 위해 학교에 도착하니 학생들은 벌써 모두 와 있다. 하지만 희동이의 모습은 보이지 않는다. 희동이에게 접속을 시도해 봤지만 상대방에서 거절한다. 아무래도 경찰청에 접속해 학생 보호 프로그램을 작동시켜야 할 것 같다. 당장이라도 보호 프로그램을 가동시키고 싶지만 요즘은 비인권적이라는 의견이 대두되고 있어 쉽게 실행시키기 힘들 뿐만 아니라, 내 개인적인 생각으로도 그렇게 하고 싶지 않았다.

일단 수업을 진행하였다. 프로젝트별로 그룹을 지은 학생들과 대화를 하였다. 나머지 그룹들은 자유롭게 자신들의 프로젝트를 손보는 중이고, 나는 한 그룹 한 그룹을 돌며 수업을 진행한다. 수업은 대화를 위주로 한다. 프로젝트 진행 중에 겪는 문제를 나는 직접 해결해 주지 않는다. 계속해서 실마리를 던져 주고 대화를 통해 스스로 해결할 수 있도록 생각을 유도한다. 어떤 경우에는 내가 의도한 것 이상의 해결책과 방법을 생각해 내는 학생들을 보면 놀랍기까지 하다. 우리 교육청도 인간적인 삶을 위한 교육을 목표로 하고 있지만, 나는 직접 학생들과 대화하며 부대끼는 이런 교실 수업이 좋다. 하지만 매일 이렇게 수업이 진행되지는 않는다. 일주일에 3일 출석 수업이 있고 나머지는 재택 수업이다. 교실 수업은 주로 프로젝트로 진행이 된다. 일반적인 지식은 오전 교육과정에 따라 개인 수준에 맞는 개별화 온라인 교육으로 해결이 된다. 나는 우리 반을 대화법으로 교육하는 것을 좋아한다. 소크라테스의 산파술에 근거한 것인데, 사람들과의 인간적인 접촉이 줄어들고 있는 지금의 시대에서는 더욱 필요한 교수 방법이라고 생각하고 있다. 학생들은 오후 수업이 끝나면 저녁 식사 전까지 특기 적성 수업을 받는다. 자신의 흥미와 적성을 고려하면서도 주로 몸으로 체득하는 기회를 주려고 학교 당국은 노력하고 있다. 수업은 스포츠, 연극, 노래, 댄스, 공작 등의 위주로 진행된다. 물론, 개인별로 목표점과 현재점을 담당 교사들이 꾸준히 체크하고, 그에 맞는 프로그램을 제공하고 있다. 학교 주변의 사회체육시설과 공공시설이 그 모든 것을 담당하고 있다. 학교가 평생교육의 중심이 되다 보니 위상이 예전보다 한층 높아졌다. 교사가 필요로 하는 모든 문제가 정부나 다른 기관에서 해결해야 할 가장 우선시 되는 일이 되었다. 학생 보호 프로그램도 교사가 필요하다고 요청하면 경찰청, 도청, 유비컴 지원청(유비쿼터스 환경이 발달함에 따라 생긴 정부기구)은 즉시 그 문제를 해결해야 하는 책임이 있다. 만약 내가 지금 희동이를 찾는다면 바로 데려올 수 있다. 경찰청과 유비컴 지원청이 희동이의 소재를 파악해 즉시 학교로 데려올 수 있는 시스템이 바로 학생 보호 프로그램 중 하나다.

저녁 시간이 되어 희동이의 부모님을 찾아뵈었다. 희동이의 학교생활을 저장해 둔 파일을 희동이 부모님 댁의 유비컴과 연결하니 그

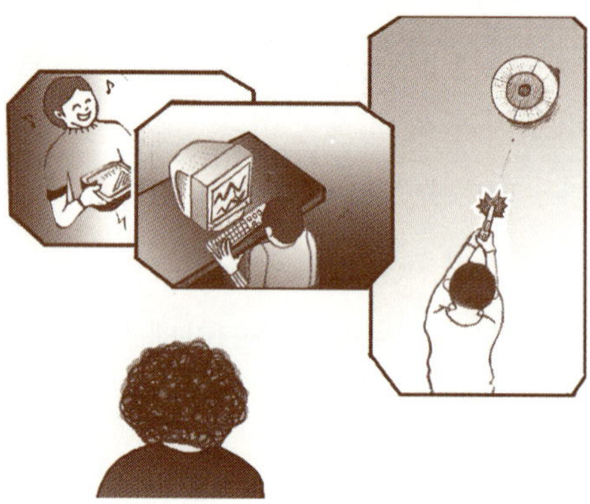

동안의 문제점을 부모님에게 입체 영상과 홀로그램으로 바로바로 보여 주었다. 부모님과 협의를 통해 내가 앞으로 하고자 하는 프로그램에 대해서 설명을 드리고 동의를 구했다. 먼저 희동이와 상담을 하였다. 희동이의 불만을 들어보고 내가 해 줄 수 있는 것에 대해 이야기한 다음, 3개월 간의 프로그램을 설명했다. 이 프로그램을 수행하지 않거나 게을러지면 부모님과 선생님이 실망을 할 것이고, 특별지도 프로그램으로 전환해야 한다는 것을 자세히 설명해 주었다. 희동이도 특별지도 프로그램에 들어가는 것은 원하지 않는 듯하다.

희동이와의 상담을 무사히 마치고 집으로 돌아오는 길에 교육청과 경찰청 메인 컴퓨터에 접속해, 내가 고안한 프로그램을 등록하였다. 희동이의 하루 일과가 나에게 전송되어 그때마다 희동이에게 맞는 과제와 다음 절차가 진행되게 된다. 물론, 이러한 프로그램은 희동이의 휴대전화에 등록되어 있어 그때 그때 상호 작용이 이루어진다. 만약 희동이가 과제를 하지 않으면 유비컴 지원청으로 연결이 되어 희동이는 컴퓨터 접속 등 일상생활에 지장을 겪게 된다. 학교에 오지 않으면 경찰청 컴퓨터에서 체크가 되어 희동이의 휴대전화로 계속해서 메시지를 보내게 되며, 경찰이 직접 희동이를 찾아내어 학교로 데려올 것이다. 가상게임 접속도 나를 통해서만 이루어진다. 희동이 부모님에게 이러한 사항을 모두 승인을 받은 상태라 가능하다. 희동이에게도 이러한 사실을 가상현실 화면으로 모두 보여 주었기 때문에, 자기가 어떻게 행동해야 하는지를 이해하는 듯했다. 상담도 만족스러웠다. 상담 시뮬레이션이 이번에는 그 역할을 충분히 하였다.

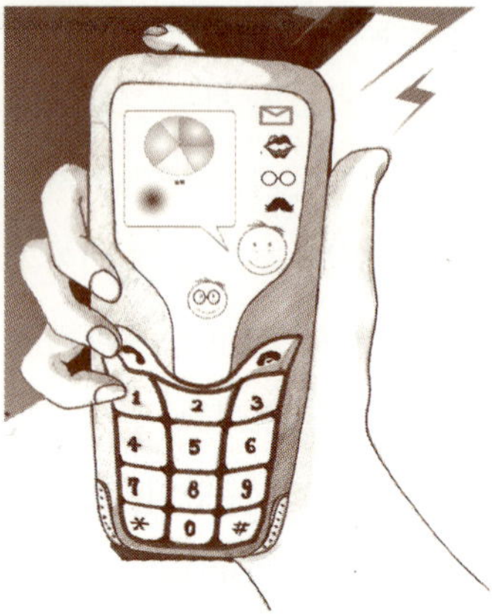

3개월 후……

아침에 휴대전화를 켜니 희동이가 접속되어 있다. 나의 안부를 묻고 자신이 개발하는 가상게임을 보여 주었다. 나는 게임의 스토리를 더 재미있게 했으면 좋겠다는 코멘트를 주었다. 오후 수업에서 선생님의 의견을 반영한 것을 보여 주겠다고 한다. 희동이가 나의 상담 프로그램의 효과를 보고 있다. 첫 발령을 받은 후 어려움이 많았는데, 변화된 희동이를 보니 보람을 느낀다. 앞으로도 더 훌륭한 교사가 되기 위해 노력해야겠다는 다짐을 한다.

* 시나리오: 김명국

태영이의 유비쿼터스 생활 이야기

* **등장인물**: 태영이와 친구들(초등학교 5학년)
* **학습주제**: 태영이의 U-life Story
* **활동동선**: 태영이네 집→○○초등학교→태영이네 집

am 06:00

"즐거운 아침입니다. 6시에요. 일어나세요."

태영이는 침대맡에서 영상으로 투영된 사이버 스케줄러 미미의 소리를 듣고 잠을 깼다. 미미는 영상으로 투영된 태영이의 사이버 스케줄러다. 미미는 태영이를 깨우고 오늘의 스케줄로 오전 9시부터 11시 30분까지 과학 수업이 있고, 오후에는 체육 수업이 있다는 것을 알려 준다. 더불어 선생님께서 보내 주신 자료가 저장되어 있으니 한 번 읽어 보고 가는 것이 좋겠다고 이야기한다.

침대에서 일어난 태영이는 화장실로 간다. 화장실에 있는 거울은 태영이의 오늘 몸 상태를 알려 주고, 약간의 열이 있다는 것을 체크하여 열을 내리는 데에 도움이 되는 방법을 알려 준다. 동시에 어머

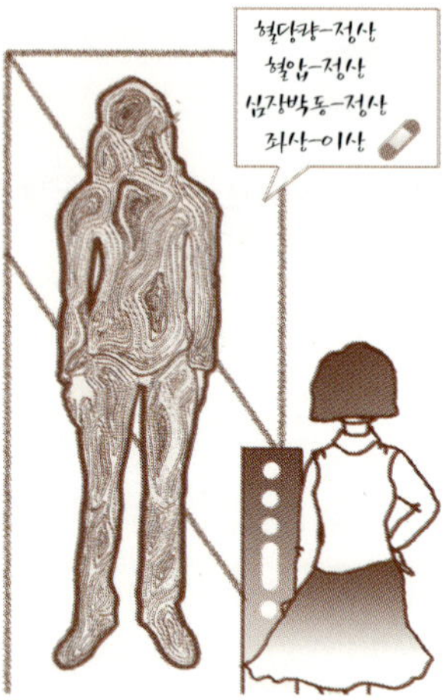

니의 PDA에 메시지로 전달해 준다. 어머니는 메시지를 참고 하여 열을 내리는 데에 도움이 되는 오이 주스를 만들고, 개인 PDA를 이용하여 태영이가 돌아올 오후에 병원 예약을 한다.

태영이의 가방 속에 있는 개인용 TPC는 오늘 날짜로 세팅이 되어, 오늘 수업에 필요한 데이터를 버튼으로 생성한 상태다.

am 08:00

학교에 가려고 집을 나선 태영이는 집 앞에 있는 자전거의 스킨 플렉스 인증을 거쳐서 자전거를 타고 나섰다. 태영이의 자전거는 스킨 플렉스 기능이 있어서 손잡이를 잡는 순간 태영이를 인식한다. 태영이가 아닌 다른 사람이 타려고 하면 작동하지 않는다. 자전거를 타고 가면서 핸즈프리 안경으로 학교까지 가는 길을 검색해 보고 실시간 교통 정보를 제공받는다. 핸즈프리 안경의 전화 기능을 이용하여 짝궁인 진주에게 전화를 해서 오늘 학습할 과학 수업에 관

한 아이디어를 주고받는다. 전화를 끊고 나서는 핸즈프리 안경으로 작동되는 음악을 들으며 학교에 갔다.

am 09:00

드디어 학교에 도착하였다. 교실에 들어오면서 태영이의 손목시계형 PDA에 내장되어 있는 RFID 칩으로 자동 출석 체크가 되었다. 출석 체크가 된 사항은 태영이 어머니의 PDA로 메시지가 보내진다. 교실에 들어온 태영이는 책상에 앉는다. 태영이가 책상에 앉자 책상 속에 내장되어 있는 컴퓨터가 자동으로 켜진다. 이 컴퓨터에는 오늘 학습할 내용에 대해 어제 선생님께서 보내 주신 자료가 자동으로 뜬다. 물론, 태영이의 가방 속에 있는 TPC에도 같은 내용이 저장되어 있다.

자료를 살펴보고 있는데, 선생님께서 교통 체증 때문에 조금 늦는다고 메시지가 왔다. 교실에 있는 전자칠판으로 선생님의 모습이 비춰지고 있었다. 자동차에 달린 카메라를 통해 오늘의 수업에 대해 소개하는 것이었다. 오늘 과학 수업의 내용은 식물 관찰에 관한 내용이었고, 모둠별로 주제를 정하여 역할을 나누어 조사하고 정리하라

는 선생님의 조언이 있었다.

태영이네 모둠 아이들은 진주와 영식, 선명 이렇게 네 명이다. 진주와 영식은 운동장으로 나가서 학교 안에 있는 여러 가지 식물을 관찰하고, 그 특징에 따라 분류하기로 하였다. 태영이와 선명이는 식물의 각 부분에 대한 관찰과 실험을 하기로 하였다.

운동장으로 나간 진주와 영식은 학교 뒷산에 심어져 있는 여러 가지 식물을 살펴보았다. 태영이가 다니고 있는 학교는 현대적인 시설을 갖추었으면서도, 자연 친화적으로 자연과 어우러진 건물로 설계되었다. 개인 TPC를 이용하여 각각의 특징을 기록하고 분류하였다. TPC에 달려 있는 소형 카메라를 이용하여 그 모습을 찍어서 파일로 저장하였다. 소형 카메라로 찍어서 TPC에 저장하면 백과사전과 연결되어 그 식물에 대한 소개와 특징을 좀 더 자세히 찾아볼 수 있다. 진주와 영식은 수집한 자료를 교실에 있는 모둠 컴퓨터로 전

송하였다.

한편, 태영이와 선명이는 식물의 잎에 대한 관찰을 하기 위해 식물의 잎을 채집하고 가상 실험실로 들어왔다. 가상 실험실에 들어온 태영이와 선명이는 3차원 영상 디스플레이 장치를 가동시키고 실험을 시작하였다. 3차원 영상 디스플레이 장치는 가상 실험실에서 실제와 똑같이 영상으로 모든 실험기구를 가지고 실험을 진행할 수 있다. 이제는 데이터 글로브(data glove)도 필요하지 않아, 가상 실험실에서 영상으로 보이는 실험도구를 손으로 터치하면 내 앞에 세팅할 수 있다.

먼저, 채집해 온 식물을 3차원 스캐너로 읽어 영상 자료로 넣는다. 태영이는 식물의 엽록소를 제거하고 녹말 반응 실험을 하려고 한다. 가상의 알코올램프에 불을 붙이고 실험을 진행하였다. 영상으로 이루어지는 이 모든 실험은 실제의 모습과 똑같은 느낌으로 진행된다. 태영이의 실험 과정은 동영상으로 TPC에 저장되며 데이터 결과가 정리된다.

태영이가 실험을 하고 있는 동안 선명이는 식물의 잎을 현미경에 넣고 확대하여 관찰하고 있다. 전자현미경을 통해 보이는 모습은 영상으로 스크린에 비추어지며, 자동으로 TPC에 저장된다. 실험을 마친 태영이와 선명이도 자료를 모둠 컴퓨터로 전송하였다.

교실에 다시 모인 태영이네 모둠 아이들은 영상 키보드를 작동시켜 모둠 컴퓨터에 전송된 자료를 바탕으로 식물의 모습과 각 부분의 기능에 대해 정리하여 발표 자료를 만들었다. 영진이네 모둠에서는 같은 주제로 각 식물의 자료를 이용하여 가상 식물원을 만들었다.

모둠 아이들이 만든 자료는 선생님의 전자칠판으로 전송되었고,

그 자료를 보면서 발표를 마쳤다. 모둠 아이들의 평가와 선생님의 평가가 더해져서 태영이네 모둠의 평가 결과가 나왔고, 이 자료와 결과는 태영이네 모둠원 각각의 디지털 포트폴리오 속에 저장되었다.

pm 12:00

점심 시간이다. 태영이는 손목시계형 PDA를 이용하여 오늘의 메뉴를 확인하고 칼로리와 영양소까지 알아볼 수 있다. 식당에서는 배식 로봇이 배식을 해 주고 있으며, 입구를 통과할 때 태영이의 손목시계형 PDA에 들어 있는 RFID 칩을 인식하여 태영이가 늘 먹는 양만큼을 배식해 주고 키가 작은 태영이를 위해 우유가 추가되었다.

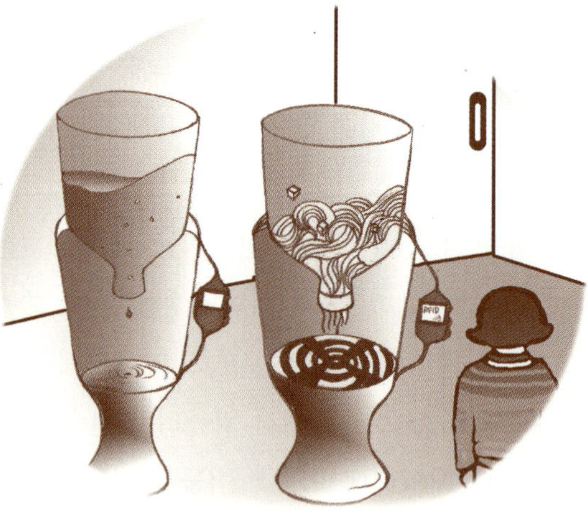

pm 13:00

오후 수업은 체육 수업이었고, 오늘은 라틴댄스를 배운다고 한다. 우리는 모두 스마트 트레이닝복을 입고 강당에 모였다. 선생님께서는 강당 벽면 스크린으로 라틴댄스 장면을 보여 주셨다. 그리고 동작을 하나하나 보여 주셨다. 룸바의 동작을 보고 하나씩 따라하면서 배웠다.

기본 동작이 끝나고 나서 개인별 TPC에는 스마트 트레이닝복이 감지한 동작을 원래 동작과 비교하여 분석해 준다. 태영이의 잘못된 동작을 지적해 주고, 잘하기 위해서는 어떤 동작을 더 연습해야 하는지 자료가 분석되어 나온다.

TPC에서 분석한 결과에 따라 가장 잘 어울리는 파트너를 결정해 주었다. 태영이는 진주와 짝이 되었는데, 춤에 자신이 없는 태영이는 원래 친한 진주와 짝이 되어서 마음이 편안해졌다. 태영이와 진주가 함께 추는 춤은 천장에 달린 카메라로 동영상이 촬영되었다. 선생님께서는 태영이와 진주의 춤을 보고, 잘한 부분과 부족한 부분을 코멘트해 주셨다. 이러한 것들은 개인 TPC에 저장되고, 어머니에게도 전송되었다.

pm 15:30

교실을 나오자 현관에 태영이의 자전거가 대기하고 있다. 태영이가 나가는 것을 자동으로 감지한 센서가 인식하여 아침에 현관의 자전거 보관소에 맡기고 온 자전거를 현관에 대기시킨 것이다.

학교를 나와 아침에 어머니가 예약한 병원으로 갔다. 입구에 있는 센서가 태영이를 감지하여 태영이가 온 것을 알리고 태영이에 관한 차트를 준비한다. 순서를 기다리던 태영이는 의사 선생님을 만나러 들어갔고, 의사 선생님의 책상 컴퓨터에는 이미 태영이의 차트와 아침의 증상들이 기록되어 있다. 이 증상들은 화장실의 거울이 분석한 자료다. 태영이의 열은 가벼운 감기 증상이었고, 의사 선생님은 처방과 함께 유용한 음식과 운동 요법 등을 알려 주셨다. 이것은 어머니의 PDA로도 전송되어, 어머니는 가벼운 감기임에 안심하셨다.

pm 17:00

태영이가 집으로 돌아오자 청소 로봇이 깨끗하게 집안을 청소해 놓았고, 습도와 산소량까지 적당하게 맞추어 놓았다. 태영이는 소파에 앉아서 TV를 보았다. 소파는 태영이가 편하게 앉을 수 있도록 발받침까지 만들어지고 있었다. TV 앞에 있는 소파는 앉는 사람의 체형에 따라서 모양이 변하는 기능을 가지고 있다. 지난번에 다 보지 못한 해리포터를 보기로 하였다. TV 앞에서 '해리포터' 하고 말하자 프로그램이 선택되었고, 지난번에 본 이후부터 자동으로 시작되었다.

1시간쯤 보고 있었을 때, PDA로 내일 수업에 대한 선생님의 안내

자료가 도착했음이 알람으로 울렸다. 태영이는 TV 화면에 있는 메뉴 버튼을 이용하여 선생님의 안내 자료를 즉시 확인할 수 있었다. 태영이네 집에 있는 TV는 집 안의 모든 컴퓨터와 주변기기들과 연결되어 언제든지 데이터를 확인하거나 기기들의 상태를 점검할 수 있다.

TV를 보기 시작한지 2시간쯤 되었을 때 화면이 차단되면서 어머니의 영상이 떴다.

"태영아, TV를 너무 오래 보는 건 좋지 않단다. 과제는 다 했니?"

태영이는 TV를 끄고 방으로 들어가 오늘 수업 시간에 정리한 자료를 보며 복습하고, 선생님께서 보내 주신 평가 문항을 풀어 다시 선생님께 전송하였다. 태영이의 평가 결과는 선생님의 코멘트와 더불어 디지털 포트폴리오 속에 저장될 것이다.

pm 19:00

어머니가 돌아오셨다. 어머니가 돌아오는 시간에 맞게 인공지능 냉장고가 부족한 식료품을 마트에 주문한 것이 배달되었다. 어머니가 손목시계형 PDA에 영수증 태그를 가까이 했더니 결재가 이루어졌다. 어머니는 오후에 병원에서 전달된 메시지를 고려하여 태영이의 열을 내리는 데 좋은 음식을 해 주셨다.

태영이는 저녁을 먹고 샤워를 하려고 화장실에 들어갔다. 화장실에 있는 거울은 태영이의 몸 상태를 체크하여 알맞은 온도로 물을 받아 주었다. 따뜻하게 목욕을 한 태영이는 한결 감기 기운이 나아졌다.

pm 21:00

어머니는 감기 기운도 있으니 일찍 자라고 말씀하셨다. 방에 들어오니 영상 스케줄러 미미가 걱정스러운 듯이 상태가 어떤지 물었다. 태영이는 괜찮다고 얘기하고 내일은 7시에 깨워달라고 말하였다. 태영이가 침대 속으로 들어간 뒤 방 안의 조명과 습도도 태영이가 잠자기에 적당하게 조절되었고, 영상 스케줄러 미미도 인사를 하고 사라졌다.

■ 시나리오 분석

교육의 목표 자기 주도적 학습력을 바탕으로 스스로 탐구하여 지식을 구성해 나갈 수 있는 인간의 육성

교육의 과정 이 시나리오에서는 탐구학습 모형에 근간을 둔 교육의 과정을 살펴보고 있다.

- **상황의 제시와 탐구 문제의 설정:** 탐구의 상황과 문제는 학생들로 하여금 흥미를 자아내게 하면서도 의미 있는 생각을 할 수 있으며, 그들의 지적 능력 수준과 부합되는 문제를 설정한다.
- **탐구의 계획 수립:** 탐구 집단을 조직하고, 탐구할 주제에 대한 하위의 문제를 나열하고, 정보 수집에 필요한 자원 및 자료를 알아보고, 탐구 결과를 발표하는 방법을 결정한 후 개인이 책임질 과제를 배당한다.
- **탐구 활동의 전개:** 실질적인 탐구는 학생들 스스로 수행해 나가는 것이지만, 교사는 그들이 효과적으로 탐구 활동을 수행해 나가고 있는지, 또는 합리적으로 과제를 수행해 나가고 있는지에 대해 계속적으로 확인하고 있어야 한다.
- **탐구 결과의 정리 및 발표:** 탐구 결과를 정리하여 발표하는 일을 통해 정보

를 요약하는 기능, 해석하는 기능, 결론을 유도하는 기능, 결론에 대한 근거를 제시할 수 있는 기능 등을 기른다.

- **탐구 활동에 대한 평가:** 탐구 활동의 전체적인 과정 및 절차에 대한 종합적인 평가를 통해 학생들은 실행에 의한 학습을 넘어 반성적 사고에 의한 학습의 기회를 갖게 된다.

교사의 역할 유러닝 시대의 교사는 지식 창출의 조력자와 안내자의 의미가 확되될 것이다. 학생은 자기 주도적으로 그들의 관심사에 따라 학습하고 그들에게 주어진 학습 문제를 해결하기 위해 다양한 학습 방법을 활용할 것이다. 교사는 자기 주도적으로 문제를 해결하는 학습자의 친절한 안내자 역할을 수행할 것이다.

이 시나리오에 나오는 과학 시간처럼 식물의 관찰과 분류라는 주제하에 아동들이 여러 가지 탐구 방법을 선택할 수 있도록 도와주고 그 방법을 찾아낼 수 있도록 안내해 줄 것이다. 학습자가 학습을 해 나가는 동안 궁금한 것에 도움을 주며, 학습 과정과 결과에 대한 평가와 피드백을 제시해 줄 것이다.

학교의 장 유러닝 환경에서 학교는 여러 가지 복잡한 기기들이 사라지고 교실 환경에 컴퓨터가 내재된 학습 환경이 만들어질 것이다. 각종 기기들은 네트워크화되어 정보의 흐름을 도울 것이다. 이러한 학교 환경은 학습자 특성을 고려한 환경이 될 것이고 자연 친화적인 면을 강조한 학교를 만들게 될 것이다. 마치 학교가 아닌 숲에 온 것 같은 느낌을 줄 수 있는 자연 친화적인 환경을 중시하게 될 것이다.

목표 달성의 확인 교사와 학생은 언제, 어디서나 컴퓨터를 사용할 수 있도록 모든 환경에 컴퓨터가 내재해 있기 때문에 교수-학습의 모든 과정과 그 결과물을 통해 교육평가가 이루어 질 것이다. 교사는 학습자의 학습 상황을 점검하여 피드백을 제공하고 경우에 따라서는 행동 수정도 가능하다. 통합된 컴퓨팅 시스템을 통해 자기 평가, 동료 평가, 교사 평가가 이루어지고 즉각적인 피드백 시스템을 이용하여 자신의 목표 달성도와 성취도를 파악하여 보충 · 심화함을 제공한다. 학습 과정에서 만들어진 모든 결과물과 평가 내용은 학습자 개인의 온라인 디지털포트폴리오에 저장되어, 훗날 진학이나 취업에 자신의 능력을 밝히는 근거 자료로 활용한다.

학습이론 탐구 · 발견학습 이론에 입각하여 수업이 진행된다. 학습자들은 교사에 의해 주어지거나 본인의 흥미가 있는 탐구 주제를 선정하고 스스로 탐구 방법을 결정하며, 정보나 지식을 수집하고 분석 · 종합하여 새로운 지식을 구성하고 창조해 나간다.

* 시나리오: 김은경

5 u-Learning

즐기는 미술

*등장인물: 주현(중학교 3학년)
*학습주제: 즐기는 미술(풍경화)
*주요사건: • 학교에서 미술 시간에 3주 전부터 하던 정물화 수업 평가를 함. 서로의 작품을 스캔해서 전자칠판에 띄워 놓고 감상과 평가를 하고 있음
• 선생님이 풍경화에 대한 과제 제시. 주현은 집에서 같은 모둠원과 웹 검색을 통해 조사하고, 보고서를 작성하여 e-메일로 제출함
• 미술 시간 풍경화에 발표 수업을 하였음
• 풍경화 작품 감상 보고서를 작성 제출하는 과제와 풍경화 제작 과제를 제시받고, 학교 예체능동 복도에 마련된 가상 미술관에서 실물 크기로 전시되어 있는 작품을 감상함. 돌아오는 버스 안에서 감상문을 작성하여 제출함
• 토요일에 집 근처 금광공원으로 풍경화를 그리러 감. 먼저 내가 그릴 장면을 카메라로 찍어 적당한 구도를 찾아 냄. 스케치부터 완성까지 과정마다 TPC를 통해 제작 방법 및 테크닉 포인트에 대한 자료를 보면서 풍경화를 제작함. 자신이 제작한 풍경화의 과정과 완성작, 소감문을 선생님께 전송함
*활동동선: 학교→가정→학교→가정→공원

첫째 날

화요일 5교시 체육 시간이다. 실내 체육관에서 체육 선생님과 로봇 코치에게 테니스 지도를 받은 주현이는 수업을 마치고 샤워장에 들러 샤워를 하고, 바이오 체크기에서 체중과 운동으로 인한 칼로리

소모량, 혈압, 맥박 등의 기본적인 건강 상태를 체크하였다. 이 데이터는 자동으로 저장되어 학교 보건 선생님, 담임 선생님과 부모님, 주현이가 언제든지 볼 수 있다. 또한 지속적으로 저장되어 주현이의 건강과 신체 변화를 체크할 수 있으며, 질병이 예견되면 즉각 보건 선생님에게 통보되어 조치된다.

샤워장에서 나온 주현이는 6교시 미술 수업을 듣기 위해 예체능동에 위치한 미술실로 이동하였다. 미술실에는 먼저 시간에 그리던 정물화가 이젤 위에 놓여 있다. 미술실 전면에는 전자칠판과 다기능 교탁과 선생님의 멀티 책상이 놓여 있으며, 미술실의 뒤쪽에는 준비실이 있어서 기본적인 화구들이 준비되어 있다. 그곳에서 필요한 교구를 자유로이 꺼내어 쓸 수가 있다. 필요한 교구나 화구를 꺼내면 교구장에는 남은 교구의 수량이 표시되고, 누가 꺼내고 넣었는지도 체크된다. 학생들은 준비물을 개별적으로 가지고 다닐 필요가 없다. 벽 한쪽 면에는 회화 시간에는 사용하지 않는 바퀴 달린 작업대가 접혀져 있고, 중앙에는 정물대 3개가 놓여 있고, 그 위에 그리

던 기물들이 놓여 있다. 정물대 주변에는 작품이 올려져 있는 이젤들이 있다. 이 이젤은 유비쿼터스 환경에 맞게 제작된 것이다. 중앙에 화지를 붙인 화판이나 캔버스 등을 올려놓을 수 있는 높낮이가 조절되는 거치대가 있고, 그 좌측에는 개인 TPC나 PDA를 연결할 수 있는 거치대가 있으며, 그 아래에 몇 가지 기능의 버튼과 카메라가 달려 있다. 카메라는 작품 제작 과정을 동영상이나 정지 화상으로 담을 수 있다. 카메라가 찍은 영상은 본인의 컴퓨터와 미술 선생님의 컴퓨터에 저장된다. 선생님은 수업 중에 학생들이 그리는 그림을 앉아서 모니터를 통해 관찰할 수 있으며, 전자칠판을 통해 크게 확대하여 여러 사람에게 보여 줄 수도 있다. 학생들이 작품을 제작하고 있는 중간마다 선생님은 미술실을 순회하면서 학생들의 작품 제작을 도와주고 안내를 해 주신다. 특히, TPC나 컴퓨터가 해 줄 수 없는 창작의 중요한 포인트를 짚어 주며 작품 제작의 방향을 설정해 주신다. 이것은 우리가 선생님을 통해서 미술 시간에 배울 수 있는 가장 값진 것이다. 학교 환경이 너무 편리해지고 스스로 공부할 수 있는 여건이 좋아졌지만, 이것만은 기계의 도움을 받기가 쉽지 않다. 창의성은 선생님이 우리 학생에게 주는 가장 값진 지도다.

오늘도 선생님께서 모니터를 통해 학생들이 모두 입실한 것을 확인하고, 수업 내용을 설명하신다. 출결은 미술실 출입문을 통과하면 자동으로 확인된다. 그래서 선생님은 출석 확인을 위한 호명을 하지 않아도 누가 출석하지 않았는지 파악하고 있다.

선생님께서 먼저 시간에 그리던 정물화를 마무리하고 평가를 하겠으니, 20분 안에 작품을 마무리하라고 하신다. 나는 서둘러 작품을 완성하고 이젤의 TPC 거치대 아래에 있는 버튼을 눌렀다. 이것은 선생님과 선생님의 메인 컴퓨터에게 내가 작업을 종료하였음을 알리는 것이다. 그리고 나는 바로 내 TPC를 이용하여 간단하게 선생님께서 미리 만들어 놓은 양식에 작품 제작 감상 보고서를 작성하여 역시 선생님의 메인 컴퓨터에 제출하였다.

시간이 조금 더 지나자 다른 친구들도 모두 작품을 완성하였다. 모든 학생이 작품을 완성하자 선생님은 전자칠판에 학생들의 작품을 모두 띄우셨다. 그리고 몇몇 학생의 작품을 중앙에 확대하여 보여 주시면서 칭찬도 해 주시고, 잘못된 부분은 지도도 해 주셨으며, 다른 친구의 작품에 대해 느낀 점을 발표하게도 하셨다. 주현이도 아라의 작품을 보고 '전체적인 구도가 잘 되었고, 주제가 너무 돋보이게 잘 표현된 것 같다.' 고 느낀 점을 발표하였다. 선생님께서 아라의 작품도 칭찬해 주시고, 작품을 적절하게 잘 평가한 주현이도 칭찬해 주셨다. 주현이는 한껏 기분이 좋아졌다. 평가를 마치고 선생님께서 과제를 내 주셨다.

“여러분, 다음 시간에는 풍경화에 대한 수업을 할 예정입니다. 다음 시간 전까지 풍경화에 대해 모둠별로 조사해서 e-메일로 제출하세요. 알았죠? 기본적인 보고서 양식은 선생님 컴퓨터에 있습니다.”

주현이는 같은 모둠 친구들과 보고서 작성을 위해 필요한 사항을 의논하였다. 주현이가 모둠장이라서 주관하여 조사 내용을 결정하고 역할 분담을 하는데 시간이 부족하였다. 나머지는 하굣길에 화상 채팅으로 의논하기로 하고 회의를 끝냈다.

하굣길에 버스에서 주현이는 TPC를 꺼내 메신저에 로그인하여 친구들을 호출하였다. 친구들이 한 명씩 화면에 모습을 나타냈다. 대부분이 집에 가는 길이었다.

그래서 아까 학교에서 결정하지 못한 사항들을 마저 결정하고, 저녁 7시까지 자료를 모두 주현이에게 보내 주기로 하였다. 주현이는 모두 잘 가라는 인사를 하고 채팅을 마쳤다.

주현이는 집에 와서 가정 로봇이 챙겨 주는 간식을 간단히 먹고, 먼저 저녁 일정을 체크하였다. 가정 로봇이 지금부터 8시까지는 과제 및 자율 시간이고, 8시부터 10시까지는 사이버 가정학습을 할 시간이라고 알려 주었다. 주현이는 먼저 미술 과제를 하기로 하였다. 주현이는 벽에 설치된 대형 모니터를 보면서 TPC로 필요한 명령을 입력하며 웹 검색을 하였다. 주현이는 동양에서의 풍경화에 대하여 조사하기로 되어 있어서 그 내용을 검색하고, 한국 미술관에 마련된 사이버 미술관에 접속하여 예시 작품을 내려받았다. 대형 모니터에는 생생한 예시 작품과 함께 설명이 제시되었다. 친구들에게서 속속 자료가 전송되어 왔다. 그런데 풍경화의 기법에 따른 종류에 대해 조사하기로 한 옥순이에게서 자료가 오질 않는다. 주현이는 옥순이와 메신저로 연결하였다. 옥순이가 지금 막 마무리 작업을 하고 있다며 조금만 참아 달라고 웃어 보였다. 화상 메신저로 보이는 옥순이의 웃는 모습이 너무 애교스러워 주현이는 웃으며 알았다고 하였다. 10여 분 뒤에 옥순이에게서 자료가 왔다. 주현이는 친구들이 보내 준 자료를 토대로 풍경화의 유래, 발전 과정, 특징, 동 · 서양의 풍경화 양식의 차이점, 재료에 따른 풍경화 등의 내용을 보고서로 작성하여 선생님의 컴퓨터로 자료를 전송하였다. 선생님으로부터 과제를 너무 잘 정리하였다는 칭찬의 회답 메일이 왔다. 주현이는 다시 기분이 좋아졌다.

1시간 정도 휴식 시간을 갖고, 사이버 가정학습을 2시간 하고, 가족과 잠시 대화의 시간을 갖다가 주현이는 잠자리에 들었다. 주현이의 방은 자동으로 조명이 어두워지고, 잠자리에 들기 편한 음악이 흘러나오며, 방의 기온이 잠들기 편한 온도와 습도로 조절된다. 주현이는 포근한 잠을 청했다.

3일 후

금요일 5교시 미술 시간이다. 학생들이 모두 들어오고 수업 시작을 알리는 방송이 나온다. 선생님은 전자칠판에 '아름다운 경치를 담은 풍경화' 라는 커다란 주제 텍스트를 써 놓으시고, 풍경화에 대한 수업을 시작하셨다. 먼저 학생들이 모둠별로 조사해 온 보고서를 정리하여 평가하고, 요점을 정리해 주셨다. 주현이는 선생님의 설명을 들으며 조사하면서 미처 느끼지 못하고 알지 못하였던 점을 알게 되었다. 작가의 풍경을 보는 아름다운 시각과 작품을 제작하는 의지를 느끼게 되었다. 그리고 '나도 한 번 멋진 풍경화를 그려보고 싶다' 는 마음까지 갖게 되었다. 작품의 제작 과정과 방법까지 설명하신 선생님께서 지금 예체능동 복도 벽에 풍경화 작품들이 전시되고 있으니 지금부터 나가서 자유롭게 감상하고, 감상이 끝나면 간단히 감상 보고서를 제출하라고 하셨다. 그리고 내일 쉬는 토요일이니 각자 풍경화를 한 점씩 완성해서 제출하라고 하셨다.

나는 친구들과 복도로 나갔다. 복도 벽에는 3차원 입체영상이 만

들어 낸 실물 크기의 풍경화 작품들이 보였다. 이 작품들은 선생님이 우리가 감상하면 좋을 작품만을 미리 선택하셔서 세팅을 해 놓으신 것이다. 우리는 작품을 감상하기 전에 개인별로 지급된 무선 이어폰을 하나씩 착용하였다. 그리고 작품 앞에 서자 이어폰에서 작품에 대한 설명이 흘러나왔다. 작품을 감상하면서 의문점이 생기자 주현이는 TPC에 의문점을 입력하였고, 그 답이 TPC를 통해 제공되었다. 30여 분 간 20여 점의 작품을 감상한 주현이는 6교시 수업을 위해 교실로 이동하였고, 6교시 수업을 마치고 하교를 하였다. 집으로 돌아가는 버스 안에서 미술 감상을 작성하기 위해 TPC를 꺼냈다. 집에 가면 그 생생한 느낌이 사라질 것 같아 버스에서 감상 보고서를 작성하기로 한 것이다. 주현이는 버스 좌석에 마련된 거치대에 TPC를 올려놓고, 달리는 버스 안에서 보고서를 작성하여 바로 선생님께 전송하였다. 선생님께서 환하게 웃으시는 모습으로 화상메일을 보내셨다. 이번에도 보고서를 열심히 작성하였다고 칭찬을 해 주셨다. 주현이는 집으로 돌아가는 발걸음이 너무 가벼웠다.

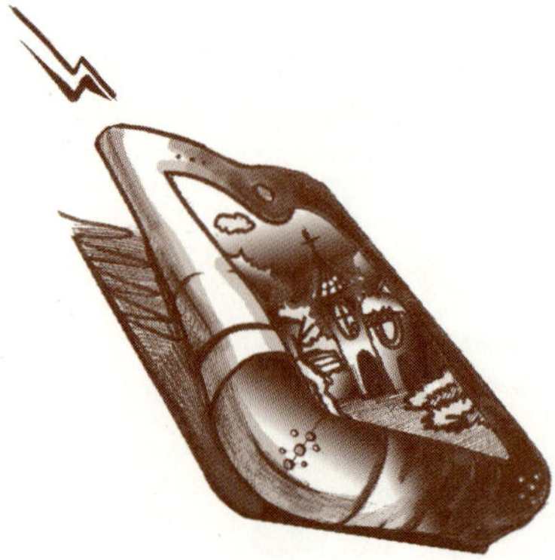

토요일

오늘은 쉬는 토요일이라서 평소보다 한 시간 정도 늦게 일어났다. 아침 알람과 가정 로봇의 도움으로 아주 상쾌하고 개운한 마음으로 침대에서 나와 가정 로봇이 챙겨 주는 빵과 우유로 간단한 아침 식사를 하고, 거실의 대형 모니터로 TV를 보며 일과를 체크하였다. 이 TV 프로는 주현이가 가장 좋아하는 사극이다. 다른 시간에는 볼 여유가 없고 부모님이 허락하시지 않지만, 유일하게 토요일 2시간은 TV를 집에서 편히 볼 수 있다. TV를 보고 바로 그 자리에서 집에서 가까운 경치 좋은 곳을 검색하였다. 집의 메인 컴퓨터가 집에서 도보로 10분 거리에 있는 금광공원을 추천하였다.

주현이는 야외용 이젤과 화구들과 TPC를 챙겨서 금광공원으로 향했다. 금광공원에 도착하여 먼저 TPC에 장착되어 있는 카메라로 그리고 싶은 경치를 촬영하였다. 그리고 그림도우미 프로그램을 불러내어 주현이가 찍은 풍경에 적합한 구도를 설정해 보도록 하였다. 그림도우미 프로그램에서 대각선 구도를 사용하고, 주현이가 찍은 풍경을 스케치 모드로 변환하여 예시 작품으로 보여 주었다. 그런데 주현이는 별로 마음에 들지 않았다. 그래서 다른 풍경을 찍어서 다시 도우미 프로그램에서 구도 설정 메뉴를 실행시켰다. 이번에는 아주 마음에 들었다. 그래서 TPC에 제시된 스케치를 보면서 도화지에 스케치하였다. 그리고 채색을 하기 전에 그린 작품을 찍어서 저장하였다. 이번에는 채색 도구를 준비하고 채색을 시작하였다. 주현이는 투명수채 기법으로 풍경화를 그리기로 하였다. 그런데 나무를 어떻게 그리면 좋을지 난감해졌다. 그래서 다시 TPC의 그림도우미 프로그램을 실행하여 나무 채색하는 법을 실행, 채색 과정과 방법을 안내받았다. 주현이는 풍경화를 많이 그려 보지는 못했지만, TPC의 그림도우미 프로그램의 도움을 받으며 그림을 그리니 제법 그럴듯한 풍경화를 그릴 수 있었다. 중간에 밑 채색을 하고 또 작품을 촬영하였다. 그리고 작품을 완성하고 나서 다시 촬영을 하고, 바로 그 자리에서 TPC로 제작 소감과 작품 제작에 사용한 재료와 기법, 제작 주안점 등을 보고서로 간단히 작성하여 내가 그린 대상 풍경 사진과 작품의 제작 과정 사진을 함께 선생님께 전송하였다. 이번 학기의 수행평가 점수는 잘 나올 것 같은 예감이 든다. 지금까지 작품도 모두 잘 그려졌고, 보고서 평가도 만족스럽다.

오늘 이렇게 공원에 나와 제작한 풍경화는 다음 미술 시간에 선생님과 친구들과 함께 평가 시간을 가질 것이다. 그러면 다른 친구들의 작품도 보게 되고, 또 나와는 얼마나 다르게 그렸는지, 사용한 기법은 무엇인지, 얼마나 창의적인 작품을 제작하였는지 알게 될 것이다. 그리고 무엇보다도 나의 수행평가 점수가 어떻게 될지도 알게 될 것이다. 어쨌든 주현이는 오늘 완성한 풍경화를 보니 기분이 뿌듯하고 왠지 좋았다. 무언가 대단한 것을 만들어 낸 기분이다. 주현이는 작품 평가가 모두 끝나고 선생님이 원작품을 돌려 주면 이 풍경화 작품을 액자를 해서 집 거실에다 걸어놓겠다고 마음을 먹는다. '우리 집 가정 로봇은 이런 그림은 절대 못 그릴 걸!' 하고 생각하면서…….

■ 시나리오 분석

교육 목표 자기 주도적 학습 능력 위에 탐구학습, 협동학습 등을 통하여 지적 능력을 키우고, 주어진 지식과 정보를 새롭게 구성해 나갈 수 있는 창조적 인간의 육성

교육과정 이 시나리오에서는 협동학습 및 탐구학습 모형에 근간을 둔 교육과정을 살펴보고 있다.

- **상황의 제시와 탐구 문제의 설정:** 교사의 조력과 모둠원의 협의를 통한 미술 탐구의 상황 제시와 문제는 학생들로 하여금 미술에 대한 흥미를 자아내게 하면서도 의미 있는 생각을 할 수 있으며, 그들의 흥미 수준과 부합되는 문제를 설정한다.
- **학습 계획 수립:** 학습 집단을 조직하고, 탐구할 주제와 하위 문제를 정의하고, 정보 수집에 필요한 자원 및 자료를 알아보고, 탐구 결과를 발표하는 방법을 결정한 후 개별 과제를 배당한다.
- **탐구 활동의 전개:** 로봇의 도움을 받아 풍경화를 검색하고 학습자들은 동료들과 자신의 자료에 관해 매신저로 토론한다.
- **탐구 결과의 정리 및 발표:** 모둠별로 발표하고 그 결과에 대해 서로 피드백을 제공한다.
- **탐구 활동에 대한 평가:** 미술 탐구 활동에서 탐구 과정 및 절차에 대한 종합적인 평가를 통해 학생들은 학습 문제 실행으로 학습을 넘어서서 반성적 사고에 의한 학습의 기회를 갖게 된다.

교사의 역할 유비쿼터스 시대의 교사는 지식의 전달자나 교수자의 개념이 아닌 조력자, 안내자의 의미가 커질 것이다. 단순히 지적 내용의 전달이 아니라 이미 존재하고 있는 다양한 정보를 통합하고 조절하고 재창조하는 데 요구되는 방법을 안내하고 지원한다. 또한 주제를 탐구하고 해결하는 데 필요한 다양한 방법을 학습할 수 있도록 도와주는 역할을 한다.

이 시나리오는 미술 시간에 미술에 대한 이론과 사전 지식을 모둠을 통하여 탐구하도록 지원하고, 이를 통해 스스로 작품을 제작해 보도록 유도해 나가고 있다. 이 과정에서 기계나 컴퓨터가 제시할 수 없는 영역의 조력과 작품 제작에 있어서의 창의적 표현에 대한 지도 등은 유비쿼터스 시대의 교사가 지향해야 할 기본적인 역할일 것이다.

학교의 장 유비쿼터스 시대의 학교는 사물과 컴퓨터가 분리되어 존재하는 현재의 상황이 사라지고, 사물에 컴퓨터가 내재된 학습 환경이 만들어질 것이다. 또한 모든 시설과 기기는 네트워크화되어 유비쿼터스적 환경을 지원하게 될 것이다. 이 시나리오처럼 미술실에서 가장 기본적인 도구인 이젤이 단순히 작품을 받치고 있는 역할이 아니라, 학생의 작품을 평가하고 작품 제작을 지원하는 살아 있는 도구가 되는 것이다. 즉, 현재처럼 매체가 매체로 주의를 집중시키며 존재하는 것이 아니라, 수업의 장면과 공간 속에 자연스럽게 존재되어 교육 자체에 주의 집중할 수 있도록 지원될 것이다.

목표 달성의 확인 유비쿼터스 환경에서는 네트워크와 편재성을 통한 진정한 수행평가가 이루어질 것이다. 학습자들이 학습해 나가는 모든 과정은 자연스럽게 모니터링되고, 결과물에 대해서도 수시로 평가가 이루어질 것이다. 지능화된 시스템은 교사의 평가에 대한 부담을 없애 줄 것이다. 교사는 자연스럽게 평가에 대한 내용을 검토하여 목표 달성의 여부를 확인하고, 피드백의 유무와 방향성을 지휘하는 역할을 갖게 될 것이다.

또한 학습자는 스스로 학습 도달에 대한 평가를 항시 점검하고, 그 결과를 통해 반성하고, 학습을 조절하고 새로운 학습 목표를 가질 수 있으며, 얻은 모든 자료와 평가는 개인의 디지털 포트폴리오에 저장되어 학습자 개인의 자료로 남게 되고, 학부모에게 열람되거나 통보될 수 있다.

학습이론 이 시나리오는 탐구 · 발견 학습이론과 개별화 학습이론에 입각하여 수업이 진행된다.

학습자들은 교사에 의해 주어지거나 본인의 흥미가 있는 탐구 주제를 의논하고 선정하여 스스로 탐구 방법을 결정하며, 정보나 지식을 수집하고 분석 · 종합하여 새로운 지식을 구성한다. 또한 개인의 역량에 따라 개인에게 필요한 조력을 받는 개별화된 실기 수업을 통해 작품 제작에 의한 창의성 발현을 경험해 간다.

기 타

- **네트워크 요소**: 이 시나리오에서는 미술실에서 이젤이나 각종 교구나 기자재에 내재되어 있는 컴퓨터나 RFID 센서 등이 네트워크로 연결되어 있어 학습자의 학습활동을 조력하고, 이동하는 버스 안과 집, 공원 등에서 TPC나 메인 컴퓨터, 학교 교사 컴퓨터 등이 네트워크로 연결되어 수시로 채팅, 자료 교환, 학습 지원, 과제 제출 등이 이루어지고 있음을 볼 수 있다.
- **인물의 심리적 묘사**: 이 시나리오에 등장하는 주인공은 유비쿼터스 환경 안에서 이루어지고 있는 유러닝 상황에서 불안해하거나 수동적이지 않다. 주어진 탐구학습이나 개별학습 상황에서 능동적이고, 자기 주도적임을 알 수 있다. 이는 학습자의 적극적인 성향이 원인이겠지만, 유비쿼터스의 환경이 학습자에게 학습에 대한 부담감을 없애 주고, 자연스럽게 학습을 조력함으로써 탐구학습이 자연스러운 학습 모형으로 자리 잡게 됨을 말해준다.

---

* 시나리오: 김철민

6 u-Learning

둘리의 하루

* **등장인물**: 둘리(초등학교 4학년)
* **학습주제**: 사회-경기도 문화 이해하기
* **주요사건**: 시뮬레이션을 통해 경기도 명소를 조사하고, 모둠별로 토론하여 결과 보고서를 작성한다.
* **u-러닝 단계**: 3단계(성숙 단계)
* **활동동선**: 가정→학교→수상캠프→친구 생일파티→가정

2030년 8월 10일 목요일

아침 7시. 둘리는 일어나라는 음성 메시지를 듣고 잠에서 깬다. 세수를 하고 학교 갈 준비를 하고 나오자, 식탁에는 맛있는 음식이 기다리고 있다. 식탁에 앉자 아빠의 음성이 들린다.

"둘리야, 아빠야! 5시에 회사 출근 하느라 못보고 나가는 구나. 식사 많이 하고, 학교에서 열심히 공부하고 오너라."

이어서 엄마 목소리가 나온다.

"식사는 영양소에 맞게 골고루 잘 먹어야 한다. 그래야 둘리가 좋아하는 영화배우 배용준과 같은 사람이 될 수 있단다. 저녁에 보자."

둘리는 배용준과 같은 멋있는 사람이 되기를 원한다. 그러나 영화 배우는 싫다. 둘리의 꿈은 우리나라를 세계에 널리 알리는 홍보 요원이 되는 것이다. 그래서 외국어와 사회 공부를 많이 하는 편이다.

식사를 맛있게 하고 현관문을 열고 나오려는데, 오후에 비가 올 것 같다면서 비옷을 준비하라는 당부 메시지가 흘러나왔다. 필통 정도 크기인 비옷을 가방에 넣고 아파트 현관 앞으로 나왔다. 대기하고 있는 나의 멋진 자동 모터카가 문을 열고 기다리고 있다.

"둘리 안녕! 오늘도 즐거운 하루되길 바라."

"고마워! 조심해서 운전해."

학교 앞까지 오는 동안 자동 모터카는 둘리에게 하루 일정, 건강 상태, 날씨 정보, 국내외 여러 가지 소식을 대화 형식으로 들려준다.

학교 앞에 이르자 많은 친구가 교문 앞으로 모여들고 있었다. 서로 인사를 나누고 마냥 철없는 아이들처럼 재잘거리며 현관에 다다른다. 현관 안으로 들어서자 다정하게 둘리의 이름을 부르며 교실과 선생님 안내를 해 준다. 오늘은 4교시 수업이 있고, 오후 1시간은 방과 후 특기 적성 수업을 받는다. 그리고 3시부터는 보충 수업을 받는다. 보충 수업은 정규 수업 시간에 통과하지 못한 아동들만 받는 수업이다. 둘리는 지난 사회 수업 경기도 문화에 대한 토론에서 통과하지 못하여 오늘 재수업이 오후 3시에 있다. 집안 사정으로 숙제를 못해서다. 모둠원은 5명인데 2명이 조사 활동을 제대로 하지 못하여 토론이 잘 이루어지지 못했다. 2명이 벌점 1점을 받았는데, 둘리가 2명 중에 1명이다. 한 달 전 수학 수업을 통과하지 못해 그때도 벌점 1점을 받았는데, 앞으로 1점만 더 받으면 부모에게 자동으로 통보되어 담임과 부모가 면담을 한다. 그 후 다시 2점이 추가되면, 다음 학년에 진급할 수 없다. 그래서 벌점을 추가하지 않기 위해 지난밤 열심히 숙제를 했다.

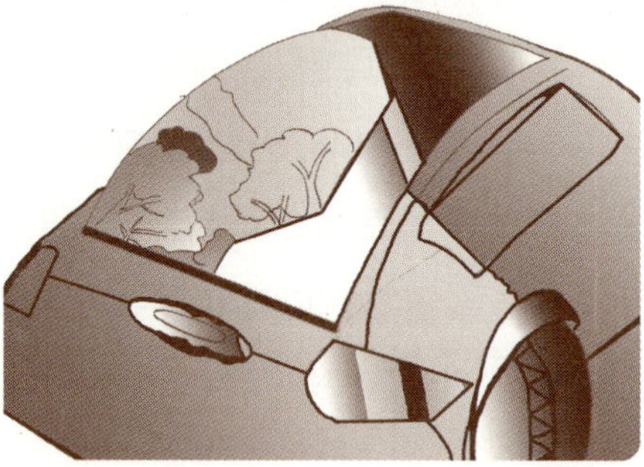

둘리는 경기도 남양주·양평 지역 문화에 대한 조사를 해서 친구들에게 소개하고, 친구들의 질문에 답해야 한다. 남양주·양평 지역 문화를 조사하기 위해서는 한 시간 정도의 시뮬레이션 숙제가 필요하다. 시뮬레이션 숙제는 가상 세계에 자신이 들어가 체험하는 공부다. 남양주 덕소가 집인 둘리는 자신의 모터카를 이용해서 가상 탐구 활동을 하였다. 먼저 남양주 조안에 있는 정약용 생가를 방문했다. 주위 경치를 한눈에 볼 수 있다. 정약용 초상화, 서적, 문화 유품 등 시뮬레이션 캡처도 가능하다. 다음으로는 북한강과 남한강이 만나는 양수리를 지나 양평 용문에 있는 용문사에 들려 조사 활동을 하였다. 매표소에 이르면 자동으로 현금 결재가 되고 부모에게 자동 통보된다. 광릉 수목원, 몽골 문화촌, 광해군 묘 등을 한 시간에 답사하고, 예상되는 질문을 메모하며 보고서를 작성하는 데 30분 정도가 소요되었다. 숙제를 열심히 해 온 둘리는 재미있는 수업이 기대되었다.

사회 선생님과 모둠 아이들이 거의 동시에 교실에 모였다. 선생님 앞에서 자기가 경험한 문화 체험에 대하여 발표하고 질문하며 신나게 토론을 하였다. 선생님에게 칭찬을 받고 기분이 좋아서 조원들끼리 모여 가오리 보트를 타기로 결정하였다.

귀가 시간이 2시간 정도 늦어진다는 메시지가 가정에 통보된다. 그리고 수상캠프에 연락되어 대기자가 많아 30분 후에 준비 완료라는 신호를 받는다. 10분이면 도착할 수 있는데, 20여 분을 기다려야 한다. 천연 잔디가 파랗게 깔려 있는 운동장에서 20분 동안 신나게 축구를 한다. 대기하고 있던 자동 모터카가 그들을 태우고 수상캠프장으로 이동한다. 역시 자동 현금 결재가 되어 부모님께 통보되고, 우리는 재미있게 가오리 보트를 즐긴다.

오늘 일정에는 포함되지 않았지만 모둠원인 한 친구의 생일초대 제의를 받는다. 그때 사회 선생님으로부터 메시지가 도착하였다. 내일 사회 토론 수업은 경기도 특산품에 대한 조사 활동이다. 오늘 모둠과는 다른 모둠원으로 구성되어 있어, 서로 분담하여 조사 활동을 해야 한다. 부모님께 화상 전화를 걸어 생일초대 참석 여부를 결정하고, 가는 도중 차 안에서 서로 조사할 역할을 정하고 고장 특산물 담당자와 화상 채팅을 통해 경기도 특산품을 조사하였다. 1차 조사한 내용을 같은 모둠원과 담임께 통보하여 수정과 보완 사항을 점검받는다. 돌아오는 도중 교장 선생님으로부터 메시지가 도착했다. 내일 오후 5시에는 세계문화협회가 주관하는 우리나라 문화자랑대회가 있다는 것이다. 4학년 학생들로 이루어지는데 많은 참여를 부탁한다는 내용이었다. 9시쯤에 집에 도착하여 오늘 배운 것을 복습하고, 우리나라 문화자랑대회에 나갈 준비를 한다. 10시 쯤에 부모님이 함께 들어오셨고, 30분 정도 얘기하다 각자 자기 할 일을 한다. 오늘도 잠자리에 들어가는 시간은 12시다. 그러나 재미있는 하루였다.

■ 시나리오 분석

학습 목표 시뮬레이션을 통해 경기도 명소를 조사하고, 모둠별로 토론하여 결과 보고서를 작성한다.

학습 과정 이 시나리오에서는 조사 학습 모형에 근간을 둔 교육의 과정을 살펴보고 있다.

- **학습 계획의 단계**: 조사 활동을 전개할 주제의 선정과 학습 계획을 수립하는 과정이다.
- **조사 활동 단계**: 전 단계에서 결정된 계획과 방법에 따라 활동이 전개되는 과정이다. 조사 활동의 방법은 조사하려는 내용의 성질 여하에 따라서 여러 가지 형태로 이루어질 수 있겠으나, 다만 사회과학적인 조사 방법이라든가 심사숙고하는 사고방식 등에 의하여야 한다는 것을 잊어서는 안 된다.
- **보고 활동 단계**: 조사 활동을 통하여 얻은 자료를 정리하면서 보고서 또는 차트에 사용할 조감도 등을 작성한 다음, 개인 또는 분단의 대표가 이를 보고하는 과정이다.
- **정리 반성 단계**: 조사 보고한 내용을 종합적으로 정리하여 일반화 인식으로 가다듬는 과정이다. 또한 조사 활동을 통하여 얻은 결과와 유사한 다른 문제에 대하여 학습해 보도록 한다.

교사의 역할 이 시나리오에 나오는 시뮬레이션을 통한 과제 수행으로 아이들은 직접 체험한 것과 같은 체험 활동을 하게 된다. 교사는 그들을 안내하고, 불필요한 시간을 낭비하지 않도록 세심한 계획하에 과제 수행을 할 수 있도록 해 주어야 한다.

또한 초등학교도 과목별로 전담하게 될 것이며, 보다 많은 전문적인 지식과 교과 지도에 대한 세부적인 계획을 세워 지도해야 할 것이다.

학교의 장 유비쿼터스 시대의 학교는 단위 학교에 국한되지 않고 지역사회전체가 학교의 장이 될 수 있다. 학교 주변의 역사 · 문화 유적지는 선조들의 삶의 지혜를 배우는 데 중요한 여건을 제공한다.

목표 달성의 확인 유비쿼터스 환경하에서는 언제, 어디에서나 학습이 가능하기 때문에 보다 철저한 학습 목표를 요구할 것이고, 그에 따른 완벽한 평가 체제가 정립될 것이다. 그래서 목표 달성을 하지 못한 경우에는 재학습과 상급 학년으로의 진급이 이루어지지 않을 것이다.

학습이론 조사 토의 학습이론에 입각하여 수업이 진행된다. 학습자들은 교사에 의해 주어지거나 본인에게 흥미가 있는 탐구 주제를 선정하고 스스로 조사 토의 방법을 결정하며, 정보나 지식을 수집하고 분석 · 종합하여 새로운 지식을 구성하고 창조해 나간다.

---

* 시나리오: 김흥식

7 u-Learning

이라크 전쟁이 세계문화에 끼친 영향

* **등장인물**: • 진후: 유전적 난치병으로 외부 출입이 용이하지 못한 인물로 EC(엘리트 코스) 3단계 과정을 이수 중인 열다섯 살의 남학생
  • 전임 교사: 진후가 네 살이 되던 해부터 진후의 모든 성장 과정을 함께해 온 교육 전임 교사
  • EC 교사: 엘리트 코스의 전임 교사로서 엘리트 3단계 과정의 모든 교육적인 면을 전담하고 있는 교사
  • HS 전문 프로그래머: 홀로그램 전문 교사로서 역사적 사건을 중심으로 가상현실을 만들어 EC 과정 학생들을 정치적 리더로서 키우는 프로그램을 만들고 있다.
  • 담당 주치의: 진후의 생체리듬 관리를 전담하고 있다.
* **학습주제**: • 역사 수업: 2004년 이라크 전쟁의 원인
  • 사회 수업: 이라크 전쟁이 세계 문화에 끼친 영향
  • 경제 수업: 이라크 전쟁 이후의 유가 변동 사항과 주가 변동 간의 관계 분석
  • 정치 수업: 이라크 전쟁에서 살펴볼 수 있는 미국의 세계관과 영향력
* **학습요점**: – 역사 홀로그램 시뮬레이션을 통하여 이라크 전쟁을 학습한다.
  • 이라크 전쟁의 원인
  • 세계 문화에 미친 영향
  • 세계 경제에 미친 영향
  • 미국의 세계관과 영향력
* **활동동선**: 진후의 집(침실→체력단련실→학습실→VS room(가상공간방)→침실)

현재를 사람들은 가상현실의 시대(virtual reality)라고 부른다. 나(진후)는 올해 열다섯 살이 된 남학생으로, 작년 EC에 합격하여 현재 2개월 정도의 수습 기간을 마친 상태다. 태어나서 네 살이 되면 의무적으로 '진로 테스트'라는 시험을 치르게 된다. 이 시험은 생체 정밀검사와 지적사고검사를 실시하며, 그 결과에 따라서 이후의 교육 시스템이 결정된다. 나는 상위 0.1%에 속해서 EC 교육을 받게 되었다. 이 교육 시스템은 나이와는 상관없이 모든 과정을 일정 점수 이상으로 이수하게 되면 수료할 수 있다.

과거에는 학교라는 곳에서 많은 학생이 똑같은 지식을 배웠다면, 현재의 교육은 선별적인 수준별 학습으로 어린 시절부터 테스트를 통하여 학생의 지적 능력을 미리 예상, 산출하여 적성과 지적 능력에 맞는 교육을 실시한다.

나는 정치가의 교육을 받고 있다. 그러나 나는 현대 의학으로는 도저히 치료할 수 없는 난치성 유전병으로 외부 출입이 자유롭지 못

하다. 그러나 외부 출입만 하지 못할 뿐 나의 모든 활동에 다른 제약은 없기 때문에, 이런 신체적 장애가 문제되지는 않는다.

또한 나의 건강과 관련된 생체리듬 조절은 나의 개인 비서인 '콤(Com)'이 알아서 해 준다.

'콤'은 나의 생체리듬을 체크하여 그때마다 데이터를 무선 송신할 수 있도록 프로그래밍되어 있어, 내 담당 주치의가 언제, 어디에서나 체크할 수 있게 해 준다.

아침 7시 정각이 되자 콤은 내 뇌파에 기상 뇌파를 흘려보내 주고, 나는 잠자리에서 일어나게 된다. 세균 샤워 프로그램으로 내 몸에 붙어 있는 세균들을 털어낸다. 옷은 어제 새로 배달된 생체 조직 의복을 입고, 최신 유행 복장 버튼으로 눌러 가며 선택한다. 과거에는 '옷'이라는 것을 몸에 직접 걸쳤으며, 마음에 안 드는 옷이나 더러워진 옷은 직접 입고 벗었다. 그러나 요즘은 홀로그램이 영상으로 모두 처리해 주기 때문에, 내가 원하는 스타일을 버튼 하나로 바꿀 수 있다.

나는 세균이나 박테리아에 민감하기 때문에, 내 몸을 보호해 주는 생체 조직 의복을 입어야 한다. 그러나 겉모습은 홀로그램이 작동하므로 별다른 차이가 없다.

7시 20분부터는 체력 단련실로 향한다. 헬스 트레이닝 프로그램이 시작된다. 이는 내 몸을 건강하게 해 주는 프로그램으로, 내가 먹는 유기농 음식들의 칼로리 조절과 생체리듬에 맞는 운동 프로그램을 2주일 단위로 짜 준다. 오늘은 간단한 조깅을 하고 있다.

8시부터는 학습실에서 담당 주치의와의 상담이 잡혀 있다. 언제든지 담당 주치의와 상담할 수 있지만, 학습실에는 텔레포트 기능이 있어 내게 필요한 모든 것을 텔레포트로 주고받을 수 있다. 생체리듬 데이터들은 실시간으로 담당 주치의에게 전송되어 내가 위급한 상황일 때 간접적인 도움을 받을 수 있다. 대부분의 사람에게 이런 일정이 매일 잡혀 있지 않으나, 나는 난치성 유전병을 가지고 있기 때문에 특별 관리 대상인 것이다.

8시 50분에는 전임 교사와의 상담이 있다. 어제 내가 공부한 프로그램의 학습 정도를 체크하고, 오늘 스케줄과 과제를 안내해 준다. 이전에는 이와 같은 일을 컴퓨터 프로그램으로 실행하였으나, 인간의 정의적 측면을 무시한 교육 방법으로 많은 문제를 초래하게 되었다.

그래서 만 네 살 이후에는 각 과정에 맞는 전임 교사가 20년 동안 관리하며, 한 명의 교사는 20명 이상의 학생을 관리하지 못한다. 이러한 교사의 선발도 '진로 테스트'를 통하여 선발·육성하게 된다. 전임 교사는 내가 받는 교육에 대해 효과적인 교수법을 EC 과정의 전문 교사와 상의하여 결정하게 되고, 나의 학습 성향을 잘 파악하여 내게 맞는 교육 시스템을 제공해 준다.

지금 나는 EC 과정에서 2개월 간의 기본 수습 기간을 마쳤으니,

본격적인 가상 현실 프로젝트 과정을 이수하게 된다. 오늘부터는 인지라는 파트너와 프로젝트 과정을 거치게 되는데, 우리의 수업 과정은 모두 녹화되어 후일의 정치가 선발 시험의 기본 데이터 점수로 쓰이게 된다.

이러한 과정의 5단계를 거치면, 이 나라의 정치가로서 활동할 수 있게 된다.

오늘의 학습 주제는 이라크 전쟁이다.

이라크 전쟁은 2004년에 일어난 전쟁으로, 우리는 이라크 전쟁과 관련된 주제로 가상의 시나리오를 만들어야 한다.

나는 VS room(가상 공간방)에서 인지와 네크워킹한다. VS room은 가상현실 공간으로, 멀리 떨어져 있는 인지와 내가 뇌파 연결을 통해 가상공간에서 만나게 된다. 우리는 EC 전문 교사의 과제 안내에 따라 이라크에 대한 정보를 수집하고, 그 시대에 대한 학습을 시작한다. 학습 방법은 시뮬레이션 학습법인데, 이 학습의 장점은 직접 체험하지 않은 과거의 사건을 직접 체험하는 것처럼 경험할 수 있다는 것이다.

이때 EC 전문 교사는 HS 전문 프로그래머와의 충분한 협의와 역사 전문가들의 검증을 거쳐 시뮬레이션을 만들게 된다. 우리는 이

과정을 4시간 정도 체험하고 나서 1시에 휴식 시간을 가진다.

오후 수업은 프로젝트 수업으로 인지와 내가 이라크 전쟁이 잃어나지 않게 역사를 바꾸었을 때의 모습을 가상 시나리오로 작성하는데, 이는 가상 시뮬레이션 시스템을 이용하여 우리가 직접 프로그래밍하게 된다. 프로그래밍 과정은 2개월 동안의 수습 과정에서 이미 수료하였으므로 그리 어렵지 않다.

제한 시간은 4시간으로 오늘의 수업은 이 가상 시나리오로 평가를 받게 된다. 이때 중요한 점수 중의 하나가 팀 파트너와의 협력이다. 이것은 모든 활동을 할 때 가장 높은 점수를 받는 것으로, 내가 속한 정치 리더 과정에서의 중요한 부분을 차지하고 있다.

이렇게 11년 동안의 교육과정을 거치게 되면, 나는 이 나라의 정치가로서 활동하게 된다. 이 프로그램의 마지막 과제로 내가 한 지역의 보조 정치가로서 직접 통치하는 수습 기간이 1년 동안 주어지게 되는데, 이 테스트에서 불합격하게 된다면 나는 정치가가 아닌 정치가 육성 EC 전문 교사로 활동할 수 있게 된다.

내 꿈은 정치가이지만, 이러한 꿈이 달성되지 못한다 하더라도 미래의 정치가를 키우는 EC 전문 교사로서 후배 육성에 힘을 쏟을 것이다. 오늘도 나는 미래의 나의 조국을 위한 단꿈을 꾸면서 잠이 든다.

---

* 시나리오: 박창선

8 u-Learning

일기도를 보고 날씨 예측하기

* **등장인물**: 정민(초등학교 6학년)
* **학습주제**: 과학 수업/ 일기도를 보고 날씨 예측하기
* **학습요점**: 주어진 일기도를 해석하고 예측하여 발표한 후 평가
* **활동동선**: 집→학교

"정민아, 일어나라."

이른 아침, 엄마의 목소리를 들으며 잠에서 깼다. 벽에 달려 있는 모니터에서 엄마가 아침 식사 준비를 하시다만 모습으로 날 바라보고 계신다.

"네, 일어났어요 엄마."

나는 얼른 침대에서 일어나 씻기 위해 욕실로 갔다. 양치질을 하기 시작하자, 화장실 거울 화면이 오

늘 하루 일과를 보여 준다. 오늘은 내가 가장 좋아하는 과학 수업이 있는 날이다. 나는 기쁜 마음으로 샤워를 한다. 샤워기에는 센서가 달려 있어 내 몸의 온도를 자동으로 체크하고, 적당한 온도의 물을 뿜어 내고 있다. 비누 버튼을 터치하자 샤워용 비누가 섞인 물이 흘러나온다. 샤워를 마친 후에는 엄마가 해 주는 아침을 먹고 학교에 갈 준비를 한다. 따로 챙길 것은 별로 없이 PDA를 가방에 넣고 집을 나선다. 나에게 있어 PDA란 교과서이자 노트이고, 어느 장소에서든지 정보를 검색할 수 있게 해 줄 뿐만 아니라 나의 모든 작업이 들어 있다.

교실에 도착하자 친구들이 나에게 인사를 건넨다. 나도 반갑게 인사를 한 후 내 자리에 앉았다. 모니터를 겸비한 책상은 수업 시 나의 노트이자 작업 공간이 된다. 담임 선생님은 교탁 모니터를 통해 반 전체 아이들의 모니터를 확인할 수도 있고, 과제를 부여해 줄 수도 있다. 나는 가지고 온 PDA를 책상과 연결하고, 어제 한 과제를 다시 한 번 책상 모니터를 통해 확인한다. PDA 화면에서도 얼마든지 확인할 수 있지만, 큰 모니터와 연결

하여 작업을 하면 보기가 좋다.

드디어 과학 시간이다.

나는 조원들과 함께 과학실에 갔다. 과학 전담 선생님께서 먼저 와서 기다리고 계셨다. 과학실은 자동제어 시스템으로 되어 있어, 수업 시간 외에는 들어가기가 힘들다. 선생님들은 센서가 부착된 시계를 가지고 있어 가까이 대기만 하면 자동으로 문이 열리게 되어 있다. 나는 여기서도 PDA를 실험대와 연결하고, 오늘 배울 내용을 모니터에 띄워 수업할 준비를 한다. 실험대 한쪽에는 지난 시간 다른 학년이 실험한 실험기구를 자동으로 세척하는 세척기가 아직 작동 중에 있다. 실험실 안의 모든 좌석에는 센서가 부착되어 있어 학생들의 수업 준비 상태가 자동으로 체크되고, 선생님은 교탁 화면을 통해 준비 상태를 확인할 수가 있다. 선생님께서는 준비가 다 된 학생의 좌석 등이 파란색으로 변하는 것을 확인 하고, 아직도 빨간색 등이 켜져 있는 학생에게는 서두를 것을 요청한다. 모든 준비가 끝나자 선생님께서는 전자칠판을 통해 오늘의 수업 내용을 제시하며 수업을 시작한다.

오늘 배울 내용은 날씨의 예측에 관한 것이다. 지난 시간에 배운 고기압과 저기압, 구름의 생성과 태풍 등에 관련한 내용을 통해 각자가 일기를 예측해 보고, 가상 환경에서 기상 캐스터가 되어 날씨를 예보하는 발표 단계까지 주어진 시간에 해야 한다. 선생님께서는 평가까지 동시에 이루어지므로 모두 최선을 다하라고 당부와 함

께 격려의 말씀을 해 주신다. 드디어 과제가 부여되었다. 각자의 모니터로 서로 다른 모습의 일기도가 전송되어 왔다. 이번 시간에 전송된 일기도를 분석하는 것은 지금까지 배운 것을 얼마나 잘 이해하고 응용할 수 있는지 평가하는 평가 과제이므로, 친구들과의 원격 의사소통은 선생님께서 차단을 해 놓은 상태다. 나는 내 모니터에 띄워진 일기도를 분석하고 내일의 날씨를 예상하였다. 그리고 가상 일기 예보를 작성한다.

어느 정도 과제 해결 시간이 지나자 발표 준비를 위해 보안경을 착용한다. 보안경은 쓰는 즉시 나의 안면 각도와 크기에 맞추어 자동으로 공간을 조절하고 나의 눈에 딱 맞게 착용된다. 이것은 실험 시 눈을 보호하는 기능도 있지만, 학생들에게 가상 시뮬레이션 화면을 제공하기도 한다. 나는 보안경 화면을 통해 발표하는 학생의 모습과 일기도를 보기 시작한다. 학생들은 가상 공간 속에서 기상 캐스터의 모습이 되어 실제로 날씨를 예보하고 있다. 이렇게 해 봄으로써 학생들은 학습과 실제를 연결하는 기회를 갖는다.

오늘 선생님께서 꾸며 놓은 가상 화면은 다른 때보다 마음에 든다. 아무래도 평가를 위해, 그리고 우리를 위해 준비를 많이 하신 것 같다. 발표를 듣다가 이해가 안 되는 내용은 그때 그때 선생님과의 원격 연결로 질문을 할 수 있다. 그러면 선생님께서 친절하게 답을 해 주신다. 친구들의 발표 내용 중 마음에 드는 것은 얼마든지 나의 PDA에 동영상으로 저장할 수가 있다. 나는 나의 발표 순서가 올 때까지 친구들의 발표를 들으며, 잘했다고 생각되는 친구들의 가상 발표 자료를 저장해 두었다. 이번 과학 수업은 평가 때문에 긴장해서인지 시간이 너무 빨리 흘러가는 느낌이다. 벌써 끝날 시간이 되었다. 나는 나의 발표 내용이 그다지 나쁘지 않았다는 생각에 만족하며, 교실로 돌아가기 위해 과학실을 나왔다.

■ 시나리오 분석

교육의 목표	일기도에 관하여 배운 내용을 토대로 일기도를 해석할 수 있다.
목표 달성을 위한 절차가 논리적인가?	실생활 중심으로 논리적 문제해결을 강조하였다.
유비쿼터스 컴퓨팅 기술이 내포되어 있는가?	시나리오 속의 학생들은 교실 환경 속에서 특별한 무언가를 사용한다는 의식 없이 자연스럽게 생활하는 내용으로 구성되었다.
환경적 요소가 확대되었는가?	가정에서의 모습이 묘사되어 있기는 하지만, 다른 주변으로 확대되어 표현되지는 않았다. 실제로 체험학습이나 견학학습이 아닌 한, 미래에도 학교와 주변이 크게 연결되지 않을 것이다.
네트워크 요소가 풍부한가?	책상이 모니터이자 컴퓨터이기 때문에 얼마든지 네트워크 연결이 가능하다. 그리고 자료를 P 실생활 중심으로 논리적 문제해결을 강조하였다.DA를 통해 얼마든지 이동할 수 있다.
대상 설정이 분명한가?	초등학교 6학년 학생
인물의 심리적 상황 묘사	인지적 부담 없이 자연스럽게 활동하고 있다.
교사의 역할이 분명한가?	배운 내용을 응용하는 모습을 통해 평가를 하는 위치
학교의 장이 분명한가?	학습 활동이 이루어지는 장면이 분명하게 묘사되어 있다.
목표 달성 확인이 가능한가?	문제 해결 과정과 결과를 통해 학습 목표의 달성을 확인할 수 있다.
학습이론에 충실한가?	이 시나리오는 날씨를 예측하는 문제중심학습 이론에 근거하고 있다.

* 시나리오: 박희성

우리의 지구를 지켜라

* **등장인물**: 서영이(주인공), 시오(이집트 친구), 캐머론(알래스카 친구), 미야모토(일본 친구), 음보자(나이지리아 친구)
* **학습주제**: 세계 문제 해결 대회(Save Our Earth Program)에 참가한 주인공이 같은 대회에 참여한 전 세계의 학생들과 만나서 서로 문제를 해결함
* **주요사건**: 세계 문제 해결 대회에 참가한 주인공이 같은 팀에 배정된 전 세계에서 모인 학생과 사이버 공간에서 만나 문제를 해결해 나간다는 내용

이른 아침, 서영이를 깨우는 경고음이 PDA 단말기에서 요란하게 흘러나온다. 살짝 눈을 떠 시계를 보니 아직 오전 6시가 채 되지 않았다. '간밤에 분명히 아침에 깨우지 말라고 세팅을 해 놨는데 무슨 일이야? 시스템이 고장 났나?' 하며 다시 눈을 감는다. 다시 한 번 긴급한 메시지의 도착을 알리는 소리가 시끄럽게 울린다. '아참! 내가 전에 신청한 프로그램에 대한 메시지가 온 것이구나! 그러니까 긴급 호출 경고음이 계속 울리는 거지.' 하며 번쩍 눈을 뜬다. 책상 위에 놓인 PDA 단말기를 통해 메시지를 확인해 보니, 전에 신청한 세계 문제 해결 대회(Save Our Earth Program)에 학교 대표로 참가하

게 되었다는 반가운 메시지였다.

"야호! 신난다!"라고 외치며 밖으로 나간다. 마침 거실을 청소 중이던 로봇이 서영이의 기분 상태를 확인하고는,

"주인님! 좋은 일이 있으신 것 같습니다."라며 말을 건낸다.

"응! 아주 기쁜 일이 있어! 청소 열심히 하렴."이라고 말하며 화장실로 향한다. 화장실에서 일을 보는 중에 거울 모니터를 통해 서영이의 건강 상태가 체크되며, 건강 상태에 이상이 없다는 메시지가 나온다. 오늘은 아침부터 기분이 좋은 하루였다.

학교에 도착한 서영이는 담임 선생님께서 보내신 영상 메시지를 확인하였다. PDA 단말기에 입체 영상으로 담임 선생님께서 나타나셨다. 먼저 담임 선생님께서 축하한다는 내용을 전달하시고는 세계 문제 해결 대회와 관련된 자세한 첨부 파일을 보내 주셨다. 서영이는 첨부 파일을 열어서 본 대회와 관련된 자세한 내용을 숙지하고는 개인 보관함에 따로 자료를 저장하였다.

학교 수업을 마치고 집으로 돌아온 서영이를 어머니께서 반갑게 맞이해 주셨다. 학교 생활 알림 프로그램을 이용하시는 어머니는 담임 선생님의 축하 메시지를 받아 보시고 서영이를 축하해 주기 위해 일부러 밖까지 나오신 것이다.

"우리 딸! 장하구나! 그 대회에서 너의 실력을 마음껏 펼치도록 하

렴! 내가 미리 전송해 준대로 우리 예쁜 딸이 좋아하는 메뉴로 간식을 차려 놓았으니 맛있게 먹어라!"

"네 엄마! 고맙습니다."

어머니와 함께 맛있는 간식을 먹고는 재빨리 방으로 갔다. 빨리 그 대회와 관련되어 새롭게 개설된 사이버 학급에 등록하기 위해서였다.

그런데 컴퓨터에서 경고 메시지가 뜬다.

"단 성분이 많이 포함된 음식을 먹고 왔습니다. 바로 치아 세척을 하지 않으면 충치가 발생할 수 있으니 치아 세척 후 컴퓨터를 이용해 주세요."

"맞아! 깜빡할 뻔 했구나! 고마워! 컴!"

서영이는 화장실에 가서 치아 세척제로 30초간 가글한다. 30초 간의 가글로 이를 깨끗하게 할 수 있었다. 다시 방으로 돌아오니 벌써 컴퓨터는 서영이가 사용할 수 있는 환경으로 세팅을 완료하고 대기 중이었다.

터치스크린을 통해 세계 문제 해결 대회에 접속하였다. 다시 번거로운 접속을 하지 않기 위해 바로 이동하기에 등록하였다. 한 번의 등록을 통해 가정의 컴퓨터, 개인의 휴대 단말기, 학교의 개인 컴퓨터에 이르기까지 모든 정보기기에서 바로 이동하기가 가능하다. 세계 문제 해결 대회에 접속하니 프로그램 참가자 로그인을 하라는 메시지가 나온다. 서영이의 각막을 통한 개인 확인을 한 후 바로 접속이 이루어졌다. 더 이상 로그인을 하기 위해서 사용자 아이디와 패스워드를 입력할 필요가 없어져 편리하였다. 서영이는 먼저 이 대회에 같은 팀원으로 함께 할 다른 나라 친구들의 프로필을 보았다. 서영의 팀원은 이집트 친구인 시오, 알래스카 친구인 캐머론, 가까운 나라인 일본 친구인 미야모토, 가장 먼 나라인 나이지리아에서 온 음보자 이렇게 총 5명이었다. 각 친구들의 등록 상황을 보니 나이지리아에서 온 음보자 친구가 가장 먼저 등록하여 메시지를 남겨 놓았다.

음보자의 사진을 바라보고 있으니, 잠시 후 입체 동영상이 뜨면서 인사말이 나왔다.

"안녕! 나는 나이지리아에서 참가한 음보자라고 해! 우선 너희를 만나서 너무 반갑다! 나는 이번 대회에 참가하기 위해서 여러 달을 기다렸고 준비했어. 우리 함께 힘을 모아 이번 대회의 문제를 잘 풀어 좋은 결과를 얻도록 하자! 너희의 메시지를 기다릴게! 그럼 안녕!"

음보자는 한국어로 말하였다. 아니 정확하게 말하자면 음보자는 나이지리아 말로 했지만 언어 통역기 프로그램을 통해서 한국말로 변환되어 서영이에게 전달된 것이다. 언어 통역기 프로그램이 개발된 후로는 더 이상 외국 사람과 대화를 하거나 함께하는 것이 힘들지 않게 되었다. 이러한 온라인상의 만남뿐만 아니라 오프라인의 만남에서도 언어 통역 블루투스 장치를 목과 귀에 장착하기만 하면, 서로 의사소통이 자유롭게 이루어지기 때문이다. 서영이도 다른 팀원들에게 하고 싶은 말을 메시지로 남기고 로그아웃했다.

저녁 식사 후 TV를 시청하던 중에 한쪽 화면으로 서영이에게 온라인 라이브 대화 메시지가 떴다. 메시지를 보낸 사람을 확인해 보니, 이번에 함께 프로젝트에 참가하게 된 일본인 친구 미야모토였다. 서영이는 PDA를 꺼내 대화 수락을 하였다. 잠시 후 미야모토의 입체 영상이 떠올랐다. 미야모토는 서영이의 메시지를 확인하였고, 가까운 한국인 친구가 같은 팀이 되어 반가워서 이렇게 온라인 라이브 대화를 신청하였다고 하였다. 미야모토와 약 10분가량 이번 대회와 관련해서 자세한 대화를 나눈 후 이번에는 서영이가 이집트 친구인 시오에게 온라인 라이브 대화 메시지를 신청하였다. 잠시 후 시오에게서 응답이 왔다. 현재 시오는 수업 중이기 때문에 바로 대화에 응할 수 없어 미안하다는 말과 함께, 다음에 시간을 내어서 함께 대화하자는 내용이었다.

다음 날 오전에 이번 대회를 위한 팀 미팅이 있었다. 세계 여러 나라에서 모인 친구들이기 때문에 시차가 서로 달라 미팅 날짜를 잡는 데 어려움이 있었다. 하지만 서로 조금씩 양보하여 날을 잡았다. 서영이는 컴퓨터에 로그인하여 사이버 미팅룸이 들어갔다. 가상현실의 공간 속에서 팀원들이 실제 모습 그대로 입체 영상을 통하여 함께 모였다. 사이버 미팅룸은 쾌적하게 꾸며져 있었다. 팀원들이 모일 수 있는 책상, 협의 내용을 적을 수 있는 전자칠판 등이 구성되어 있었다. 한 가지 신기한 것은 사이버 미팅룸의 전자칠판에 기록한 사항이 내 컴퓨터와 개인 PDA 단말기에 저장되는 점이었다. 이 기술은 얼마 전 뉴스를 통해서 볼 수 있었는데, 실제로 접해 보니 편리하였다. 이번 세계 문제 해결 대회의 메인 질문은 다음과 같았다.

지구 온난화 때문에 해수면 상승이 우리 생활에 가져오는 여러 효과를 분석하고, 이를 해결할 수 있는 실제적인 해결 방안을 과학적인 원리를 동원하여 제시하시오.

먼저 팀원끼리 본 대회에서 이러한 문제를 준 이유에 대해서 함께 논의해 보았다. 또한 학생들 수준에서 논의할 수 있는 방안을 찾아봐야 한다는 것과 과학적인 원리를 동원해야 한다는 점에 주목하였다. 대다수 팀원의 생각은 실제 해결할 수 있는 방안에 모아졌다. 미야모토는 이번 과제를 수행하는 데 본 대회 측에서 팀원을 세계의 여러 나라 친구로 구성한 점에도 관심을 가져야 한다고 말했다. 각 지역의 특징을 잘 살려 이번 연구에 반영한다면, 좋은 연구 결과를 가져 올 수 있으리라고 말했다. 세계 여러 나라에서 온 친구들이지만 서로 대화를 나누다 보니 오래전부터 알고 지낸 친구들처럼 마음이 맞았다. 모두 같은 분야에 관심을 가지고 있는 친구들이어서 그런 것 같았다. 이때 이집트 친구인 시오가 한 가지 제안을 하였다. 본 프로젝트를 수행하기 위해서 팀을 이끌어 나갈 팀장을 뽑자는 내용이었다. 모두 동의하였고, 회의 결과 서영이가 팀장으로 뽑혔다. 서영이는 기뻐하며 열심히 해서 좋은 결과를 얻자고 말했다. 마지막으로 먼저 주제에 대해서 나라별로 연구되고 있는 상황을 정리해서 다시 만나자고 한 후 사이버 미팅룸에서 나왔다.

서영이는 첫 미팅에서 협의한 내용과 자신이 팀장이 되었다는 내용의 메시지를 작성한 후 담임 선생님께 전송하였다. 선생님께 메시지를 보내고 나니 배가 출출하였다. 마침 어머니께서 식사를 준비하고 계셨다. 잠시 후 가족이 함께 식사를 하였다. 아버지께서는 식사를 하시고 PDA 단말기에 오늘 출장을 다니실 곳에 대한 자동항법 프로그램을 세팅하셨다. 옆에서 보니 오늘 여러 곳을 다니실 것 같았다.

"아버지, 오늘 많이 바쁘신가 봐요? 조심해서 다녀오세요."

"그래! 우리 예쁜 딸도 큰 대회에 참가하게 되어 바쁘다면서? 너도 열심히 준비해서 좋은 결과를 얻기 바란다. 오늘 아빠는 여러 곳으로 출장을 다녀야 돼서 자동항법 장치를 이용해서 움직일 생각이란다. 이동하면서 차 속에서 일도 하고 휴식도 취해야 될 것 같구나! 아빠 출근할 테니 오늘도 좋은 하루 되어라."

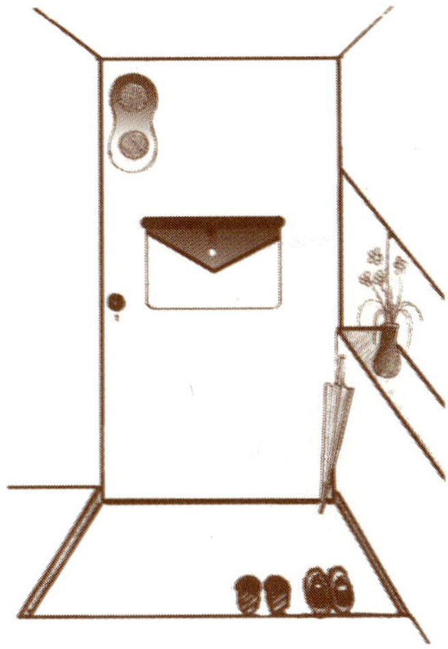

"네, 아빠! 잘 다녀오세요."

아버지께서 미리 세팅된 자동차에 타시고 출근을 하셨다.

"스쿨버스가 도착하기 15분 전입니다. 서두르지 않으면 지각할 우려가 있으니 빨리 서두르세요. 지금 담임 선생님으로부터 메시지가 전송되었습니다. 열어 보시겠습니까?"라는 음성 안내가 현관에 장착되어 있는 스피커로 들린다. 서영이는 지각하지 않기 위해서 메시지는 나중에 확인하기로 한 후, 방으로 들어가 등교 준비를 마치고 밖으로 나왔다. 잠시 후 스쿨버스가 도착하였다. 조금만 늦었으면 친구들에게 피해를 줄 뻔하였다.

자리에 앉아 옆의 친구와 인사를 나눈 후, 선생님께서 보내신 메시지를 확인하였다.

"그래! 첫 미팅에서 중요한 내용을 잘 찾아서 정리하였구나! 선생님이 지구 온난화에 대한 연구물을 클립한 후 이번 과제 해결과 관련이 있는 것들의 리스트를 보내니 국가 정보 서비스 검색 엔진을 통해서 해당 자료를 찾아 다운받아 보렴. 선생님이 보니 해당 자료가 꽤 많더구나! 시간을 많이 투자해야 될 것 같으니 이동 시간 등을 이용해서 틈틈이 살펴보도록 해요. 참! 팀장이 된 거 축하한다. 선생님이 기념으로 사이버 캐시를 보내니 유용한 곳에 쓰도록 해."

"야호! 선생님이 보내 주신 사이버 캐시로 데이터 검색을 해야겠다. 신난다!"

서영이는 선생님께서 보내 주신 관련 자료 리스트를 확인해 보았다. 확인해 봐야 할 자료가 무려 20건이나 되었다. 서영이는 바로 국가 정보 서비스 서버에 접속하여 해당 연구 파일을 다운받았다. 학생이기 때문에 저렴한 비용으로 모든 자료를 다운받을 수 있었다. 다운을 모두 받으니 학교에 도착하였다.

학교 수업을 마친 후 서영이는 학교 도서관으로 갔다. 아침에 받아 두었던 연구 파일을 확인해 보기 위해서였다. 해당 자료를 살피던 중 한 연구 자료에서 의문점이 생겼다. 이에 대한 자세한 내용을 알기 위해서 해당 연구물을 만들었던 분에게 영상 메시지를 보내고, 집으로 향하는 스쿨버스에 몸을 실었다. 돌아오는 내내 TPC를 이용하여 연구물을 검토하고 또 검토하였다.

"딩동"

같은 반 친구인 성훈이에게서 노래 선물이 도착하였다. 선물을 열어 보니,

"서영아! 많이 바쁘구나. 들으면 기분이 좋아지는 노래를 한 곡 보내니 듣고 머리도 식히면서 공부하렴. 그럼 안녕!"

간단한 메모와 함께 곡을 클릭하니 잔잔한 노래가 울려 퍼진다. 연구물을 보느라 머리가 좀 무거웠는데, 조용히 눈을 감고 노래를 감상하니 기분이 좋아졌다. 신경 써서 노래 선물을 보내 준 성훈이에게 고맙다는 간단한 텍스트 메시지를 전송했다. 때로는 영상 메시지보다 간결한 텍스트 메시지가 좋을 때도 있다.

며칠 후 약속한 시간에 사이버 미팅룸에 다시 팀원이 모였다. 모든 팀원은 현재까지 자신의 나라에서 진행된 관련 연구 결과물에 대해서 자세한 설명을 하였다. 서로 관련 파일을 주고받으며 해당 시간 내에 각국의 연구 결과를 검토해 보았다. 한 가지 흥미로운 사실은 각 나라마다 지구 온난화에 대한 일반적인 내용뿐만 아니라, 해당 나라의 지리적 특징을 이용한 연구들이 진행되고 있다는 점이었다. 서영이 팀에서는 이 점에 초점을 맞춰 지구 온난화를 해결하기 위한 통합적인 방안으로 과제 해결에 접근하기로 하였다. 과제를 해결해 나가다 보니, 역시 본 대회의 주최 측에서 팀원을 다국적으로 편성한 이유를 알 수 있었다.

최종 미팅일이 되었다. 각자 자기의 환경에 맞는 과제 해결 방안을 들고 나와서 열띤 토의를 거쳤다. 서영이 팀원 친구들은 자신이 맡은 프로젝트 과제를 수행하기 위해서 맡은 역할을 충실하게 해냈다. 서영이는 지금까지의 미팅 진행과 과제 해결을 위해 팀원들이 만들었던 보고서, 동영상, 음성 파일들이 담긴 사이버 미팅룸 데이터베이스에 접속하여 최종 보고서를 작성하였다. 이제 본 대회에 대한 모든 일을 끝마친 것이다. 모든 팀원은 환호를 지르고, 서로에게 수고하였다며 격려를 해 주었다. 비록, 직접 만나 본 적은 없지

만, 사이버 미팅룸에서의 여러 차례 만남을 통해 이제 그 어떤 친구들보다도 서로 가깝게 느끼고 있었다.

최종적으로 모든 팀원의 동의하에 세계 문제 해결 대회 주최 측에 최종 보고서를 제출하였다. 서영이와 친구들은 맡은 역할에서 최선을 다했기에 분명 좋은 결과가 있을 것이라며 만족해하며 결과를 기다린다.

---

* 시나리오: 배상철

10 u-Learning

의사 결정력 함양을 위한 유러닝

* **등장인물**: 초등학교 3학년생 S
* **학습주제**: 의사 결정력 함양을 위한 기초 단계의 활동
* **학습요점**: 교과 시간이 아닌 1일 체험 시간, 또는 2, 3시간 동안 이루어지는 활동
* **학습목표**: 의사 결정력 함양이나, 주인공 S의 활동은 전혀 학습이라고 여겨지지 않는다.

학교에서 이루어지는 활동은 주인공 S가 좋아하는 게임 시간이다. 게임은 주인공 S가 게임이라는 가상공간에 들어가서 자신이 주인공이 되어 게임 안에서 선택 상황이 주어진다. 이러한 선택 상황은 학습자에 대한 여러 정보에 의해 개별적으로 다르게 주어지며, 게임이 전개된다. 게임 안에서는 같은 반 친구를 만나 함께 활동할 수도 있고, 개인적으로 활동할 수도 있다. 게임 안에서 주어지는 학습 요소는 교사의 의도대로 주어질 수 있다.

활용 기기 및 기술적 요소: 게임 가상공간

현재의 게임은 캐릭터나 사물을 중심으로 조작 버튼이나 마우스

	학습활동 전	학습활동	학습활동 후
담임 교사 전문가 교사	학습 주제 선정 학습 내용, 방법 선정, 구체화	학습자의 학습 확인, 안내	학생 활동분석, 다음 학습반영
학습 환경	TPC 학생에 대한 정보 DATA	게임 가상공간 RFID 학생에 대한 정보 DATA	학생에 대한 정보 DATA

를 이용하지만, 미래의 게임은 게임 가상공간에 들어가 게이머가 주인공이 되어 직접 활동하고 커 가는 것처럼 느낄 수 있는 형태의 게임이 이루어진다고 전제한다.

학습활동 전

S의 선생님은 S반 학생들의 의사 결정력 함양을 위하여 N게임을 활용하기로 하였다. 다른 교과 시간을 이용하여 학생들에게 교과의 지식이나 내용을 보이는(보이지 않는) 기기들을 이용하여 교육에 활용하였으나, 지식 활용에 있어 의사 결정력을 키우는 데는 부족한 점이 있는 것 같았다. S 교사는 수업지원 시스템에 교육 내용과 교육 목표를 입력하여 몇 가지 교수 방법에 대한 안을 전문가 교사와 협력하여 선택 · 투입해 보기로 하였다.

학습활동

게임 가상공간에 들어가 의사 결정력 학습 요소(의사 결정력을 길러줄 수 있는 상황)를 만나 게임한다.

학습활동 후

학생의 활동을 A 시스템이 분석하여 다음의 활동에 반영된다.

2020년 ○월 ○일 ○요일

음성 메신저가 S의 어머니에게 S를 깨울 시간이라고 알려 준다. 어머니는 S의 방으로 가서 S를 깨운다. 어제 S가 7시 30분에 기상 시각을 맞추어 놓아, 그 시간에 신선한 공기가 방 안을 가득 채운다. S는 어제 아이들과 운동장에서 많이 뛰어논 탓에 피곤했지만, S의 몸 상태를 체크하는 시스템이 그에 맞게 방의 환경을 적정하게 만들어 놓아 어제의 피곤도 잊고 금방 일어날 수 있었다.

S는 목욕탕에 들어가 물을 틀어 세수를 하고 이를 닦았다. S가 수도밸브를 터치하자 수도밸브에서는 S의 지문을 인식하여 S의 피부타입에 맞는 물을 내보낸다. 어려서 아토피가 있는 것 같아 엄마가 걱정하셨는데, S의 피부타입에 맞는 물 덕분에 좋은 피부를 유지할 수 있다.

S가 교실에 도착하자 S의 심리적 · 육체적 상태가 선생님의 시스템에 보인다. 어제는 S가 오전에 열이 조금 나는 것 같아 걱정했었는데, 오늘은 열이 없는 것을 확인하고 다행이라고 생각하였다.

오늘 학교에서 이루어지는 활동은 주인공 S가 좋아하는 게임이다. 우리 모둠 5명 중에 2명은 다른 활동을 선택하였고, 3명은 게임 활동을 선택하였다. 3명은 각자 게임 가상공간에 들어갔다. S는 가상공간에서 작년 겨울에 전학 갔던 친구 J를 만났다. S는 선생님의 동의를 얻어 J와 함께 활동하기로 했다. S와 J는 게임 활동에 열심히 참여하고, 획득한 점수로 얻게 된 자동차를 탔다. 자동차를 타고 가는 동안 여러 가지 미션과 캐릭터들을 만났다. 캐릭터들과 대화하고, 내가 가지고 있는 포인트도 주고받을 수 있다. 학습자는 모르지만 여기에서 캐릭터들은, 미션 수행을 위해 필요한 도움이나 힌트를 주는 도우미 역할을 한다. 때로는 게임 학습 시스템에서 개인에게 최적화되어 프로그램되지만, 학습자가 극한 어려움을 겪을 때에는 선생님께서 캐릭터로 등장하여 학습자에게 도움을 주기도 한다. 또는 선생님께서 학습자의 활동을 살펴보고 있다가 학습자가 눈치 채지 못하게 시스템 환경을 변화시킨다. 다른 때와 달리 S는 J와 협력해서 미션을 수행하며 협동의 중요함을 알게 된다.

S가 게임 활동을 하는 중에 S의 의사 결정력에 대한 부분을 집중적으로 분석하고 평가한다. 이 자료는 바로 다음 활동의 정보도 되지만, 수업 시간과 생활 지도의 사전 정보가 되기도 한다.

■ 시나리오 분석

교육 목표 의사 결정력 함양으로 자주적인 인간 육성(신교육 목표 분류의 인지체제 지식 활용 수준의 의사결정력을 함양)

교육 목표/주제 선정 배경 지식이나 정보를 얻는 방법이나 경로는 교과나 여러 매체로, 또 중요성이 다른 영역보다 부각되어 교실 현장에서 이루어지고 있다. 그러나 실제 생활에서는 의사 결정 능력이나 문제 해결력을 필요로 하는 상황이 더 많아지고 있다. 유러닝 체제에서는 현재 교육 현장에서 필요로 하고 있으나 환경이 뒷받침해 주지 않아, 전문 지식이 부족하여 이루어지기 힘든 부분의 주제를 교육 목표로 잡아 보았다.

교육과정 이 시나리오에서는 의사 결정 모형을 바탕으로 하였다. 교사의 의도 아래 가상 게임공간 또는 체험학습에서 다음과 같이 이루어지나, 학생은 인식하지 못하고 다음 도표와 같은 단계를 밟으며 학습하게 된다.
실제로 이 시나리오에서는 여기에서 제시한 의사 결정 단계가 자세히 나타나 있지 않다. 그러나 학생이 가상 게임을 즐기면서 교사가 의도한 단계를 거치면서 의사 결정력을 함양하고자 하였다.

교사의 역할

- **학습활동 전:** 담임교사와 전문가 교사가 교육 목표, 내용, 방법을 선정한다. 기존에 수집된 학생의 정보를 바탕으로 한다.

단계		내용
문제 인식 단계	수업 목표 설정	교사는 수업 목표에 따라 교과 내용을 구조화한다.
	교사 방향 설명	교사가 수업하고자 하는 내용에 대한 기본 방향을 설명한다.
↓		
문제 분석 단계	미션 상황 제시	• 미션 상황을 제시한다. • 학생들에게 미션 상황을 제시하여 더 필요한 내용을 탐색하게 한다.
↓		
대안의 설정 및 선택 단계	예비 결정	• 개인적인 의사 결정을 하기 위해 준비하는 과정 • 게임 내 캐릭터나 주변 캐릭터와의 토론 · 합의를 통해 자신의 생각과 다른 구성원의 생각을 나누고 수정 · 보완한다.
↓		
의사 결정 단계	개인 의사 결정	예비 결정자의 작성 과정에서 얻은 정보에 따라 가장 중요한 것, 차후 협상 가능한 것, 포기할 수 있는 것 등 규칙을 정하여 결정한다.
	집단 의사 결정	개인 의사 결정을 바탕으로 토론 · 합의를 통해 의사를 결정한다.
↓		
시행 단계	상황 제시	의사를 결정한 대로 시행해 본다. 교사는 미흡한 점을 보완해 준다.
↓		
평가 단계	평 가	학생 간의 상호 평가와 교사의 개인 및 집단 평가를 한다.

- **학습활동 중:** 학생의 행동과 반응에 따라 그에 대한 조치를 취한다. 의도한 교육 목표를 최대한 실현하기 위해 학생에게 도움을 준다.
- **학습활동 후:** 해당 차시에 대한 평가뿐 아니라, 본 차시의 학습 분석을 통해 다음 차시에 반영한다.

교사는 지금처럼 교과서를 이용해서 가르치는 것이 아닌 통합적인 교육과정 하에서 주제를 제시하고, 그것을 해결할 수 있는 다양한 방법을 학습할 수 있도록 도와주는 역할을 한다.

학교의 장 아직까지도 특별한 장소에 가서 단순하거나 복잡한 과정을 거치고, 편하게 또는 불편하게 기기들을 사용하고 있다. 그러나 유비쿼터스 시대의 학교는 지금 우리가 전기를 사용하면서 전기의 ON 상황을 잘 느끼지 못하는 것처럼 융합된(imbeded)된 학습 환경이 만들어질 것이다.

목표 달성의 확인 유비쿼터스 환경의 특징인 네트워크와 편재성을 이용하여 학습자들이 학습해 나가는 모든 과정과 결과물에 대한 평가가 이루어질 것이다.

---

* 시나리오: 송지숙

11 u-Learning

체험을 통한 작은 생물 이해하기

* **등장인물:** • 학생: 초등학교 5학년 1개 학급 35명
* **학습주제:** 찾아다니며 보고 알아보는 작은 생물(1~2차시)
  • 교사: 담당 교사 1명 및 보조 교사(자원봉사자) 6명
* **학습환경:** • 학생 개인 PDA, 교사 PDA 및 TPC, 보조 교사 모바일 기기(PCS)
  • 학교 인근의 자연생태체험 학습의 장(하천)
* **학습이론:** 구성주의(Constructivism) 학습이론

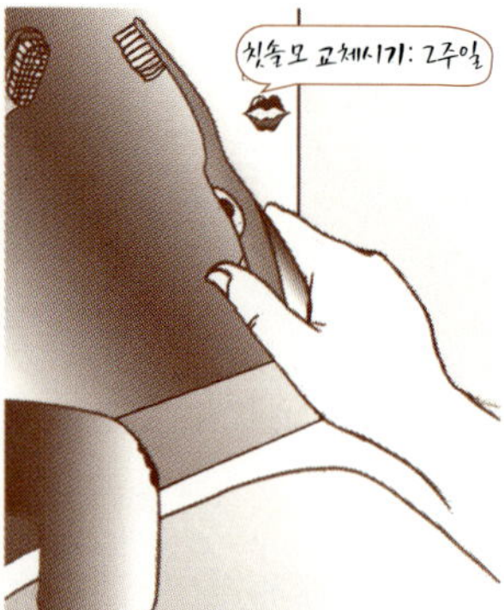

교사는 아침 6시에 자신의 컴퓨터에서 자동으로 흘러나오는 기상음악에 맞춰 일어나서 샤워를 하러 들어간다. 샤워실에서는 자동 센서 기능이 교사의 컨디션을 체크해서 알려준다.

'오늘 컨디션 95점!'

적당한 온수에 샤워를 한 다음, 양치를 하려고 칫솔을 꺼내어 손에 쥐는 순간, 현재까지의 양치 횟수

등을 알려 주는 정보가 정면의 거울에 띄워진다.

아침 식사는 체질에 따른 식단표에 따라 자동으로 준비하게 된 것을 먹고 현관문을 나서는데, 열쇠를 챙기지 않았다는 경고음이 들렸다. 열쇠를 챙겨서 주차장으로 이동하였다. 이미 현관문을 나서는 중에 자가용은 시동이 켜지고, 가장 상쾌한 모드에 맞춰져서 오늘 날씨와 딱 어울리는 음악이 연주되고 있었다.

학교에 출근하여 자동 체킹되는 출근 기록을 잠시 보다가 교실에 들어섰다. 교실에는 이미 학생들이 들어와서 아침 독서 및 1인 1 역할을 수행하고 있었다. 컴퓨터를 터치하니 전원이 켜지면서 오늘의 날씨와 일정을 자세하게 설명해 주는 팝업이 떠 있었다. 날씨와 일정은 출근해서 하루 일과 중 가장 먼저 점검하는 내용으로 적절한 상황에서 자동으로 브리핑해 주는 것이었다.

다 읽어 내려갈 즈음, 플래시콘이 모니터상에 나타나면서 오늘은 커피를 마시지 말라고 알려 준다. 왜냐고 물었더니 나의 음성을 인식하고는 현재의 건강 상태에는 커피가 좋지 않다는 것이다.

이윽고 1교시가 시작되었다.

오늘은 과학 수업을 야외에서 하기로 한 날이었다. 준비물 상태를 체크하고 간단하게 일정을 TV를 통해서 학생들과 공유한 다음, 각 조별 조장에게 조원들과 함께 공부해야 할 내용에 대해 PDA 전송을 마쳤다. 그 즈음 자원봉사를 희망하는 보조 교사들이 나타났다.

선생님의 TPC에는 이미 오늘 학습의 중요 포인트에 대한 내용과 학습장으로 이동할 때 듣기를 권하는 다양한 장르의 음악과 사진들이 선택되어 있다.

게시판에 학생들이 보조 교사와 함께 이동하면서 특징적인 작은 생물의 사진들을 찍어서 탑재하고 있었다.

선생님이 이들 내용에 대한 코멘트를 음성으로 해 주면, 그 내용이 자동적으로 발송되었다. 또한 학습자의 카메라 렌즈와 연결된 선생님의 TPC 화면에는 지금 35명의 학생들이 땅 위와 땅 속에 사는 작은 생물을 관찰하는 장면과 주변의 풍경들이 나타나고 있었으며, 그러한 내용은 5초 단위로 자동캡처되어 저장되도록 이미 설정해 두었다.

선생님은 학생들이 조별로 잘 활동하고 있는지를 확인하고, 미흡한 2조에 가서 학습 내용에 대한 지도 조언을 진행하였다. 이때 들리는 경보음과 함께 35번 학습자에게 두통 증상이 있다는 쪽지가 왔다. 31번이 해당 조의 조장이므로, 조장에게 구급약이 있음을 TPC는 자동으로 안내해 주었다. 물과 약을 준비하여 35번 학생에게 도착하는 데는 1분이 소요되지 않았다. 약을 복용하고 바로 상태를 체크했는데 '안정화' 단계라는 녹색 메시지가 PDA를 통해 안내되었다.

학습 내용을 정리하고 있는 학생들에게 오늘의 중요 관찰사항을 다시금 쪽지로 일괄 전송하였다. 전송이 가장 늦게 확인된 4번 학생에게 PDA로 전화통화를 하였다. 해당 학생은 지금 지렁이를 자세하게 관찰하여 그 내용을 웹사이트에서 추가 정보 검색 중이었다는 것이다.

1교시 학습 종료 3분 전이라는 안내음이 TPC를 통해 나타나고, 해당 내용이 자동으로 학생들에게도 안내되었다. 학생들은 학습 결과물을 모마일 게시판에 업로딩하고 있다. 하나하나의 결과에 대한 코멘트를 작성하여 쪽지로 전송하였으며, 일부 미흡한 학생에 대해서는 좀 더 자세한 자료를 쪽지로 안내하였다.

야외체험학습이 종료되고 2교시에 교실에서 전체 내용을 프레젠테이션하였는데, 해당 장면들 가운데 중요 포인트만 체크하면 슬라이드로 구성되어 전자칠판에 구현되었다. 중요 내용은 바로 학생들

이 자신의 PDA로 다운받아서 다시 살펴볼 수 있고, 교사는 그 모습을 관찰하며 발표 장면을 보고 순간순간 피드백하고, 해당 내용을 쪽지로 개별 전송해 주었다.

수업 중간에도 학교장의 서류 관련 문의가 교사용 TPC에 접수되면 즉시 처리하거나, 잠시 자리를 비우면서도 학습이 진행되는데 문제가 없도록 학습 환경을 설정해 둔 덕분에 요즘 학교에서 인정을 받고 있다.

학생이 궁금한 사항을 쪽지로 질문하면 1분이 채 되지도 않은 상황에서 바로 답장을 주고받곤 하였다. 이러다가 문제 해결이 안 되는 경우가 종종 있다. 이럴 때에는 바로 웹상에서 항상 대기하고 있는 사이버 도우미에게 문의할 수도 있다. 오늘도 14번과 19번 학생이 사이버 도우미를 활용하여 추가 정보를 얻고, 그 내용을 프레젠테이션 하는 중에 바로 추가하여 설명하였다.

이러한 상호 작용 과정이 평가척도로 반영되어 학생 개인별 사이버 머니가 2,000원, 1,000원, 500원 등으로 구분하여 차등 지급되었다. 사이버 머니 배정은 학생 스스로 자기 평가 결과를 PDA를 통해 입력하면, 입력 내용을 인공지능 프로그램이 분석하고 선생님이 첨삭하여 결정한다. 그런데 오늘은 교사가 일부 참여 우수 학생에게 별도로 사이버 머니 2,000원을 보너스로 주었다. 사이버 머니는 학생 개인별 블로그에서 아바타를 사거나 교환하여 더욱 멋진 자신의 공간을 꾸미는 데 긴요하게 사용되고 있다. 17번 학생은 바로 자신의 블로그에 들어가서 꼭 사고 싶었던 예쁜 모자를 1,500원 주고 구입하여 자신의 캐릭터에 입혀 주고, 사이버 머니 500원을 저축하는 민첩함을 보였다. 17번 학생의 사이버 머니 적립금 액을 확인해 보니, 1,500원이 남아 있고, 지금까지 사용한 금액이 145,000원이었다.

1시간 수업이 종료된 다음에는 학생들은 자유롭게 이야기하며 다음 시간을 준비하고, 선생님은 잠시 차 한 잔을 하면서 다음 일정을 TPC를 통해 확인하고 있다.

찻잔에 입술을 대는 순간 선생님의 체온 및 필요 열량을 알려 주는 센서가 작동하였다. 해당 데이터는 쪽지로 전송되어 확인하였는데, 오늘 '휴식 필요' 라고 나타난다. 선생님은 잠시 휴게실로 이동하여 휴식하고, 그 사이 다른 선생님이 수업을 진행하고 있다. 수업진행 상황은 실시간 동영상으로 학교 내의 어디에서든지 살펴볼 수 있는 시설이 세팅되어 있다. 이 덕분에 선생님은 휴게실에서 학생들의 학습 상황을 점검하며 휴식을 취할 수 있었다. 어느 정도 시간이 지난 뒤에 다시 센서에 체크를 해 보니 '정상' 이라는 메시지가 나타났다.

다음 학습 내용을 확인하고 교실에 들어가는 선생님의 모습에서 언제나 네트워크에 연결된 유비쿼터스 컴퓨팅 환경이 생활 속에 안착된 느낌을 받았다. 나도 모르게 모든 상황이 연결되고 지능화 · 자동화된 상황이다.

자기 평가표

평가 관점	내 용	수 준		
		좋음	보통	노력
1. 교육 목표는 분명한가?	스스로 만들어 가는 교과서	☺		
2. 목표 달성의 절차가 과학적인가?	학습자 개인에게 주어진 책임량이 많음		☺	
3. 유비쿼터스 컴퓨팅 기술이 내포되어 있는가?	융합 컴퓨터 기술, 센서 기술	☺		
4. 환경적 요소가 확대되었는가?	가정, 지역 현장, 가상 학교	☺		
5. 네트워크 요소가 풍부한가?	메신저를 통한 의사소통 중심	☺		
6. 대상 설정이 분명한가?	초등학생에게 부담이 많음		☺	
7. 인물의 심리적 상황 묘사	심리적 상황 묘사가 약함			☺
8. 교사의 역할이 분명한가?	교사의 역할이 너무 넓음	☺		
9. 학교의 장이 분명한가?	학교의 장이 불분명 (자율 학기)	☺		
10. 목표 달성의 확인이 가능한가?	결과물이 남음		☺	
11. 학습 이론에 충실한가?	구성주의 / 프로젝트 학습	☺		

* 시나리오: 위남환

12 u-Learning

껍정이의 백두산 현장학습

* 등장인물: 껍정이(초등학교 6학년)
* 학습주제: 백두산 생태 환경 조사 후 보고서 작성하기
* 학습요점: • PDA를 가지고 여러 가지 동 · 식물 이름과 특징 조사
  • 식물 조사 후 보고서 작성하여 발표하기
  • 백두산의 자연 환경을 관찰하고 느낀 점 쓰기
* 유러닝단계: 1단계(Mobile Computing 중심 단계)
  • 학교 인근의 자연 생태 체험학습의 장(하천)
* 활동동선: 가정→학교→학교 비행기 안→백두산→학교→가정→학교→가정

투입된 기술적, 교육적 요소

적용한 교육적 요소	활용 기기 및 기술적 요소
• 상호 작용 • 즉시 교육 • 학습자 정보 • 학습자 평가 • 적시형 학습 • 협력학습 • 자기 주도적 학습 • 개별화 학습	• PDA • TPC • 전자칠판 • 학습 관리 시스템(LMS) • 초고속 무선 네트워크 • 블루투스 네트워크 • 화상회의 시스템 • 자동 스케줄러

10월 2일 수요일

6시 30분, 가정용 로봇이 꺽정이의 잠을 깨운다.

"일어나세요. 일어나세요!"

그러나 꺽정이는 일어나기가 정말 싫다. 어젯밤 백두산에 가는 것에 대해 마음이 들떠 잠을 설쳐 새벽에서야 깊은 잠에 들었기 때문이다. 가정용 로봇은 꺽정이에게 다가와 더 큰 소리로 일어나라고 하면서, 꺽정이의 발을 살살 간질인다. 꺽정이의 잠을 깨우는 데 성공한 가정용 로봇은 오늘의 일정을 설명하고, 꺽정이는 졸린 눈을 비비며 학교에 갈 준비를 한다. 오늘은 현장학습을 백두산으로 가는 날이다. 통일이 된 지도 벌써 5년이 지났다. 간편한 복장으로 PDA를 들고 학교에 도착하니 7시 30분이다. 친구들이 많이 와 기다리고 있다.

인원은 선생님과 학생들의 PDA가 서로 연결되어 즉시 파악되었다. 우리 반 모두 도착하자 학교 전용 비행기로 올라탄다. 8시에 비행기가 출발했다. 비행기 안에서 꺽정이를 비롯한 우리 반 친구들은 각 좌석 앞에 설치된 모니터를 보며, 선생님께서 내 주시는 현장 학습 과제를 보았다. 이번 과제는 조별로 백두산의 자연을 관찰한 다음 보고서 쓰기다. 우리 조와 영호네 조는 백두산의 식물에 관한 조사를 하는 것이

고, 나머지 3조는 동물에 대해 조사하는 것이다. 모니터에 조별 안내가 나왔다. 꺽정이는 미라, 종철, 연희와 같은 조가 되었다. 비행기 안 TV에서는 백두산의 여러 모습을 보여 주고 있다. 약 1시간 30분이 지나 백두산에 도착하였다.

백두산 아래에서 선생님의 간단한 주의사항을 듣고 오전 10시에 미리 준비된 탐방 미니카를 타고 조별로 백두산에 오르기 시작했다. 탐방 미니카는 무인 조종카로써 목적지만 설정하면 자동으로 운전하는 차다. 물론, 언제든지 멈추고 다시 이동할 수 있고, 목적지를 상황에 따라 바꿀 수도 있다.

꺽정이 조는 모니터에 나와 있는 여러 가지 탐방로 중 한 곳을 선택하여 이동하였다. 백두산을 오를 때마다 놀라운 자연 환경에 꺽정이는 입을 다물지 못했다. 잠깐 멈추어 조원끼리 PDA로 사진을 찍었다. 찍은 사진을 확인하고 전송키를 누르니 자동으로 집 컴퓨터로 전송되었고, 컴퓨터와 네트워크로 연결된 프린터에 출력되었

다. 사진을 찍고 다시 미니카에 타려고 하는데, 길옆에 그동안 보지 못했던 예쁜 꽃이 보였다. 그래서 PDA 카메라로 찍고 * 버튼과 확인을 누르니 꽃 이름이 나왔다. 주변을 살펴 보니 희귀한 식물들이 많이 있어 꺽정이 조원들은 일단 그곳에서 1차 조사를 하기로 했다. PDA로 백두산 지도를 보니 해발 300m 고지다. 울창한 숲은 단풍으로 물들어 정말 아름다웠다. 크고 작은 나무와 예쁜 꽃들이 마음까지 상쾌하게 만들었다. 조사할 식물을 PDA로 찍어 검색하여 저장한 다음, 바로 전송키를 눌러 각자의 컴퓨터로 보냈다.

1차 조사를 마친 후 다시 백두산을 오르기 시작했다. 약 700m 고지에서 각자 준비해 온 도시락을 맛있게 먹고, 중간 중간 설치된 쓰레기 수거 장치에 버렸다. 이 장치는 자동으로 재활용할 것과 그렇지 않은 것을 분류하고 처리하였다.

점심을 먹고 잠깐 쉬고 있는데, 조장인 꺽정이의 PDA에서 신호음이 울렸다. PDA를 보니 선생님 모습이 보이고, 선생님께서 중간 점검을 하신다고 조사한 자료를 보내 달라고 하셨다. 꺽정이는 1차 조사한 내용을 선생님께 전송하였다. 5분 후에 선생님께서 잘 하고 있다는 메시지와 오후 5시까지는 꼭 돌아오라는 메시지가 왔다.

꺽정이네 조원은 백두산에 높이 올라갈수록 식물의 종류가 달라지는 것을 알아냈다. 1,500m 고지에서 2차 조사를 시작했다. 1차 조사 때와는 달리 울창했던 숲이 많이 사라졌다. 나무의 종류도 많이 줄어들었다. 1차와 마찬가지로 각자 식물을 조사하던 중, 연희가 아주 이상한 버섯을 발견하였다고 하여 가 보니 크기가 주먹만 하고 나비 모양이었다. 너무 신기해서 이름을 알아보려고 PDA로 찍어 검색해 보니 이름이 나와 있지 않았다. 그래서 사진을 버섯 연구소에 전송하고, 어떤 버섯인지 알려 달라고 부탁하였다.

그런 다음 다시 미니카를 타고 백두산 정상 쪽을 향해 달려갔다. 가는 도중 멀리 백두산 호텔이 눈에 들어왔다. 산 속에 있는 호텔이 산과 어우러져 정겹게 느껴졌다. 그리고 오염되지 않은 백두산이 계속해서 유지되기를 마음속으로 빌었다.

조금 더 올라가다 보니 PDA 메신저가 깜박거렸다. 버섯 연구소에서 온 것이다. 우리가 보낸 버섯은 세계에서 처음 발견된 것이란다. 그래서 그 버섯의 이름은 발견한 사람이 짓도록 되어 있다고

해서, 우리 조는 상의한 끝에 '백두산 나비 버섯' 이라고 이름을 지었다. 그리고 이름 지은 명단에 우리 조원 4명 이름이 들어갔다. 연구소에 계신 박사님께서 이것을 세계 학회에 보고한다고 하셨다. 우리는 우리가 이름을 지은 버섯이 새롭게 세계 버섯 학회에 등록되는 것에 대해 너무 기뻤고, 어깨가 으쓱해졌다.

해발 2,000m 정도에는 큰금매화 · 금매화 · 각시투구꽃 · 두메바늘꽃 · 산새풀 등의 풀과 가솔송 · 좀참꽃 · 담자리꽃나무 등의 나무가 섞여 자라고 있었다. 그곳을 지나니 넓은 초원지대가 나왔다.

이곳에서 꺽정이네 조는 1, 2차 조사와 같은 방법으로 3차 조사를 하였다. 조사 도중 꽃이 너무 예뻐 사진 찍은 것을 다른 학교 여자 친구인 수경이 휴대전화에 전송하였다. 곧바로 수경이에게서 예쁜

꽃을 보내 주어 고맙다는 문자가 왔다.

해발 2,500m를 지나니 군데군데 눈이 있는 것을 보게 되었다. 이곳은 벌써 눈이 왔었나 보다. 조금만 더 가면 천지가 나올 것이다. 우리는 미니카를 재촉하여 정상으로 향했다.

드디어 백두산 정상인 천지에 도착했다. 산꼭대기에 이렇게 넓은 호수가 생겼다니 새삼 놀라웠다. 정상에서 북서쪽을 보니 멀리 만주 지역이 눈에 들어왔다. 작년에 이곳을 되돌려받았다는 긴급 뉴스를 들었는데, 그러고 보니 오늘이 1년째 되는 날이다. 학교에서 배웠던 옛 고구려 땅에 다시 되찾아 정말 대한민국이 자랑스럽고 기쁘다.

천지에 내려가려고 하는데 PDA에서 신호음이 울렸다. 열어 보니 선생님께서 지금 내려와야 제 시간에 다시 돌아갈 수 있다고 하셨다. 선생님 PDA에 우리의 위치가 표시되고 있기 때문에, 선생님께서는 우리의 위치를 알 수 있었던 것이다.

우리는 아쉬움을 뒤로 하고 미니카를 타고 원래 위치로 돌아왔다. 이미 와 있는 친구들과 계속 도착하는 친구들이 보였다. 우리 조가 도착한 지 5분이 지나자 모두 모이게 되었다. 우리는 다시 학교 전용기에 올라타고, 5시에 백두산을 출발했다.

오늘 현장학습이 피곤했는지, 많은 친구가 잠을 자고 있다. 꺽정이는 좌석 모니터를 켜고 광개토대왕 게임을 하였다. 게임을 하다 보니 어느새 학교에 도착했다.

조사한 것을 각자 집에서 다시 정리하라는 선생님 말씀을 듣고 집으로 왔다. 집에 와 보니 어머니께서 꺽정이가 백두산에서 찍은 사진을 잘 봤다고 말씀하셨다. 저녁을 먹고 PDA를 확인해 보니, 선생님의 메시지가 도착하였다. 백두산에 가서 조사한 것을 각자 정리하라는 메시지다.

꺽정이는 오늘 조사한 것을 컴퓨터로 간단히 정리한 다음, 피곤해서 잠이 들었다.

10월 3일 목요일

오늘 과학 수업은 현장학습에서 조사한 보고서를 조원들끼리 작성해서 발표하는 시간이다.

꺽정이네 조는 각자 조사 정리한 자료를 TPC로 공유하여 서로 합치고 수정한 다음, 발표 자료를 만들어 학급 홈페이지 학습 자료실에 올렸다.

꺽정이네가 정리한 내용은 다음과 같다.

백두산의 식물 분류

꽃식물		민꽃식물	
쌍떡잎식물	외떡잎식물	균류	포자류
식물 종류의 이름과 특징 사진 첨가	식물 종류의 이름과 특징 사진 첨가	식물 종류의 이름과 특징 사진 첨가	식물 종류의 이름과 특징 사진 첨가

백두산의 식생은 높이에 따라 다르다. 수목 한계선인 2,000m 지점을 경계로 그 위쪽으로는 고산 초원이 펼쳐진다. 백두산 나비 버섯 발견(세계 버섯 학회 등록 예정).

꺽정이는 발표 자료를 다 만들고 학습 자료실에 전송하였다. 자료실에는 각 조원들의 발표 자료가 올라와 있다.

발표 자료가 다 전송되자 각 조들의 발표가 시작되었다. 발표 자료는 전자칠판에 투영되어 선명하게 볼 수 있었다. 드디어 꺽정이네 조의 발표 차례다. 백두산의 식물에 대해 간결하면서도 정확하게 발표하였다. 자기가 이렇게 발표를 잘 하는지에 대해 꺽정이 스스로도 놀랍고 대견스러웠다. 그리고 백두산 나비 버섯 이야기도 해 주었다. 선생님과 친구들은 모두 박수를 치며 칭찬해 주었다. 꺽정이네 조원들은 매우 기뻐했고, 가슴이 뿌듯해지는 것을 느꼈다.

모든 조의 발표가 끝나자 선생님께서는 간단하게 부연 설명을 해 주셨다. 조사하면서 느낀 점, 새로 알게 된 점, 또 다른 조의 발표를 듣고 느낀 점을 집에 가서 학급 게시판에 올리라고 하셨다.

방과 후 집에서 꺽정이는 학급 게시판에 현장학습 후에 새로 알게 된 점과 느낀 점을 자세히 올려놓았다. 그리고 친구들의 글도 보았다. 글을 읽다 보니 내가 생각하지 못했던 점도 친구들이 많이 올려놓아, 새롭게 알게 된 사실도 있었다.

오늘은 발표도 잘 했고, 칭찬도 받고, 새로이 알게 된 사실도 많아 정말 기분 좋은 하루다.

■ 시나리오 분석

교육 목표 자연 환경을 관찰 · 분석하여 관찰 보고서를 작성할 수 있다.

교육과정 이 시나리오에서는 유러닝 통합 프로젝트 학습 모형에 의거한 교육의 과정을 살펴보고 있다.

- **프로젝트 수행 준비:** 교사는 정해진 목표를 확인하고, 이 목표가 교과 내용과의 연관성을 찾을 수 있도록 연결해 주며, 이 목표가 학생들에게 의미 있는 것으로 인식되도록 도와준다. 또한, 수행 방법, 역할 설정, 절차에 대해 조언을 주고, 각각의 구성원이 이를 잘 숙지하고 있는지 확인한다.
- **관련 자원 탐색 및 공유:** 관련 자료를 수집하고, 수집한 자료를 분석 종합하는 단계다. 교사는 유러닝 기기를 이용하여 다양한 자료 수집 방법에 대한 조언을 해 주고, 바람직한 자료 선별을 지도한다. 자료 분석 종합에 대한 피드백도 제공한다.
- **협동학습과 과제 해결:** 자원 탐색, 분석, 종합 과정을 거치면서 학생들이 동료와 협동하여 문제를 해결해 가는 과정이다. 목표 달성을 위해 달성 방법에 대한 합의가 이 단계에서 이루어지고, 이와 더불어 결과물의 초안이 작성되며 교사는 이에 피드백을 준다.
- **결과 프레젠테이션:** 지금까지의 성과에 대해 보고서를 완성하고 전체 발표 및 토론이 일어나는 단계이므로, 유러닝 기기와 환경의 강점을 최대한 살려서 멀티미디어 프레젠테이션이 가능하게 하여 각 그룹의 학습 내용이 보다 생생하게 공유되고, 토론이 일어나도록 하는 단계다.
- **성찰 및 평가:** 결과가 공유되고 난 후, 개인별 성찰이 일어남과 동시에 그룹 간 평가 및 피드백이 일어나는 단계다. 교사는 이 단계에서 마지막 평가를 하게 된다.

교사의 역할 유비쿼터스 시대의 교육은 교과가 따로 있는 것이 아니라, 주제 중심 통합교육으로 갈 것으로 본다. 따라서 교사는 학생들이 주제를 해결하기 위한 안내자, 조력자의 역할이 더욱 커질 것이다. 유러닝 통합 프로젝트 학습 모델에서 교사는 적절한 시기에 도움을 주고, 의사소통을 촉진하거나 학생들과 함께 학습하는 동료 학습자 역할과 같은 새로운 역할을 하게 된다. 이 시나리오에 나오는 현장학습 과정에서 자연 관찰이라는 주제하에 학생들이 여러 가지 탐구 관찰 방법을 찾아낼 수 있도록 안내해 주고, 학습자가 올바른 방법으로 관찰할 수 있도록 지속적으로 도움을 주며, 학습 결과에 대한 평가 및 피드백을 제시한다.

학교의 장 학교는 유비쿼터스 컴퓨팅 환경으로, 모든 기기는 환경에 융합되어(imbeded) 언제든지 네트워크화된 컴퓨터 기기를 이용할 수 있게 될 것이다. 따라서 이러한 환경을 이용하여 새로운 교육과정과 학습 모형으로 학습자들이 학습할 수 있는 최적화된 공간이 될 것이다.

목표 달성의 확인 프로젝트 학습 모형의 평가는 주요 핵심 활동 과정과 결과물이 학습 모형의 핵심 요소에 비추어 볼 때 제대로 수행되고 산출되었는지를 기준으로 이루어져야 한다.

수행 준비 과정에서 적극적으로 문제 인식이나 주제 제시에 참여하는지, 프로젝트의 목표와 절차, 활동, 자신의 역할에 관한 이해가 올바르게 되어 있는지 확인하고 관련 자료 조사 및 분석 종합 시 학생들이 효과적인 방법으로 협동하여 진행하는지 지속적으로 확인한다.

학습 결과물의 평가는 목표 달성을 확인하는 것으로, 처음 수립된 목표에 비추어 작성된 최종 산출물, 보고서의 타당성과 양적 · 질적 평가가 이루어져야 하며, 성찰 노트 작성 결과물 평가도 같이할 수 있다. 평가의 주체는 학생들 자신의 자기 평가와 상호 평가, 그리고 교사가 있다. 교사의 평가는 적절한 조언을 통해서 학생들이 자기의 작품을 객관적으로 평가할 수 있도록 지도해야 한다. 또한 상호 평가는 집단적으로 평가하는 것도 효과적이다.

학습이론 학습자들은 유러닝 통합 프로젝트 학습이론에 의거하여 유러닝 환경과 기기의 이점을 활용함으로써 스스로 학습 문제를 발견하고 환경과 동료 학습자와 상호 작용하면서 스스로 정한 학습 문제를 보다 심층적 주도적으로 탐구, 계획, 결과물 산출, 보고 등의 전 과정 속에서 학습한다.

자기 평가표

평가 관점	내 용	수 준		
		좋음	보통	노력
1. 교육 목표는 분명한가?	관찰 보고서 작성하기	☺		
2. 목표 달성의 절차가 과학적인가?	프로젝트 학습 모델에 근거		☺	
3. 유비쿼터스 컴퓨팅 기술이 내포되어 있는가?	PDA의 확장형 단말기, 전자칠판, TPC 등		☺	
4. 환경적 요소가 확대되었는가?	가정, 현장 학습의 장	☺		
5. 네트워크 요소가 풍부한가?	PDA, 메신저 등을 이용		☺	
6. 대상 설정이 분명한가?	초등학교 6학년	☺		
7. 인물의 심리적 상황 묘사	생각하거나 느낀 점으로 표현		☺	
8. 교사의 역할이 분명한가?	교사의 역할이 조금 더 분명하게 제시되어야 할 것 같음		☺	
9. 학교의 장이 분명한가?	학교의 장이 분명하게 나타남	☺		
10. 목표 달성의 확인이 가능한가?	관찰 보고서 결과물로 확인		☺	
11. 학습 이론에 충실한가?	유러닝 통합 프로젝트 학습	☺		

* 시나리오: 유호정

13 u-Learning

봉수의 어느 멋진 날

* 등장인물: 봉수(초등학교 6학년)
* 학습주제: 과학 수업-낙동강 주변의 식물 조사하기(낙동강 상 · 중 · 하류의 초등학교와의 협동 프로젝트 학습)
* 주요사건:
  · 봉수네 학교와 다른 학교가 연합하여 프로젝트 학습을 수행함
  · 봉수와 태현이는 직접 낙동강으로 현장 조사를 가고, 나머지 모둠원은 학교에서 자료 보충, 편집 등을 맡음
  · 온라인 학습방에 자료를 올림으로써 다 함께 보고서를 재수정함
  · 일주일 뒤 3개 학교와 담당 장학사들이 모여 보고회를 개최함
* 유러닝 단계: 1단계(Mobile Computing 중심 단계)
* 활동동선: 가정→학교→버스 안→낙동강 하류 부근→버스 안→가정

집-아침

"삐용! 삐용! 혈당 위험! 빨리 일어나서 과일을 먹으세요."

오늘 아침은 컴매니저가 깨워 주는 대신 자신의 몸에 장착된 닥터Q라는 의료 칩에서 발생하는 경고음 소리에 급히 잠을 깬다. 봉수에게는 소아당뇨라는 병이 있는데, 혈당이 급속히 떨어지자 경고음이 발생한 것이다.

봉수는 부모님이 안 계신 지금, 자신의 몸 상태를 체크하여 혈당이 정상으로 될 수 있도록 해 주는 닥터 Q가 고맙다고 생각한다. 그리고는 재빨리 냉장고로 달려가 과일을 먹는다.

'이젠 몸이 가뿐한 걸…….'

7시가 되자 자동으로 컴퓨터가 켜지며, 컴매니저가 오늘의 일정을 띄워 준다.

'아참! 오늘은 낙동강으로 관찰학습을 가는 날이구나! 힘든 하루가 될 것 같으니 닥터 Q에게 3시간마다 인공혈당을 주입할 수 있게 시간을 재조정해야겠다.'

오늘은 낙동강 상류에 있는 옥천초등학교의 6학년 2반 친구들과 낙동강 중류에 있는 신안초등학교의 6학년 5반 친구들과 협동 프로젝트 보고서 작성을 위해 낙동강 부근으로 현장학습을 가는 날이다. 저번 주까지는 화상 채팅을 통하여 탐구 목표와 계획, 보고서 형식 등을 자세히 의논하였고, 오늘 드디어 현장에 나가 자료를 조사해 보고서를 적는 날이다.

학교 – 오전

교실 문을 통과하자 자신의 PDA의 바코드가 자동으로 읽힘으로써 봉수의 부모님 PDA로 시간이 전송되고, 자신의 몸에 이식된 닥터 Q와도 자동으로 연결되어 있어 부모님께 봉수 몸의 상태도 함께 전송된다.

자신의 자리에 앉아 책상 위에 PDA를 장착하자, PDA의 모든 자료와 화면이 책상의 큰 스크린으로 연결된다.

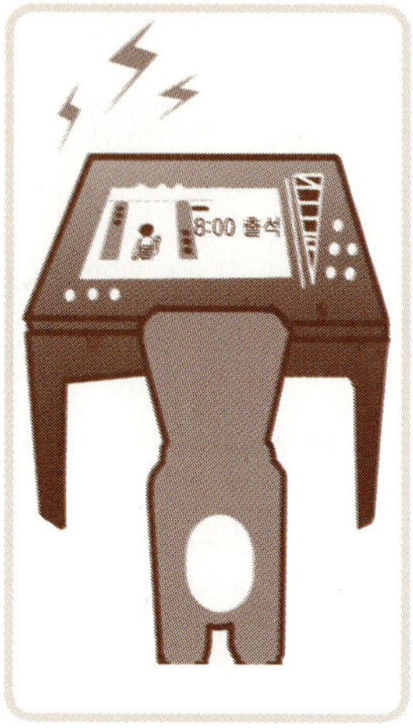

"선생님이 어제 여러분 컴퓨터에 팝업 알림창을 띄운 대로, 오늘은 낙동강 부근에 가서 생태계를 관찰하여 보고서를 작성할 겁니다. 선생님이 지금 여러분의 PDA로 현장에 나가서 조심해야 할 사항과 오늘 우리가 공부할 목표를 전송했으니까, 늘 그것을 보고 유의하도록 하세요. 그리고 다른 학교와 함께 보고서를 작성하는 만큼 성실히 하도록 하세요."

봉수네 연계 모둠은 주제를 낙동강 부근에서 서식하는 식물로 정하였고, 모둠을 크게 두 파트로 나누어 봉수와 민현, 태현은 현장 자료 조사, 지혜와 승준은 도서관에서의 자료 수집과 편집, 보고서 작성을 맡았다. 현장 자료 조사팀은 직접 현장에 가서 식물 사진과 동영상을 찍고, 기본 자료를 조사하여 자료 편집팀에게 전송하는 것이 임무다. 자료 편집팀은 받은 자료를 정리하고 통계를 낸 후 보고서를 작성하는 것이 임무다.

현장 자료 조사팀이 나갈 준비를 하고 있는데, 선생님께서 부르셨다.

“아! 그리고 봉수네 모둠의 민현이는 어제 저녁 교통사고를 당해서 팔을 다쳐 입원했다고 해요. 당분간 학교에 오지 못하니까 남은 사람들이 민현이 몫까지 열심히 보고서를 작성하도록 해요.”

민현이가 결석을 해서 걱정이 되었지만, 오늘을 오랫동안 기다려 왔던 만큼 봉수는 멋진 보고서를 만들 수 있을 거란 기대로 친구들과 함께 낙동강으로 가는 버스에 올라탔다.

낙동강으로 향하는 버스 안

봉수와 태현이는 버스 한구석에 모여서 서로의 PDA를 확인하며 오늘 현장에 나가서 무엇을 조사 · 관찰해야 하는지, 자신이 맡은 역할은 무엇인지 검토하고, 선생님께서 보내 주신 메시지를 다시 한 번 확인한다.

그때 ‘이민현 군이 당신에게 화상 채팅을 신청했습니다. 승낙하시면 OK 버튼을 눌러 주세요.’ 하는 메시지가 들렸다.

봉수와 태현은 서둘러 OK 버튼을 누르고 다인수 화상 채팅창으로 접속한다.

“오늘이 드디어 현장으로 출발하는 날인데 갑자기 결석해서 미안해. 팔을 다쳐 깁스를 해서. 나 때문에 너희에게 피해가 갈까 아침부터 걱정이 되더라고. 그랬더니 아버지께서 팔이 불편한 사람들을 위해 개발된 눈동자 인식 마우스가 장착된 컴퓨터를 직장에서 빌려오셔서 나도 보고서 작성에 작은 도움이 될 수 있을 것 같아. 그래서 너희가 그곳에서 발견한 식물이 있으면 사진을 나에게 전송해 줘. 그러면 내가 이 특수 컴퓨터로 자료 검색을 해서 우리 온라인 학습

방의 모둠 게시판에 올려놓을게. 그러니 다른 학교에 뒤지지 않는 멋진 보고서를 완성시켜야 해."

"그래, 그런 좋은 방법이 있었구나. 아픈 사람에게 일을 시킨 것 같아 우리가 더 미안한걸."

다행이다. 민현이의 부상도 크지 않았지만, 민현이가 병원에서도 저렇게 의지를 불태우는 모습을 보니 남은 모둠원이 더욱 열심히 해야겠다는 생각이 든다.

낙동강 하류 부근–정오

드디어 낙동강 부근에 도착했다. 봉수와 태현은 PDA에 알람을 설정한 후 오후 3시에 이곳에서 다시 만나기로 하고, 각자 맡은 역할을 수행하기 위해 흩어졌다.

봉수는 우선 주변에 어떤 식물들이 있나 눈으로 먼저 대충 훑어보기로 했다. 그러자 제일 먼저 넓은 잎을 자랑하고 있는 큰 나무 무리가 눈에 들어왔다.

'이건 무슨 나무일까?'

봉수가 PDA를 나무의 기둥에 갖다 대자 3초 후에 '띠리링' 이라는 경쾌한 소리와 함께 나무의 이름, 서식 환경, 번식 방법 등의 기본 정보가 PDA에 나타났다.

'아~. 모감주나무구나. 무환자나뭇과의 낙엽 소교목에 해당하고…….'

봉수는 그 자료와 함께 사진도 찍어 저장하였다. 그리고 특별히 가지고 온 복합 캠코더를 이용하여 나무를 한 바퀴 돌며 찍어서 그 자료를 PDA에 옮겼다. 그러자 방금 찍었던 영상이 분석되어 그 나무의 현재 크기, 둘레, 영양 상태 등이 그래프와 함께 자료로 변환되었다. 그리고 자신이 직접 만져 보고, 향기를 맡아 보고, 눈으로 확인하여 그 소감을 동영상으로 녹화를 한다. 한 종류의 나무 정보가 다 입력이 되자, 학교에 남아 있는 자료 편집부에게 바로 자료를 전송한다. 우선 덩치가 큰 나무들부터 바코드를 찍어 가며 자료를 저장하고 있는데, 우연히 바코드가 없는 나무를 발견하게 되었다.

'바코드도 없고……. 웹상의 식물도감을 찾아도 자료가 없고……. 이 나무의 정체는 뭘까? 우선 사진을 찍어서 선생님께 여쭤봐야겠다.'

봉수는 그 나무의 모습이 잘 드러나게 사진을 찍은 후, 학교에 계신 선생님께 사진과 함께 메시지를 전송한다.

'이 나무는 바코드가 없어서 어떤 종류인지 모르겠어요? 어떻게 해야 할까요?'

학교에 계신 선생님께서는 곧 답을 보내 주셨다.

'글쎄, 선생님도 처음 보는 나무인 걸……. 그렇다면 네가 찍은 사진을 ○○대학의 식물 재배 교육을 가르치시는 교수님께 보내는 건 어떨까?'

봉수는 급히 ○○대학에서 식물 재배 교육을 담당하시는 교수님의 메신저 주소를 찾아서 사진과 함께 어떤 나무인지 궁금하다는 메시지를 남겨 놓았다.

'오후쯤에는 교수님이 내 메시지를 확인하고 답을 보내 주시겠지? 역시 우리 선생님께 물어봐서 안 되는 일이 없다니까'

봉수는 이 이름 모르는 나무 때문에 많은 시간이 지체된 것을 확인하고는, 더욱 서둘러 근방의 나무들 위주로 자료를 수집했다.

"3시입니다. 개인 활동을 정리하고 ○○○로 모입니다."

PDA에서 들려오는 알람소리를 듣고서 관찰하던 나무를 정리하고, 태현이가 기다리고 있을 약속 장소로 서둘러 갔다.

한편, 같은 시각 학교에 남아 있는 자료 수집팀은 현장에 나가 있는 친구들이 보내 준 자료를 읽어 보며, 더 필요한 정보는 없는지 생각한 후 국립중앙도서관 사이트에 접속하여 필요한 정보를 더 다운받았다. 그리고 학교 중앙제어컴퓨터에 들어가 정리한 자료를 전송했다. 아이들의 자료가 텍스트에서 사진, 동영상에 이르기까지 엄청난 양이어서 그 자료들을 수용하려면 학교 중앙제어컴퓨터의 힘이 필요하였기 때문이다. 이렇게 자료들을 올리자 컴퓨터에서는 엄청난 양의 자료들 사이에서 연관성, 낙동강 하류의 식물 체계 등을 한눈에 알아볼 수 있게 정리해 준다. 이제는 사람이 일일이 자료를 분석할 필요 없이 자료를 전송만 해 주면 컴퓨터가 알아서 식물

계의 특징 및 결론을 내주니 너무나 편한 세상이다. 이제 정리된 데이터를 가지고 보고서를 편집하기만 하면 된다.

집으로 향하는 버스 안-오후

버스 안에서 봉수와 태현이는 오늘 현장에 나와서 힘든 점을 온라인상의 모둠 게시판에 올린다. 버스의 유리창은 특수 컴퓨터 유리창으로써 펜이나 손으로 글을 적으면 바로 텍스트로 변환이 가능하기 때문에, 오늘 힘들었던 점이나 새로 알게 된 점을 적는 것이다. 그러자 텍스트로 자동 변환되어 문서로 저장이 된다.

"띠리링! 선생님께서 6학년 3반 학생들 모두에게 화상 채팅을 신청하셨습니다."

다들 하던 일을 멈추고 선생님의 화상 채팅방으로 접속하였다.

"다들 열심히 했나요? 선생님이 생각했던 것보다 시간이 오래 걸려서 학교에 들르지 말고 바로 집으로 가도록 합니다. 그 대신 선생님이 오늘 공부할 내용을 사이버 강의로 만들어 등록하였으니까, 사이버 교실에 접속하여 오늘 수업하지 못한 수학과 실과를 사이버 강의로 대신 하도록 합니다. 오늘 밤 10시까지 접속 안 하는 사람은 선생님 컴퓨터에 자동 기록되는 거 알고 있죠? 3번 경고 받은 사람은 1주일 동안 자신의 개인 홈페이지는 물론 친구들의 홈페이지도 접속하지 못하게 됩니다."

선생님의 화상 채팅이 끝나자, 봉수는 다른 학교 친구들의 소식이 궁금해졌다.

'우리 모둠과 연계된 다른 학교 친구들도 오늘 낙동강으로 현장조사를 간다고 했는데……. 어디 한번 만나러 가 볼까?'

봉수는 화상 채팅 주소록에서 다른 학교 친구들의 목록을 클릭하여 채팅 신청 팝업을 보냈다. 그러자 다른 학교의 몇몇 친구들이 채팅방으로 연결되었다. 서로 오늘 나가서 본 것과 소감을 주고받으며 친목을 다지며 집으로 향하였다.

집-저녁

집 현관에 들어서자 학교에서와 마찬가지로 봉수가 집에 들어오는 시간과 건강 상태가 부모님의 PDA로 전송된다.

봉수는 지난달 3번 경고로 자신의 개인 홈페이지에 접속하지 못해서 친구들과의 관계가 소원했던 적을 떠 올리며 바로 사이버 교실에 접속하였다. 봉수는 수학은 오름길(상위자들이 듣는 수업)이고, 실과는 디딤돌(중위권이 듣는 수업)이다. 수학 오름길은 담임 선생님이 직접 강의를 하셨고, 실과 디딤돌은 옆 반의 남자 선생님이 강의를 하셨다. 자신의 수준에 맞는 과정을 들을 수 있기 때문에 언제나 공부하는 것이 재미있다.

그때 전화가 걸려 왔다. 발신자를 확인하자 아버지다.

"그래, 오늘은 낙동강 부근으로 현장학습을 갔다고……. 조금 전에 담임 선생님으로부터 오늘 너의 학습 상황을 알려 주는 메시지를 받았단다. 그래서 그런지 집에 도착했을 때 너의 혈당이 조금 저조한 걸. 어서 닥터 Q에 지시를 내려 인공인슐린을 더 주입하도록 해야 겠구나."

언제나 자신의 건강과 학습을 관심 있게 봐 주시는 아버지께 더욱 감사하는 마음이 들었다.

봉수는 사이버 수업을 다 듣고, 온라인 학습방의 모둠방에 들어가 본다. 조장인 지혜가 아기자기하게 모둠방의 메인 화면을 새로 꾸며 놓은 것이 보인다. 봉수는 오전에 ○○대학 교수님께 물어본 질문의 답장이 온 것을 확인하고, 읽고 정리하여 모둠 자료실에 올렸다. 그리고 편집팀에서 정리한 자료를 읽고, 그 밑에 좋은 점과 아쉬운 점, 충고의 말을 달았다. 오늘 저녁에 편집팀은 따로 웹에서 만나서 댓글을 읽고, 보고서를 수정하고 완성하여 선생님 메일로 보낼 것이다. 선생님께서는 큰 주제에게 벗어나지 않았는지, 더 필요한 정보는 없는지, 보고서 체계에 맞게 잘 적었는지 등을 코멘트해 주실 것이다.

학교 – 일주일 뒤

드디어 3개 학교 간의 프로젝트 학습 결과를 발표하는 날이다. 그

래서 오늘은 특별히 대강당에 모여 발표를 기다리고 있다. 굳이 대강당에서 발표를 하는 이유는 다른 두 학교의 많은 사람들이 한꺼번에 접속을 하면 다소 어수선할 수 있기 때문이다. 오늘은 3D 입체 화상 회의 방법으로 진행된다. 3D 입체 화상 회의는 종전의 스크린에서 만나던 것에서 더 발전되어, 멀리 떨어진 사람의 영상을 3D 영상으로 만들어 바로 자신의 앞에 쏘아 줌으로써 직접 얘기하는 것과 같은 효과를 준다. 그러면 화면을 보면서 얘기하는 것이 아니라 실제로는 멀리 떨어져 있지만 앞에 있는 영상의 모습을 보며 직접 의사소통할 수 있기 때문에, 실제로 존재하는 것처럼 자연스럽게 회의를 할 수 있다.

낙동강 부근의 동물 환경, 식물 환경, 수질 오염 등의 주제를 가진 세 학교가 마치 한 장소에 있는 듯 보고서를 발표함으로써, 낙동강 전체의 생태계를 알 수 있는 아주 좋은 공부를 할 수 있다.

오늘은 교육부의 사람들과 대학 교수, 담당 장학사까지 참석하였다. 3개 학교의 프로젝트를 보면서 궁금한 사항 등을 특수 마이크를 사용하여 학생들에게 질문한다. 그러면 음성이 자동 텍스트로 변환되어 따로 협의록을 작성할 필요 없이 자동으로 작성되어 저장되기 때문에 서기관이 따로 필요 없다.

이렇게 발표된 보고서 결과인 '낙동강 상 · 중 · 하류의 생태계 보고는 아주 엄청난 프로젝트를 완성하게 된다. 이 자료는 여기 세 학교에만 공개되는 것이 아니라, 전국 단위의 프로젝트 학습 자료방에 올려져 전 세계의 친구들이 우리 낙동강의 생태계를 잘 알 수 있게 될 것이다. 낙동강을 가 본 적이 없는 친구들도 마치 그곳을 눈에 보는 듯 생생한 자료를 볼 수 있으니까.

그리고 멀리 떨어져 있는 친구들과 공동작업을 하다 보니 시간을 정하여 접속해서 만나는 것이 조금 어렵기도 했지만, 매주 정기적으로 만나서 그런지 같은 반 친구들만큼 정겨운 친구들을 사귀게 되었다. 그래서 이번 여름 방학 때에는 이번 기회로 알게 된 낙동강 상류에 있는 옥천초등학교에 다니는 현태의 집에 놀러 갈 예정이다.

오늘은 봉수에게 있어 정말 멋진 하루였다.

■ 시나리오 분석

교육 목표 철저한 역할 분담과 협력을 통한 자연 환경을 관찰 · 탐구하는 능력 배양

교육과정 현재 6학년 과학 교과서에 나와 있는 '생태계 구성 요소'에서 좀 더 나아가 자신이 살고 있는 낙동강 하류의 생태계를 알아보고 유러닝에 맞게 상류 · 중류 학교와의 합동 프로젝트 학습에 기반을 두고 있다.

- **주제에 대한 집단 토의:** 봉수의 모둠 그리고 세 학교의 같은 주제를 가진 모둠끼리 화상 채팅과 메신저를 통해 다양한 아이디어와 경험담을 나누어 토의한다.
- **조사:** 조사팀 현장 활동을 위한 계획을 수립하고, 다양한 자원(PDA, 복합 캠코더 등)을 활용하여 실제로 주제를 조사한다.
- **표현:** 학습한 결과 또는 개인적인 경험을 통해 획득한 정보를 검토하고 조직적으로 정리하는 것. 엄청나게 많은 데이터를 중앙컴퓨터가 정리해 줌으로써, 학생들은 수월하게 보고서 형식으로 표현할 수 있다.
- **전시:** 3개 학교와의 공동 프로젝트로 만든 보고서를 모든 이들이 쉽게 접근할 수 있는 프로젝트 학습방에 등록한다.

교사의 역할 여기서 교사의 역할은 아이들을 가르치고, 제대로 학습하고 있는지 관리하는 면에서 오늘날의 교사의 역할을 그대로 가지고 있다. 하지만 조금 다른 점이 있다면 오프라인상에서의 관리가 아니라 온라인상에서도 관리가 이루어지고 있으며, 교수 면에 있어서도 꼭 교실에서의 수업만을 고집하는 것이 아니라 직접 강의를 제작하여 상황에 따라 사이버 교실상에서도 직접 수업을 듣는 것과 똑같은 수업을 들을 수 있도록 하고 있다. 그리고 유러닝에서 추가되는 점은 그날 배운 아동의 학습 내용을 학부모의 PDA로 전송함으로써 가정과 학교의 연계가 적극적으로 이루어지도록 한다는 것이다.

학교의 장 학교의 모습도 그대로다. 아이들이 등교하여 교사의 책임 아래 공부를 하게 된다. 질병이나 여행으로 학교에 못 나오는 경우는 사이버 스쿨로 대처할 수 있으나, 기본적인 학습은 학교에서 이루어진다. 그 대신 학습 범위가 학교 안에만 제한되는 것이 아니라, 학교를 벗어난 활동이 더 많아지게 된다.

목표 달성의 확인 교사는 단지 아동의 학습을 보조해 주고 관리해 주는 것으로 끝나지 않고, 아이들의 학습 상황을 점검하게 된다. 그러나 지금의 학습관리자의 모습이 아닌 아이들의 협력자로서, 모둠의 서포터로서 학습 상황에 함께 참여하여 목표 달성을 확인하게 된다.

자기 평가표

평가 관점	잘함	보통	못함
1. 교육의 목표는 분명한가?	☺		
2. 목표 달성을 위한 절차가 과학적(논리적)인가?		☺	
3. 유비쿼터스 컴퓨팅 기술(의미)이 내포되어 있는가?	☺		
4. 환경적 요소(가정, 지역, 주변)가 확대되었는가?	☺		
5. 네트워트 요소가 풍부한가?		☺	
6. 대상 설정이 분명한가?	☺		
7. 인물의 인지적, 심리적 부담에서 벗어나는 방법이 있는가?	☺		
8. 교사의 역할이 분명한가?		☺	
9. 학교의 장이 분명한가?		☺	
10. 목표 달성의 확인이 가능한가?	☺		
11. 학습이론(방법론)에 충실한가?	☺		

* 시나리오: 윤영주

14 u-Learning

가상체험 역할극을 통한 동물 사랑하는 마음 지니기

＊ 적용한 교육적 요소
- 상호 작용
- 감정 이입
- 즉시 교육
- 학습자 정보 평가
- 협력학습
- 자기주도적 학습
- 개별화 학습
- 학습자 관리
- 역할극 시뮬레이션 학습
- 교사의 학습 피드백
- 조사 학습 데이터 수집, 분석

＊ 활동 기기 및 기술적 요소
- PDA
- 학습 관리 시스템(LMS)
- 초고속 무선 네트워크
- 자동 스케줄러
- 자동 메시징 시스템
- 자동 정보 기록 시스템
- RFID
- 전자칠판
- 센서 네트워크
- 3D 가상체험 시스템
- 음성 인식 시스템
- 동물과 사람 간의 의사소통 변환 시스템
- 원격 녹화 시스템

현장학습을 통한 동물 관찰

동물원 현장학습이 있는 날이다. 성호는 자기가 평소에 관심을 가지고 있던 사호(사자와 호랑이의 유전적 결합에 의해 탄생된 동물)를 직접 볼 수 있다는 생각에 들떠서 알리미(통제 컴퓨터)가 잠을 깨우기도 전에 일어났다.

"오늘은 오전에 동물원을 방문해서 관심 있는 동물을 관찰하고, 학습한 내용을 정리해서 교실에 계신 선생님께 전송해야 합니다. 오후에는 학교로 들어가서 반 친구들과 함께 조사한 내용을 비교하고 발표하는 시간을 갖고 3D 가상체험 역할극을 통해 동물을 대하는 태도에 대해서 학습하게 됩니다. 저녁 때는 부모님과 외식 약속이 있습니다."

알리미로부터 하루 일정을 전달받은 성호는 씻으면서 거울에 장착된 센서를 통해 건강 체크를 받았다. 어제 늦게까지 친구와 화상 채팅을 하고 동물원 현장학습 때문에 잠을 설쳐서인지 피로도가 조금 높게 나왔다. 그 결과는 곧바로 부엌에서 아침을 준비하고 있는 성호의 엄마께 전송되었고, 엄마는 성호의 피로를 풀어 주기 위해서 아침 식사와 함께 비타민이 풍부한 과일을 준비해 주셨다. 그 사이 성호는 옷장을 열어 오늘의 일정을 등록하고 옷장에 내재되어 있는 DRS(일정에 맞춰 알맞은 옷을 골라 주는 컴퓨터 드레서)가 골라 주는 활동복으로 갈아입었다.

아침 식사를 하는 중에 PDA를 통해서 선생님으로부터의 영상 메시지가 도착했다.

"성호야? 선생님이 현장학습에 함께 가지 않아도 관심 있는 동물을 관찰하고 그 결과를 잘 정리할 수 있지? 선생님은 교실에서 너희가 현장학습을 통해 탐구한 동물에 대한 데이터를 전송받아서 수업

준비를 하고 있을 테니 조심해서 다녀오렴. 배지에 포함된 촬영 기능을 통해서 선생님이 너희 탐구학습하는 모습도 관찰하니까 우리 반 배지를 옷에 꼭 달고 가는 것도 잊지 말고……. 서울대공원까지 가는 방법과 그 안에서 해야 하는 내용, 결과 처리 등 오늘 수업과 관련된 자세한 안내는 홀로그램 자료로 첨부했단다. 참고하렴."

성호는 선생님의 홀로그램 첨부 자료를 확인한 후 무선 네트워크를 이용해 버스회사 사이트에 접속해서 목적지를 입력하고 버스 도착 시간을 확인했다. 버스는 예정된 정확한 시간에 성호의 집 앞에 도착했다. 성호의 목적지가 이미 버스회사 네트워크를 통해 전송되어 있는 상태였기 때문에, 따로 목적지를 지정할 필요는 없었다. 물론 버스 요금 또한 성호의 몸에 장착되어 있는 IDS(자기인증센서)를 통해 자동으로 계산되었다. 서울대공원 앞에 도착하자 IDS가 성호의 몸에 진동을 주어 졸고 있는 성호한테 내려야 한다는 신호를 보내 주었다. 성호는 IDS를 통해 동물원 입장료를 계산했다. 성호가 동물원에 입장했다는 사실은 그 센서를 통해서 교실에 있는 선생님에게까지 전달되었다. 동물원 안에는 성호보다 먼저 도착한 영주, 희성이, 창선이 등 같은 반 친구들 모습이 많이 보였다.

아이들은 각자 관심 있는 동물을 조사하기 위해 돌아다니기 시작했다.

성호는 제일 먼저 사호를 보러 갔다. 사호 앞으로 다가가자 동물

몸에 장착되어 있는 RFID 칩이 사호의 생태와 특징, 행동에 대해 자세하게 설명해 주었다. 우리에 장착되어 있는 무선 사진기가 성호와 사호의 모습을 찍어 성호가 지니고 있는 PDA로 전송해 주었다. 성호는 RFID 칩의 설명을 들으면서 PDA에 중요한 내용을 녹음하고 사진을 찍고 정리해서 교실에 계신 선생님께 그 내용을 전송하였다.

영주는 동물 공연장을 찾아가서 돌고래와 물개 쇼를 보고 PDA로 녹화해서 필요한 부분만 편집하고, 그 동물들 몸 안에 장착되어 있는 RFID 칩을 통해서 공연을 위해서 동물을 훈련시키는 방법, 그 동물의 특징 등을 조사한 후 내용을 정리해서 선생님께 전송하였다.

희성이는 동물원 안에 있는 동물 병원을 방문했다. 동물 병원 입구에 있는 자동인식 기계가 희성이의 눈 사진을 찍어 중앙 신분 센터에 있는 컴퓨터로 전송을 하고, 그곳에서 희성이의 신분을 확인한 후 소독약을 희성이 몸에 분사하고 문을 열었다. 동물 병원 안에는 몸이 약한 여러 동물이 각자의 몸 상태를 체크해 주는 센서를 달고 쉬고 있었다. 희성이는 동물의 몸 상태를 체크해 주는 센서와 자신의 PDA를 연결해서 아픈 동물들 각각의 정보와 어떤 치료를 받고 있는지를 전송받았다.

창선이는 사육사를 좇아 새를 훈련시키는 활동을 체험하고, 새의 특징을 조사해서 그 결과를 선생님께 전송하였다. 새의 몸에는 의사소통 컴퓨터가 연결되어 있어서 새의 언어를 우리가 이해할 수 있는 말로 바꿔 주기도 하고, 사육사의 말을 새의 언어로 바꿔 주기도 하여 훈련을 용이하게 할 수 있도록 도와주고 있었다.

성호와 영주, 희성이, 창선이는 각각의 조사 내용을 교실에 계신 선생님께 무선 네트워크를 통해 전송하고 바쁘게 학교로 걸음을 옮겼다.

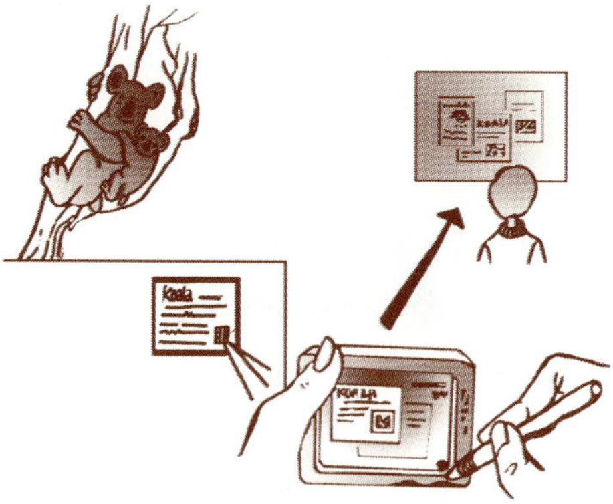

교실에서는 선생님께서 아이들이 전송한 조사 자료를 하나로 묶어 아이들 각자의 책상에 놓인 무선 데이터 공책(무선 데이터 공책은 센서가 달린 컴퓨터로 직접 필기를 할 수도 있고, 선생님의 설명을 녹음하거나 녹화할 수 있는 그리고 선생님으로부터 자료를 전송받을 수 있는, 전자 공책임)에 전송해 놓은 상태였다. 아이들은 친구들이 동물을 관찰하고 조사한 내용(사진, 동영상, 인터뷰 내용, 설명 등)을 무선 데이터 공책을 통해서 공유하고 자신들의 설명을 덧붙였다. 동물에 대한 설명이 부족한 부분은 선생님께서 보충 설명을 해 주셨기 때문에 동물원 현장체험학습은 성공적으로 끝날 수 있었다. 동물 탐험에 대한 수업이 끝난 후 아이들은 선생님으로부터 각자의 무선 데이터 공책으로 전송된 형성평가 문제를 풀고, 그 내용을 선생님의 전자칠판으로 전송하여 문제에 대한 즉각적인 피드백을 받을 수 있었다.

동물을 대하는 올바른 태도에 관한 학습 – 가상체험 역할극 시스템

오후 수업 시간. 선생님께서는 함께 고민해 봐야 할 행동을 보여 주시겠다면서 교실 앞에 장착되어 있는 큰 전자칠판을 통해서 아이들의 동물원에서의 행동 모습을 녹화한 것을 보여 주셨다. 그것은 아이들이 착용하고 있는 학급 배지에 달린 영상 센서를 통해서 녹화된 것이었다. 선생님은 그 영상 센서를 통해서 교실에서도 동물원에서의 아이들의 행동을 하나하나 확인하고 계셨던 것이다. 녹화 장면을 보는 순간 성호와 창선이는 부끄러워서 고개를 들지 못했다. 그 안에는 사육장을 돌아다니면서 동물들한테 돌을 던지고 귀찮게 한 성호의 모습과 새를 훈련시키면서 새의 깃털을 뽑는 창선이의 모습이 녹화되어 있었기 때문이다. 선생님께서는 그 녹화 내용을 보여 주시면서 동물을 대하는 바른 태도에 대해서 생각해 보는 시간을 갖자고 말씀하셨다. 그리고는 가상현실을 현실처럼 느끼도록 하는 가상체험 역할 안경을 성호와 창선이, 영주, 희성이에게 하나씩 주셨다.

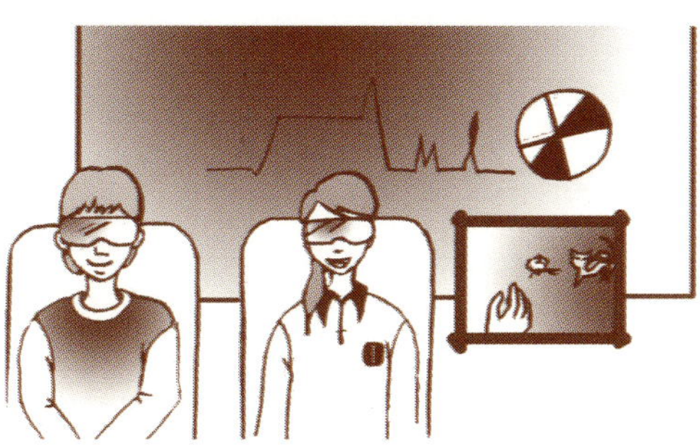

가상체험 안경은 성호와 창선이가 햄스터 역할을 맡고, 영주와 희성이가 햄스터를 괴롭히는 사람 역할을 맡도록

선생님에 의해서 프로그램화되어 있었다. 가상체험 안경을 쓰자 성호와 창선이, 영주와 희성이에게 각자의 역할에 대한 내용이 전송되기 시작했다. 3D 가상 입체영상 기능에 의해 성호와 창선이는 어느새 작은 햄스터로 변한 것처럼 느껴졌고, 희성이와 영주는 햄스터를 괴롭히는 나쁜 어린이로 변해 있었다. 희성이와 영주는 작은 햄스터를 꼬리만 잡고 들어올렸다 놓기를 반복하였으며, 높은 곳에서 떨어뜨리기도 했다. 그리고 먹을 수 없는 음식을 먹게끔 강요하기도 하고 털을 뽑기도 했다. 햄스터 역할을 맡은 성호와 창선이는 그런 희성이와 영주가 너무도 무서워서 계속 도망다니기에 바빴다.

성호: "제발…… 아…… 아……."
창선: " 살려줘. 아프단 말이야……. 아……."
영주: "야, 재밌다……. 요것 좀 봐라……. 막 도망다니네……."
희성: "저기 도망간다. 이번에는 햄스터를 잡아서 털을 뽑아 봐야지……."

악……

아무리 소리치고 살려 달라고 말해도, 그 말이 희성이와 영주의 귀에는 들리지 않는 듯했다. 아이들이 가상체험 안경에 의해서 가상현실을 경험하고 있는 동안 아이들이 입고 있는 옷에 달린 센서는 아이들의 감정 상태 변화를 체크하고, 그것을 그래프로 작성하느라 바쁘게 작동하였다. 성호와 창선이가 햄스터 역할을 하면서 느끼는 공포와 불안감, 신경질적인 반응, 두려움 등을 시간에 따라 체크하고 그래프로 그려서 각자의 무선 데이터 공책으로 데이터를 전송했다. 이윽고 가상체험 활동이 끝나고 아이들은 가상체험 안경을 벗었다. 성호와 창선이의 얼굴은 눈물로 범벅이 되어 있었다. 선생님께서는 아이들에게 가상체험의 소감을 이야기해 보라고 하셨다. 아이들은 햄스터 역할을 하면서 느꼈던 불안과 공포, 두려움 등에 대해서 이야기하면서 동물원에서의 자신들의 행동을 반성했다. 각자는 자신의 무선 데이터 공책으로 전송된 감정 그래프를 보면서, 동물을 괴롭힐 때 동물들의 감정 상태를 짐작해 보는 시간을 가졌다. 그리고 그 내용을 토대로 해서 동물을 사랑하고 아끼는 방법에 대해서 토의했다.

동물을 아무 생각 없이 괴롭히던 성호와 창선이가 가상체험 역할극을 통해 동물에게 자신의 감정을 이입하고 잘못된 행동을 반성하는 모습, 그리고 동물을 사랑으로 보살펴야겠다는 다짐을 하는 등의 변화된 모습은 전자칠판을 통해 녹화된 후 PDA를 통해 각 가정으로 전송되었다. 가정에서는 그 자료를 바탕으로 아이들이 동물을 사랑하는 마음을 갖게 된 것을 격려해 주고, 생활 속에서도 실천할 수 있도록 도울 것이다.

집으로 돌아온 성호에게 부모님께서는 "오늘 우리 아들이 가상체험 역할극을 통해서 아주 중요한 사실을 깨닫게 되어서 엄마 아빠는 기쁘단다. 앞으로도 계속 오늘 깨달은 내용을 몸으로 실천하는 우리 아들이 될 거지?"라며 격려를 해주셨다. 부모님의 격려를 받고 나니 성호는 왠지 더 뿌듯한 마음이 들었다. 그리고 오늘 동물 관찰 학습과 가상체험 역할극을 통해 알게 되고 생각하게 된 내용들을 다시 상기하는 의미에서 무선 데이터 공책에 음성 메모를 남기기 시작했다.

시나리오 분석

평가 관점	내 용
교육 목표	• 자기 주도적 관찰 학습을 통한 생물 이해 • 가상체험 학습을 통해 동물과 어울려 사는 삶의 소중함 깨닫기
목표 달성의 절차	관찰학습→ 토의학습→ 가상체험학습
유비쿼터스 컴퓨팅 기술	PDA, 학습 관리 시스템(LMS), 초고속 무선 네트워크, 자동 스케줄러, 자동 메시징 시스템, 자동 정보 기록 시스템, RFID, 전자칠판, 센서 네트워크, 3D 가상체험 시스템, 음성인식 시스템, 동물과 사람 간의 의사소통 변환 시스템(MAS), 원격 부분 녹화 시스템
환경적 요소	가정, 지역 현장(동물원), 가상 학교
네트워크 요소	• PDA 등의 메신저를 통한 의사소통 중심 • RFID 가상 설명 시스템 • MAS(의사소통 변환 시스템) • 센서 중심의 네트워크
대상 설정	초등학교 4학년 학생
인물의 심리적 상황 묘사	가상체험 역할극을 통한 동물에 대한 학생들의 심리 변화
교사의 역할	• 학생이 학습 주제와 관련해 자기 주도적으로 수집한 자료를 교사가 정리해서 제시해 주고, 토의 활동이 활발히 이루어지도록 유도하는 역할 • 가상체험 시스템 등을 이용해서 인지적 측면뿐만 아니라 정의적 측면의 바람직한 변화 유도 • 즉각적인 피드백
학교의 장	모든 것이 유비쿼터스 컴퓨팅화되어 있는 교실
목표 달성의 확인	• 교사의 즉각적인 피드백 • 가정과의 연계 지도(바람직한 행동 변화의 지속)
학습 이론	• 자기 주도적 탐구학습(뇌친화 학습) • 역할극 이론

* 시나리오: 이금연

15 u-Learning

학생의 특성을 파악한 후 상담하기

* **등장인물**: 수학 교사 J
* **학습주제**: 학생의 특성을 파악한 후 상담하기
* **주요사건**:
  - [전날 수학 수업 시간] 3명의 학생 A, B, C가 졸고 있다.
  - [교사 J집] 교사 J는 집에서 학생들의 학습 정보 시스템에 접속하여 학생들에 대한 정보를 분석한다.
  - [교무실] 출근 직후 유러닝 시나리오 분석
    미스 유비쿼터스로부터 구체적인 스케줄을 보고 받는다.
  - [교무실] 1교시 수업이 없는 시간
    학생 C의 어제 행적을 파악한다. 어머니가 병원에 장기입원, 생계를 학생 C가 책임지고 있다.
  - [교실] 2교시 수학 수업 시간
    학생 B에게 진로와 수업에 관련된 얘기를 해 주니 학생 B가 반항을 하며 대든다.
  - [교무실] 4교시 수업이 비는 시간
    학생 C의 담임교사 K와 면담을 한다. 또한 학생 C의 어머니와 화상 면담도 한다.
  - [교무실] 점심 시간
    학생 B의 아버지와 화상 면담 후, 학생 B의 어머니와 화상 면담을 한다.
  - [교실] 5교시 수학 수업 시간
    학생 B가 수업에 불참. 옥상에서 학생 B 발견. 옥상에서 뛰어내리는 학생 B
  - [상담실] 학생 A와 면담을 한다.
  - [포장마차] 동료 교사 K와 소주를 마신다.

교실-수학 수업 시간

수학 교사 J는 수업을 진행하던 중 모든 학생이 수업에 잘 참여하고 있으나 학생 A와 학생 B, 그리고 학생 C만 졸고 있는 것을 발견하였다. 교사 J는 이 세 학생이 졸고 있는 행동은 동일하지만, 그 행동의 원인이 되는 요소는 다를 것이라는 추측을 한다. 퇴근 후에도 그 세 학생이 마음에 걸려 다른 일이 손에 잡히질 않는다. 그 원인을 찾기 위해 교사 J는 그 학생들에 관련된 정보를 찾아 몇 가지 행동을 한다.

교사 J의 집-학생의 과거 정보 찾기

교사 J는 침대에 누워 그 세 학생에 대하여 골똘히 생각한다.

그의 벽지는 언제라도 컴퓨터 모니터의 역할을 할 수 있다. 학교의 학생 학습 정보 시스템에 접속하여, 그 화면을 침실 천장에 스크린한다.

학생 A의 과거 학습 이력을 보니, 수학이나 과학은 영 소질이 없다. 성적도 낮았고, 해당 과목 교사들의 의견도 좋지 않다. 그러나

학생 A의 진로 희망은 아이러니하게도 핵물리학자다. 교사 J는 이 학생이 수업에 참여하지 않는 이유는 자신감과 관련이 있다는 것을 어느 정도 짐작하게 된다.

학생 B의 성적을 보니, 수학이나 과학에 영 소질이 없다. 학생 A와 다른 점은 학생 B는 중학교까지는 수학과 과학 성적이 좋은 편이었는데 고등학교 2학년에 들어오면서 갑자기 수학과 과학 성적이 매우 낮아진 것이다. 학생 B의 진로가 고 1까지 수학 교사였다가, 고 2때 갑자기 피아니스트로 바뀐 것, 그리고 학생 B의 부모의 진로 희망은 항상 피아니스트였다는 사실을 발견하게 된다. 교사 J는 학생 B가 수업에 참여하지 않는 이유 중 하나는 진로 희망이라는 것을 짐작하게 된다.

학생 C는 수학과 과학 성적이 과거나 현재 모두 매우 좋다. 진로도 인공위성 공학자다. 학생 C는 왜 수업 시간에 졸고 있을까……. 학생의 과거 정보만 가지고는 판단이 서지 않는다. 학생 C를 생각하다

교사 J는 잠이 들었다.

교무실 – 학생 C의 과거 정보 찾기

교사 J가 출근하여 책상을 여니, 미스 유비쿼터스(책상에 있는 컴퓨터 비서)가 오늘의 수업 시간을 알려 준다. 미스 유비쿼터스가 학생 C의 담임교사 K의 수업 시간을 알려 주며, 면담은 수업이 없는 4교시 시간이 가장 적절하다는 조언을 한다. 교사 J는 빈 수업 시간 중 수업을 준비해야 하는 시간과 학생 C의 담임교사와 면담할 시간 등 그날의 스케줄을 정리한다.

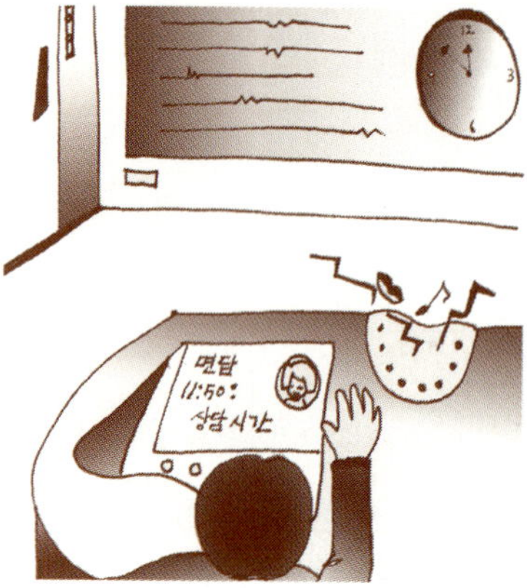

교무실 – 1교시 수업이 없는 시간

교사 J는 G 시의 유비쿼터스 관리 본부에 도움을 청하여 학생 C의 최근 행동을 추적하기 시작했다. 교사는 학생들의 교육을 위해 위치 정보 및 등록 정보를 열람할 수 있는 권한이 있다. 그러나 이 서버에 접속하기 위해서는 매우 복잡하고 엄격한 인증 절차를 밟아야 한다. 유비쿼터스 관리 본부 서버에 접속한 미스 유비쿼터스가 학생 C의 어제 하루 동안의 행동을 추적한 결과를 교사 J에게 보고한다.

학생 C는 학교가 파하자마자, 바로 농수산물 유통센터에 가서 3시간을 머물렀다. 위치 정보 서비스 및 유통센터의 센서가 학생 C를 인식한 정보들이 학생 C 정보에 포함되어 있다. 또한 유통센터의 서

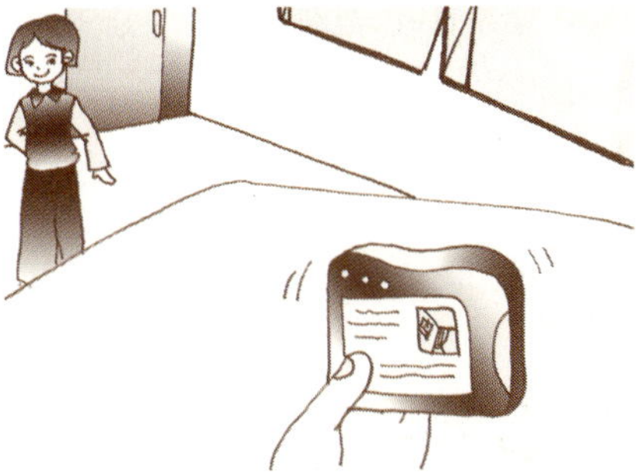

버에는 학생 C가 아르바이트 학생으로 등록되어 있다.

밤 9시가 되자 학생 C는 일산병원에 갔다. 거기서 2시간 여를 보냈다. 이 정보는 병원 입원실을 출입하기 위한 개인인증 센서가 병원 정보센터에 데이터를 제공한 것이다. 또한 이 학생의 어머니는교통사고로 입원한 지 10개월이 지났으며, 하반신 마비로 인하여 거동이 거의 불가능한 상태다. 뿐만 아니라 병원의 서버에는 학생 C가 어머니의 입원실에서 사이버 가정학습 사이트에 접속하여 수학 공부를 한 이력이 저장되어 있다.

그 후 학생 C는 집으로 향했는데, 도착한 시간이 12시다. 교사 J는 좀 더 자세히 학생 C의 행동 데이터를 분석하였다. 출입문을 네 차례 왕복하였으며, 집 앞 편의점도 다녀오고 분리수거, 음식물 쓰레기 등에서 학생 C의 집 호수가 감지되었다.

교실-2교시 수학 수업 시간

교사 J는 오늘도 여전히 졸고 있는 학생 A, B, C를 발견한다. 수업 중반에 학생들이 형성평가 문항을 풀고 있는 사이에 교사 J는 학생 B를 따로 불렀다. 이 중 가장 원인이 간단명료한 학생 B의 문제를 해결하는 것이 가장 쉬워 보였기 때문이었다.

"B야, 네 진로가 음악 쪽이긴 하지만 그래도 수학적인 지식은 피아노 작곡이나 음계 등에 사용이 된단다. 또한 수학은 ###한 학문이기 때문에 입시에 반영이 되지 않는다고 해서 공부를 하지 않으면 안 되겠지? 혹시 수학 공부하는 데 다른 문제라도 있는 것이니?"

학생 B의 반응은 매우 충격적이다.

"선생님, 선생님이 뭘 안다고 이래라 저래라 하는 거예요? 제가 수학 공부를 하든 말든 제 인생 제가 알아서 하는 것이거든요, 참견 마세요!"

교사 J는 학생 B의 행동에 너무 놀라고 기분이 나빠 꾸지람을 주고 싶었지만, 마음 한편에서는 '저 아이가 왜 저러지?'라는 생각에 학생 B를 내일 점심 시간에 식사 후 상담실에서 만나자며 자리로 돌려보낸다.

교무실 – 4교시 수업이 없는 시간

교사 J는 학생 C의 담임교사 K와 면담을 하였다. 면담 전, 교사 K가 보내 준 학생 C의 학교 생활에 대한 자료를 전해 받고, 이미 객관적인 자료 분석은 끝난 상태로 교사 K를 만난다. 면담 시간은 학교 행정 관리 시스템에 접속하여 교사 K의 오늘 스케줄을 체크하고, 빈 시간을 골라 미스 유비쿼터스가 교사 K의 미스 유비쿼터스에게 요청한 것이다. 그러자 K 교사는 학생 C에 대한 최근 정보를 텍스트 및 동영상 파일로 보내 주었다. 사전 자료를 살펴본 후 교사 J는 K 교사와 만나 학생 C에 대하여 논의를 하기 시작했다. K 교사로부터 학생 C가 어려서 아버지를 여의고, 1년 전쯤 어머니의 교통사고로 인하여

물적 · 심적 고통이 심한 상태에 있으며, 그럼에도 혼자서 모든 일을 열심히 해 나가는 강한 학생이라는 얘기를 듣는다.

교사 J는 학생 C의 병실에 연락해 어머니와 화상 대화를 한다. 병원에는 하반신 마비 환자가 혼자서도 다룰 수 있는 유비쿼터스 장치들이 잘 마련되어 있다. 학생 C에 대한 성격, 취미, 진로 희망, 공부 습관, 성장 환경 등에 대한 얘기를 듣는다.

교무실 – 점심 시간

학생 B의 행동에 뭔가 문제가 있음을 직감한 교사 J는 직장에 있는 학생 B의 아버지에게 화상 면담을 요청한다. 미스 유비쿼터스가 학생 B의 아버지에게 메시지를 보내 면담 가능한 시간을 정한다. 그러나 교사 J는 학생 아버지로부터 필요한 정보를 얻지 못한다. 이번에는 학생 B의 어머니와 면담을 요청한다. 학생 어머니는 지금 골프장에서 골프를 즐기고 있는 중이다. 학생 어머니의 PDA가 화상과 음성을 미스 유비쿼터스에 전송한다. 교사 J의 화상과 음성도 학생 어머니의 PDA에 전송되어 대화를 나눈다. 학생 어머니로부터 학생 B의 희망은 피아니스트가 아니었으나, 부모의 강제로 인하여 억지로 하게 되었다는 얘기를 듣는다.

교실－5교시 수학 수업 시간

갑자기 미스 유비쿼터스로부터 호출이 온다. 학생 B가 5교시 수업에 출석하지 않은 것이다. 학생의 출석은 교실에 있는 센서가 그 교과 교사 및 담임교사에게 정보를 전달하게 된다. 수학 교사 J는 학생 B에 대한 정보를 특별히 요청해 놓았기 때문에 학생 B의 출석 정보가 미스 유비쿼터스에 전송되고, 교사 J의 휴대장치까지 전송된 것이다. 2교시 수업 시간의 일이 마음에 걸린 교사 J는 5교시 수업을 다른 수학 교사 L에게 부탁해 놓았다. 교사 L도 5교시에 수업이 있어서 교사 L의 교실의 캠으로 교사 J의 교실에 수업을 전송하였다. 홀로그램을 통해 보이는 화면은 실제로 거기서 수업을 진행하는 착각을 느낄 정도로 학생들에게 전달된다.

옥 상

교사 J는 불안한 마음에 G 시의 유비쿼터스 관리 본부에 도움을 청하여 학생 B의 위치를 추적하기 시작했다. 유비쿼터스 관리 본부 서

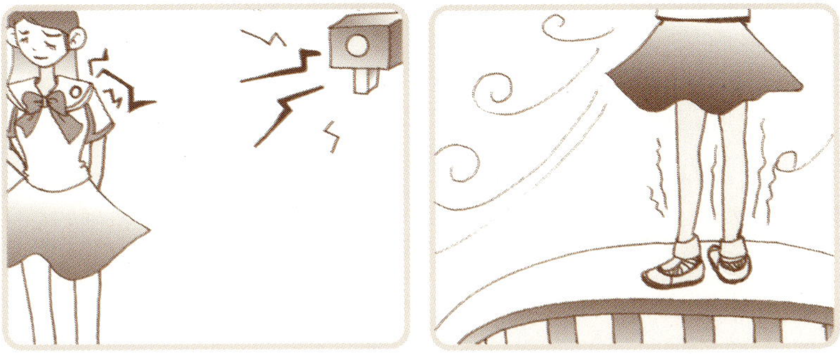

버에 접속한 미스 유비쿼터스가 현재 학생 B는 학교 옥상 난간 가까이에 있다는 것을 보고한다. 또한 옥상의 카메라를 통해 학생 B의 영상을 전송해 보여 준다. 교사 J는 위급함을 느껴 옥상으로 뛰어 올라간다.

한편, 학생 B의 부모와 담임교사에게 학생 B의 위험 신호가 전달된다. 학생 B의 손목시계가 현재 학생 B의 맥박이 매우 불규칙하고 빠르며 체온이 급상승한 상태임을 보고 어떤 위험에 직면해 있음을 판단하여, 그 부모와 담임교사에게 알린 것이다.

1층 교무실에 있는 담임교사 M이 옥상을 향해 뛴다. 교사 J가 옥상에 다다를 무렵, 학생 B가 옥상에서 뛰어 내린다. 이때, 옥상에서 생물체가 아래로 추락하는 것을 감지한 센서가 중간에 그물을 친다. 학생 B는 가벼운 찰과상만을 입은 채 양호실로 옮겨지고, 가벼운 건강 체크를 한 후 부모와 함께 집에 돌려보냈다.

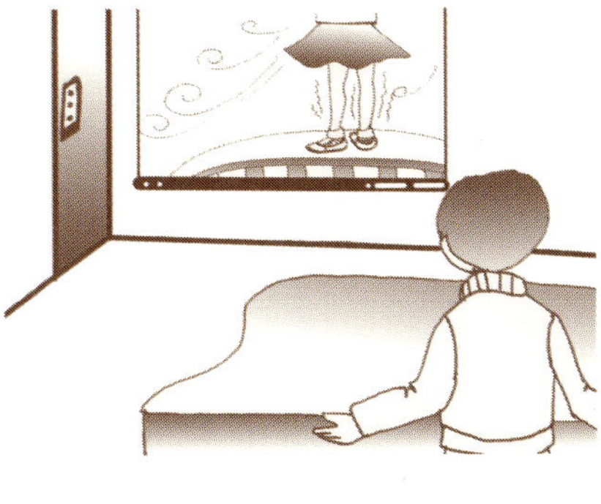

상담실

"A야, 너는 핵물리학자가 꿈인데, 그것을 이루기 위해서는 수학과 과학 공부가 필수란다. 그러나 모든 것이 다 한걸음에 이룰 수는 없단다. 처음부터, 기초부터 차근차근 이루어야 하지. 천릿길도 한 걸음부터란 말도 있지 않니? 힘들겠지만 우리 처음부터 시작해 보자. 혹시 공부하는 데 다른 어려움이라도 있는 거니?"

교사 J와 학생 A의 대화는 모두 음성 및 텍스트로 기록되어 학생 정보 시스템에 저장된다.

포장마차

교사 J는 오늘 일어난 일들을 돌이켜본다. 학생에게 하는 말 한마디가 얼마나 많은 준비 끝에 나와야 하는 지를 크게 느낀 것이다.

학생 C가 마음에 걸린다. 어린 나이에 생계를 꾸리며 열심히 사는 모습이 대견하기도 하고, 마음이 아프기도 하다.

휴대 장치에 학생 B의 아버지로부터 동영상이 전달된다. 학생 B가 피아노를 칠 수 있도록 가족과 함께 결정한 후, 학생 B가 즐거워하고 있는 모습을 담은 동영상이다.

■ 시나리오 분석

시나리오의 목표 교사가 어떤 시기에 어떤 방법으로 유비쿼터스 환경을 학생들의 교육에 활용해야 하는지의 사례를 제공한다.

교사 행동의 과정 이 시나리오에서는 교사가 교육의 과정에서 벌어진 상황에 대처하는 것을 시간의 흐름에 따라 정리하였다.

- **상황의 제시:** 교실에서 학생과 교사, 그리고 수업이라는 구성 요소 간의 관계에서 문제 상황을 제시한다.
- **문제 해결 계획 수립:** 교사는 학생 주변에 존재하는 관련 정보의 위치를 알고 있어야 하며, 그 정보를 이용해 문제를 해결할 수 있는 계획을 세워야 한다.
- **교사의 활동 전개:** 교사는 예상치 못한 돌발 상황을 슬기롭게 대처하는 능력이 있어야 하며, 이는 불안정한 상태에 있는 학생들에게는 절대적으로 필요한 교사의 능력이다.
- **교사 활동의 반성:** 교사는 자신의 행동을 돌이켜보고, 더 나은 최선의 해결책 및 행동을 하기 위한 준비를 해야 한다.

교사의 역할 유비쿼터스 환경이 도래한다고 해서 특별히 교사의 역할에 본질적인 변화가 올 것이라는 생각보다는, 교사의 역할을 수행하기 위한 방법적인 전략들이 다양해질 것이라는 생각이 크다. 교과 전문가로서의 교사, 인생의 설계를 안내하기 위한 조력자, 미완의 학습자의 인격 및 인성을 키워 주기 위한 동반자로서의 교사 등의 역할을 수행하기 위해 교사는 유비쿼터스 환경의 도래를 준비하고, 그 역할을 수행하기 위한 방법을 연구하고 스스로의 자질을 키워 나가야 할 것이다.

교사의 적절하지 못한 행동은 이 시나리오에서처럼 학생을 매우 위험한 상황에 처하게 하거나 또는 학생을 위험한 상황에서 구할 수 있는 기회를 놓치게 할 수 있다. 그러므로 교사의 역할이 더욱 복잡해지고 중요해질 것이다.

학교의 장 유비쿼터스 환경이 보편화된 후의 학교 모습을 예측한다는 것은 쉽지 않은 일이나, 교사가 필요로 하는 학생에 대한 정보는 크게 변하지 않을 것이다. 그러나 학생의 정보를 수집하고 분석하여 그에 대처하는 방법이 크게 바뀌게 되는 것을 예상하기는 쉬운 일이다.

교사와 학생, 그리고 그들을 둘러싼 교육 환경에서 효율적인 교육 활동을 전개하기 위해서, 유비쿼터스 환경에서의 학교 및 교육의 장에 대한 면밀한 분석 및 예측이 필요한 시점이다.

목표 달성의 확인 유비쿼터스 환경의 특징인 네트워크와 편재성을 이용하여 학습자들이 학습해 나가는 모든 과정과 결과물에 대한 평가가 이루어질 것이다.

교사는 학습자들의 학습 상황을 모니터하고 필요에 따라서는 통제도 가능하다. 이러한 것들을 바탕으로 자기 평가, 동료 평가, 교사 평가가 합쳐진 형태의 평가가 이루어지고 즉각적인 피드백 시스템을 이용하여 자신의 목표 달성의 정도와 성취 정도를 이해하고 보충, 심화하는 것이 가능하다. 학습을 통해서 얻은 모든 자료와 평가는 개인의 디지털 포트폴리오에 저장되어 학습자 개인의 자료로 남는다.

교사 교육의 방법론 예비 교사 및 초임 교사에 있어 학교 상황을 간접 경험하는 것은, 충분한 준비가 되지 않은 채로 학생을 교육하는 위험성을 크게 감소시킬 수 있는 좋은 방법이다. 앞으로 유비쿼터스 환경이 보편화되면, 이러한 예비 교사 및 초임 교사를 준비시키기 위한 방법론으로써 유비쿼터스 환경이 큰 변수가 될 것이다.

---

* 시나리오: 정동욱

16 u-Learning

유비쿼터스 시대의 학교 생활

오전. 약간 쌀쌀한 기온을 체감하면서 원빈이가 집을 나서려고 한다. 그는 평소에 건망증이 있다. 대문을 나서려는데 입구 쪽에 달린 전자 종이 디스플레이에서 그의 행로와 일시가 깜박거리며 나타났다.

원빈이는 그 메모지에 읽었음을 나타낸 표시로 휴대전화의 확인 버튼을 누르자, 메모지의 깜박거림이 없어졌다. 문을 열고 나와 120층에서 고속 엘리베이터를 탔는데, 엘리베이터 아래에서 어떤

아이가 몰래 오줌을 쌌는지 물기와 함께 고약한 냄새가 진동했다. 숨을 잠시 동안 멈추고 있자 그가 입은 웨어러블 컴퓨터가 향기를 발산하고 엘리베이터의 공기 정화기가 악취를 빨아들이는 기능을 구동시켜 공기가 80층을 내려가는 사이에 금방 말끔해졌다.

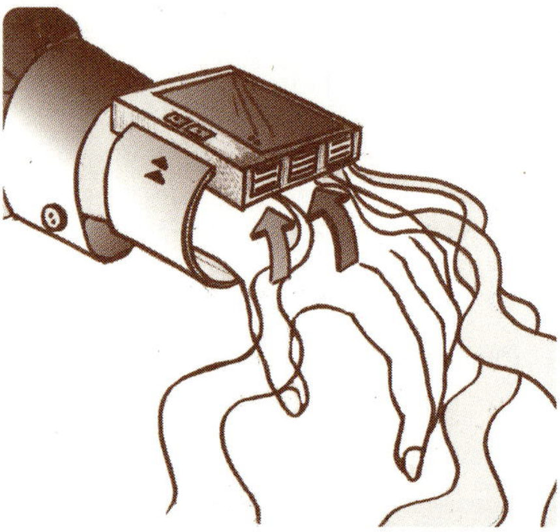

원빈이가 살고 있는 아파트의 1층에서부터 5층까지는 미래 학교의 사이버 도서관이 있다. 원빈이는 그곳에서 최근에 발표된 인간 DNA 변형과 동물 DNA 변형의 생물진화론적 상관 관계에 관한 과제들을 살펴보았다. 어느 사이 12시가 되어 원빈이의 손목시계 컴퓨터(Wristwatch Phone)에서 맛있는 냄새를 그의 코에 전달하였다. 그는 같은 학교 후배인 현빈과 동료이면서 5개월 전에 전입한 관우와 12시 10분에 점심 약속을 해 두었던 터라 '따르릉' 하고 울리는 와치폰을 바라보니 1층 바깥에서 두 사람이 기다리며 부르는 화면이 나타났다.

오후부터 3일간 아파트 단지의 체육관에서 야구 시즌에 돌입한다고 하여 세 사람은 점심을 마치고 돌아와 미팅 룸에서 잠시 차를 마시고 있었다. 그때 처음 보는 듯한 아이가 1층 현관문을 박차며 들어오고 있었는데 그의 곁을 따라오는 여러 아이 중에서 한 아이의 자세가 약간 부자연스럽게 보여 원빈이는 현빈에게 그가 누구냐고 물었다.

"지난해 9월부터 우리 학교에 등교하기 시작한 정보 전담 사이보그 선생님 보조예요."라면서 현빈이는 입술을 삐죽거렸다. 그러나 그의 눈에는 로봇과 사이보그 선생님 보조가 서로 대화하면서 수업을 하면 훨씬 효과적일 것이

라 생각하였다. 그 장면을 뒤로 하고 서둘러 교문을 나가자고 제안하였다.

그들이 전기자동차를 타고 잘 정비된 고속도로를 지나 아파트 단지의 생명공학연구소에 도착하여 그곳의 양호실 문 앞에 서자, 세 사람의 홍채 인식을 통하여 열쇠가 '철컥' 하면서 열리기 시작했다. 앞으로 약 30분 후에 수업이 시작되지만 과거와 달리 이미 자기

의 신체적 사항들이나 보유 변환 관련 기록들이 모두 자동으로 갱신된 뒤라 그런지, 양호실의 간호사들이 벽에 붙어 있는 대형 스크린을 통해서 검사 항목에 대한 실행 차트와 검진 대상자의 리스트를 보여 주었다. 사이버 학교 소속 개인 질병 상태를 점검하기 위한 리트머스 RF 시험지는 사람의 의복에 붙이기만 해도 그 사람의

질병 상태를 1일 동안 정확히 탐사하여, 그 정보를 양호실에 있는 정기건강진단 프로그램에 자동으로 입력해 주기 때문에 그 리스트 속에는 특별히 내장 기능에 문제가 있어 보이는 아이들만 정밀 진단하기로 되어 있었다. 그 정밀 진단의 과정과 소요 기기들과 일정 통보에 이르는 모든 절차가 자동으로 진행되기를 기다렸다. 양호실의 간호사가 리모콘 기능이 복합된 스마트 테이블의 버튼을 누르자 개인마다 통보와 수신 여부가 확인되기 시작했다.

그 사이 원빈이가 자기의 학교에 있는 서비스 로봇으로부터 청소를 개시한다는 연락을 와치폰으로 받았다. 학교 내부의 산소 농도, 온도, 습도, 유해 가스, 진동도의 리포트가 인터넷 메일 박스에 올라와 있음을 알리는 메신저가 나타나자 그는 그들에게 양해를 구한 다음, 그의 교실의 공용 컴퓨터 앞에 앉았다. 그러자 그 웹 포터 서비스의 페이지가 와치폰과 연결되어, 최적 학교 내의 운영 파라미터의

내용을 체크해 달라는 환경 설정 페이지가 나타났다. 그가 그 항목 중에서 갑작스럽게 쌀쌀해진 날씨를 감안하여 개개의 교실마다 출석해 있는 학생의 피부와 호흡과 장기에 작용하는 교실 환경의 몇 가지 항목만을 클릭하여 전송하자, 그의 와치폰의 표시등에 데이터 전송 표시가 나타났다.

* 시나리오: 신복진

17 u-Learning

공경하고 사랑하는 마음 실천

* **교육목표:** 공경하고 사랑하는 마음을 가지고 실천할 수 있다.
* **교육과정:** 이웃 사랑 가족 사랑 체험학습 형태로 운영
* **교육대상:** 초등학교 5학년 1학기 도덕과 3단원

도입 및 동기 유발

TV 동화 자료: 손녀와 할머니, 자리를 양보한 할아버지, 어떤 경로석

☞ 교사의 역할: 동기유발

사전예고: 화상 메시지를 통해 관련 동화 내용 가정에서 또는 아침 등교하는 동안 청취(동기 유발 과정 네트워크 요소와 유비쿼터스 컴퓨팅 기술이 내포된 스토리 필요)

전 개

• 할아버지, 할머니, 가까운 이웃, 가족 등과 함께 가족 사랑 이웃 사랑 체험학습—기간(1주일), 장소(가족 및 주변 이웃), 반드

시 사전 계획서 제출 후 담임선생님과 면담—체험학습 계획서와 보고서 파일 작성 제출

- 체험 보고서의 내용 발표(형식 자유, 발표 시간 5분 이내)—2면 참고(가상 보고서)

☞ 교사의 역할: 문제 제기

사랑은 다른 사람을 진심으로 아끼고 이해하는 마음이며, 인격과 의견을 존중하고 정성을 다해 돌봐 주는 생활 태도입니다. 우리 주변에서 사랑을 실천하는 사람들을 조사하여 적어 봅시다. 우선 가장 가까운 가족부터 살펴볼까요? 물론 이웃, 그리고 주변 장애인들까지 우리 모두가 사랑하고 공경해야 하는 대상들입니다. 이러한 학습 주제는 가장 먼저 스스로 실천하고 경험한 내용을 통해 깨닫고 반성하는 것이 중요하다고 생각합니다. 과제로 1주일 동안 여러분이 직접 쓴 보고서의 내용을 다양한 형태로 이야기 해 주면 좋겠습니다.

- 자신 또는 친구들의 이야기를 통해 '사랑과 공경'의 의미와 필요성 정리, 모둠 토의
- 사랑과 공경을 실천하는 손쉽고 작은 아이디어 공모전
  - 베스트 아이디어 시상 및 친구들 모두 직접 실천하게 하여 소감, 후기 공유
- 형성평가
  - 일기로 기록된 내용을 담임교사에게 파일 전송(수시 점검 및 수정, 조언)
  - 실천 가능성 확인 후 체험하도록 조언
  - 자기 평가와 동료 평가, 교사 평가 실시(자기 평가의 점수를 중요하게 해석)

차시 예고 및 과제 부여

☞ 교사의 역할: 중요 가치 내면화 기회 제공

- 추천 도서 검색(사금파리 한 조각: 어른에 대한 공경, 인생의 험난함, 예술을 향한 열정)
- 체험 주제 및 목표 설정: 1주일에 두 번 부모님 대신 몸이 불편한 동생 돌보기

맞벌이하는 부모님의 부탁으로 혜은이는 매주 수요일과 금요일이면 어린이집에서 일찍 끝나는 동생을 데리고 집으로 간다. 다행히 귀여운 동생에게 언니 노릇을 할 수 있게 되었지만, 약간 성가시고 소아마비 증세로 다리를 절뚝거리는 동생을 잘 돌볼지 걱정이 된다.

현장 체험학습 준비: 가정에서(오후 2시~7시) 학습 4시간으로 대체

그런데 오늘은 갑작스럽게 선생님이 내 주신 모둠별 과제로 면담이 잡혀서 조금 늦어질 것 같다. 동생이 걱정할까 봐 어린이집 선생님께 부탁하여 화상 전화로 동생에게 전화를 했다. 동생이 짜증을 내기는 했지만, 약간 나아진 것 같아 안심이 된다.

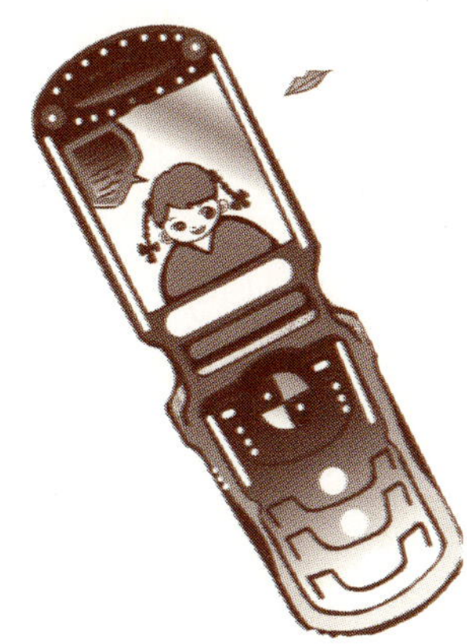

혜은: "혜정아, 어쩌지? 조금 늦을

것 같아."

혜정: "잉, 언제와? 빨리 와. 친구들은 다 집에 간단 말이야."

현장 체험학습 활동: 가족 사랑 실천

(식사 준비–건강 상황 점검하기–동생 운동시키기–긴급 상황 발생)

어린이집에 들러 동생을 데리고 집으로 들어서자 부모님은 예상대로 안 계시고, 애완 로봇 '키티' 가 우리를 반겨 주었다. 엄마가 식사를 준비해 놓고 가셨지만, 동생은 냉장고에 준비된 음식이 마음에 들지 않는 듯 다른 걸 먹고 싶다고 졸랐다. 동생의 튼튼한 다리를 위해 병원에서 준 처방전대로 식단을 홈넷으로 전송하여 조리법대로 엄마가 만드셨는데 맛있지는 않은 것 같다.

"억지로라도 먹어야 해. 이거 다 먹으면 맛있는 간식 줄게."

동생을 달래서 다섯 숟가락을 먹인 후에 식탁을 정리했다.

동생과의 약속대로 간식을 가지러 주방에 갔을 때, 주방에 설치된 홈넷 디스플레이 화면을 통해 동생의 물리치료 스케줄과 먹은 음식들 목록을 살펴볼 수 있었다. 동생이 자주 사용하는 TV 리모콘을 통해서 수시로 체크되고 있었다. 물리치료를 받아도 크게 호전되지는 않았지만, 조금씩 천천히 걸을 수 있어서 다행이라는 생각이 들었다.

혜정이와 이야기를 나누는데 엄마가 아침에 부탁하신 꽃밭과 식물에 물 주기 시간을 애완 로봇 '키티'가 알려 주었다. 동생은 물리치료 시간이 되어서 가정용 홈케어 운동기기의 안내를 받으며 걷기 운동을 시작했다. 나는 화단에서 음악을 들으며 식물에 물을 주고 있는데, 경고음이 울렸다.

"아무 소리도 없었는데……."

1분 이상 움직임이 없을 경우 홈케어 운동치료기기가 긴급 상황 메시지를 울리게 되는데, 아마도 무슨 문제가 있는 것이 분명하다.

운동기기쪽으로 갔을 때 혜정이는 넘어져 있었다. 장난을 치다 넘어진 것이다. 혜은은 혜정이를 부축해서 침대에 눕혔다. 침대에 장

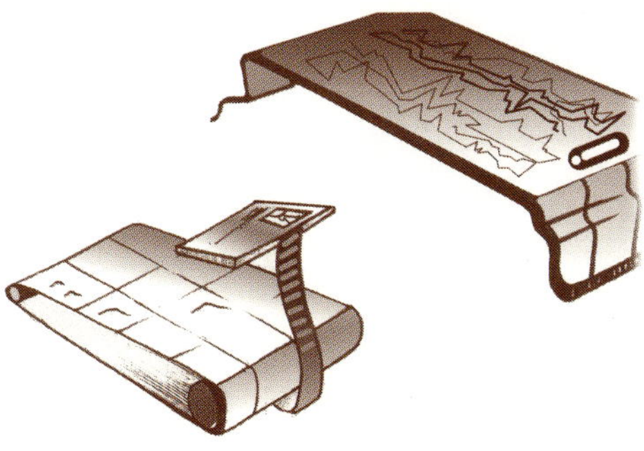

착된 헬스케어 시스템이 자동으로 부상 정도를 인식해서 메시지를 보냈다.

"간단한 타박상입니다. 안정이 필요합니다."

2~3시간 정도 안정을 취하면 괜찮을 것 같다. 휴…… 다행이다. 동생은 조금 놀라 눈물을 찔끔거렸지만 "언니, 고마워."라고 했다. 힘든 하루였지만 무사히 잘 보낸 것이 안심이 되었다.

체험 정리 및 평가

혜은이는 영상 키보드를 작동시켜 모둠 컴퓨터에 전송된 다른 아이들의 1일 체험 내용과 보고서 자료를 바탕으로 나의 가족 사랑 체험학습을 정리하여 일기도 쓰고 발표 자료를 만들었다. 오늘 체험 내용을 찍은 동영상은 모둠원과 선생님께 보냈다. 내일 수업에 대한 선생님의 안내 자료가 도착했음을 PDA 알람으로 알게 된다. 혜은이는 TV 화면에 있는 메뉴 버튼을 이용하여 선생님의 안내 자료를 즉시 확인할 수 있었다. 혜은이네 집에 있는 TV는 집 안의 모든 컴퓨터와 주변기기들과 연결되어 언제든지 데이터를 확인하거나 기기들의 상태를 점검할 수 있다.

체험의 확장

선생님과 지역사회복지센터에 연락하여 주변 이웃 중 따뜻한 손길이 필요한 분들을 찾아서 모둠원과 함께 방문하여 사랑과 공경을 실천하기로 하였다.

■ 시나리오 분석

교육 목표 오감을 통한 직접적 체험을 통해 자연스럽게 학습이 이루어져 기술 습득 및 개념을 형성한다. 궁극적으로는 자기 주도적 학습력을 향상시킨다.

교육과정 이 시나리오에서는 유러닝 통합 체험학습 모형에 근간을 둔 교육과정을 살펴보고 있다.

- **체험 주제 및 목표 설정:** 체험이 갖는 의미와 학습할 주제에 대하여 파악하고, 주제에 따른 학습 목표를 설정하는 단계다. TPC나 PDA의 무선 인터넷을 통해 학습 주제에 대한 자료를 검색하고, 서로 이야기를 나누거나 교사와 전문가에게 물어보아 주제에 대하여 완전히 숙지한다.
- **현장 체험 준비:** 계획을 짜고 체험 준비 과제를 수행하는 단계로, 교수자는 체험학습과 관련된 안내 자료와 체험 준비 과제를 제공한다. 체험 주제 및 장소 등에 대한 사전 조사 활동과 필요한 기기를 준비 및 점검하고 안전 사항을 주의 깊게 알아본다.
- **현장 체험학습 활동:** 다양한 U-기기를 가지고 체험 활동에서 각자 맡은 역할을 수행하면서 자신의 경험과 행동에 대하여 반성적으로 관찰한다. 사진 촬영, 기록, 표본 채집, 인터뷰를 통해 자료 수집 및 사물의 RFID에 저장된 사물의 정보를 PDA로 저장하고 분석한다. 모둠끼리의 자료 공유와 원활한 의사소통이 가능해야 하며, 교사는 학생들의 질의에 바로 응답하여

학생들의 활동을 돕는 역할을 한다.

- **체험 정리 및 평가:** 체험학습에서 가장 중요한 단계로, 학습자들은 체험에 대한 보고서나 소감문 작성을 통해 체험을 정리하고 이에 대한 피드백과 평가를 받는다. 체험에 대한 반성적 관찰을 통해 이를 추상적으로 개념화하고 원리를 만들어 보는 과정을 진행하게 된다.
- **체험의 확장:** 체험의 결과를 일반화하고 다른 체험에까지 적용하는 단계다. 현장에서 체험한 주제와 비슷한 상황이나 맥락의 콘텐츠를 제공함으로써 학생들이 체험의 결과를 확장할 수 있도록 돕고, 학습자는 새로운 유사 경험과 체험 결과 간의 연계 과정을 통해 체험의 일반화와 적용을 경험한다.

교사의 역할 학생들이 개인적으로 지식을 이해하고 구성하도록 보조하는 학습 촉진자 또는 보조자의 역할을 해야 하며, 실제 맥락의 다양하고 복잡한 상황이 포함된 개념을 학습자가 이해할 수 있도록 도와야 한다. 학습 과정의 촉진자, 조언자, 자문인, 코치, 나아가 동료 학습자의 역할을 수행해야 한다.

학교의 장 체험학습 모형은 학습 공간을 교실 안으로 한정하지 않고, 교실 밖의 모든 생활 공간을 학습 체험의 장으로 삼아 학습자에게 다양한 경험을 제공하기 위해 심리적 · 물리적 공간의 폭을 확대하였다. 다양한 형태의 학습 콘텐츠와 증강현실(Augmented Reality) 기술을 통해 사물과 사이버 공간을 효과적으로 활용할 수 있도록 하였다.

목표 달성의 확인 결과물의 평가는 물론 체험학습 전 과정에서 학습자의 준비도, 참여도, 협력도 등 체험학습의 전 과정에 대한 피드백 및 평가를 모두 포함한다. 자동 학습 관리 시스템을 통해 학습자의 체험 과정을 통제하고 즉각적으로 피드백할 수 있다. 최종 평가는 학습자가 수집한 각종 사진 자료나 텍스트, 동영상 등을 모아 만든 포트폴리오를 평가 기준표를 작성하여 평가한다. 교사는 학습자의 개념 이해도와 습득도를 확인하고 개념의 적용 능력을 평가한다.

학습이론 모든 생활 공간을 학습 체험의 장으로 삼아, 체험 현장에서 즉시 자료를 분석하고 결론을 도출하거나 개념을 형성하여 실제 상황에 적용하여 반성하는 모든 일련의 과정을 말한다. 현장 체험 준비 및 본시 학습 활동은 탐구 기반 학습과 프로젝트 학습 모형을 토대로 한다. 직접 오감을 통하여 경험하고 온몸으로 체득하여 얻을 수 있는 활동을 스스로 계획, 탐구하여 모둠원끼리 협력하여 해결하는 형태로 이루어지고 있다.

자기 평가표

평가 관점	내 용	수 준		
		좋음	보통	노력
1. 교육 목표는 분명한가?	사랑과 공경의 실천	☺		
2. 목표 달성의 절차가 과학적 인가?	학습자 개별적 경험에 의존	☺		
3. 유비쿼터스 컴퓨팅 기술이 내포되어 있는가?	TPC, PDA, 홈네트워크	☺		
4. 환경적 요소가 확대되었는가?	가정, 이웃, 가상 학교	☺		
5. 네트워크 요소가 풍부한가?	메신저를 통한 의사소통 중심		☺	
6. 대상 설정이 분명한가?	초등학생		☺	
7. 인물의 심리적 상황 묘사	자신의 반성적 경험과 느낌 중심	☺		
8. 교사의 역할이 분명한가?	교사의 역할 최소화(내면화 촉진자)		☺	
9. 학교의 장이 분명한가?	학교의 장			☺
10. 목표 달성의 확인이 가능한가?	동영상과 체험학습 보고서		☺	
11. 학습이론에 충실한가?	통합 체험학습 모델		☺	

* 시나리오: 신순정

18 u-Learning

학습자 특성 이해하기

* **등장인물**: 재호(초등학교 6학년)
* **학습주제**: 모둠 편성 토론하기, 수학 학습, 진로 상담 교육
* **학습요점**: 토론 수업→수학 수준별 학습→진로 상담 교육
* **활동동선**: 집→학교

학습자의 몸에 학습자의 학습 양식과 성취도를 인식하는 칩을 내장, 교실은 칩을 인식하는 환경을 설정한다. 이 칩은 여러 가지 수업 상황에서 작동한다.

시나리오

재호는 아침 등교를 하기 위해서 알람을 맞추어 놓을 필요가 없다. 몸속에 내장된 칩이 몸 상태를 파악하여 정확하게 일어날 수 있도록 도

와주기 때문이다. 재호를 여유롭게 아침을 먹고 학교로 향했다. 교실 문을 열고 들어서는 순간, 교실에 장착된 인식 칩이 재호가 왔음을 인식한다.

"안녕! 재호야. 오늘은 6번째로 교실에 도착했구나."

여유로운 아침이라서 그런지 밝은 목소리가 재호를 더 힘이 나게 한다. 출석 체크와 동시에 재호의 오늘 컨디션이 저장된다.

몇 분 후 선생님께서 들어오셨다.

"여러분 안녕하세요! 오늘은 지각한 사람이 한 명도 없군요. 제일 일찍 교실에 들어 온 친구는 건우고, 제일 늦게 도착한 친구는 승호네요. 그래도 모두 제 시간에 와 주었습니다."

선생님은 인식 칩에서 제공되는 자료를 모두 파악하고 계셨다. 친구들을 인식할 때마다 선생님께 자동으로 전송되기 때문이다.

"오늘은 모둠 활동을 통해 그룹 토론을 할 예정입니다. 모둠 편성은 4모둠으로 할 거예요."

선생님께서 비슷한 인지 유형을 가진 친구들끼리 그룹을 편성한다고 하시더니 버튼을 클릭하셨다. 클릭과 동시에 그룹이 편성되어 제시되었다. 평소 나랑 대화가 잘 되었던 친구들이 같은 모둠이 되었다. 서로 생각하는 방식이 유사해서 토론이 잘 이루어졌다. 토론을 할 때마다 우리의 인식 칩은 더욱 열심히 작동되는 것 같았다. 토론 후 선생님께서는,

"재호네 모둠이 발전적으로 토론이 잘 이루어진 것 같군요. 열심히 참여하지 않은 친구도 있네."

우리의 토론 참여도와 내용이 담긴 데이터를 대형 화면에 제시하였다. 내가 말한 내용이 모두 데이터화되어 그래프로 나타나 있었다. 그리고 내가 생각하지 못했던 여러 가지 의견을 한눈에 파악할 수 있었다.

토론 수업을 마친 후 수학 수업 시간이 되었다. 친구들마다 학습 내용이 다르다. 우리 반 친구들은 모두 6학년이지만 나랑 가장 친한 승호는 5학년 1학기 과정을 공부하고 있고, 건우는 벌써 중학교 3학년 수준의 공부를 하고 있다. 물론 나는 나이에 맞게 6학년 단원을 공부하고 있다. 내가 공부할 때마다 인식 칩은 나의 성취도를 파악하여 저장하고 있어서 나의 부족한 부분을 잘 찾아서 하도록 도와준다. 수학에 유난히 강한 건우는 중학교 수준의 미적분을 하고 있지만, 과학은 나보다 훨씬 약하다. 나의 과학 실력은 고등학생 수준으로 넘어가고 있는 단계다. 자신에게 적합한 단원이 모니터 책상에 제시되면 그에 적절한 데이터가 나타난다. 선생님은 우리 반 아이들

을 관리하는 시스템에서 우리의 학습량과 질문들을 체크하고 과제도 내 주신다.

"오늘 공부는 여기까지 합니다. 제일 열심히 학습에 참여한 친구는 재호입니다. 그리고 많은 향상도를 보인 친구는 예진이입니다."

수업 시간에 열심히 학습을 하고 있는데, 모니터를 통해 선생님의 칭찬 선물을 받아서 더 열심히 했었다. 조금만 선물을 더 모으면 나의 분신 아바타의 파워가 더 올라가기 때문이다. 아바타 파워를 가지면 상장을 받는데, 엄마께서 큰 선물을 주신다고 하셨다.

요즘 건우의 표정이 좋아 보이지 않는다. 선생님의 시스템은 우리의 학습 상태, 가족 상황, 심리적 상태를 실시간으로 보여주기 때문에 내가 힘들어하는 부분을 잘 파악하고 상담해 주신다. 오늘 오후에 건우가 선생님과 상담을 하고 있다.

"건우야. 요즘 인지 부분의 점수가 많이 떨어지고 학습 향상도에도 진전이 없구나. 신체적인 리듬은 아주 좋은데 무슨 힘든 일이라도 있니?"

건우는 자신의 문제를 정확하게 알고 계신 선생님께 자신의 문제점을 자세히 말씀드렸다. 건우 자신도 자신의 심리적 · 육체적인 상태를 실시간으로 파악하고 있기 때문에, 그 부분을 해결하기 위해 노력하는 중이었다. 여러 번 어려움을 겪는 나에게 선생님의 상담은 좋은 치료

제가 되었으니, 아마 건우도 금방 좋아질 것이다.

힘들었지만 즐거웠던 오늘 하루를 정리하면서 집으로 돌아왔다.

■ 시나리오 분석

교육 목표 7차 교육과정의 수준별 교육을 통한 창의적인 인간 육성을 위한 학습자 인식 기술

교육과정 이 시나리오에서는 7차 교육과정에 근간을 둔 수준별 교육과정을 살펴보고 있다.

- **학습 모둠 구성:** 학습자의 인지 양식, 학습 스타일을 측정하여 학습자 내장 인식 칩에 데이터화되어 저장된다. 학습자 인식 칩은 교실 환경 내에 설치된 서버 인식 칩과 교신이 있어야만 학습자의 상태를 파악할 수 있다.
- **선행 학습 정도에 따른 수준별 교육:** 인식 칩은 학습자의 학습 정도를 실시간으로 파악하여 개인별 · 수준별 학습을 가능하게 한다. 수준에 따른 과제 제시를 통해 모니터 책상에 학습자에게 적절한 과제가 처치된다.
- **성실도 파악:** 학습자의 참여도가 데이터화되어 교사의 서버에 저장되고 그래프화되어 모든 학습자의 학습 정도를 파악한다.
- **과목별 개별 과제 부여 및 확인:** 개별 학습자의 학습 정도와 수준에 적절한 개별 과제가 교사의 서버에 목록화된다. 목록화된 개별 과제가 학습자에게 1 대 1로 처방된다.
- **진로 지도:** 학습자의 성향과 학습 특성, 학습 정도, 소질 등이 데이터화되어 학습자에게 가장 적합한 장래 진로와 가능 대학 등이 제시된다.

교사의 역할

- 학습 안내자다. 학습자의 학습 양식과 소질 등을 고려하여 학습자가 최상의, 최적의 학습을 할 수 있는 가이드라인을 제공해 주는 역할을 담당한다.
- 상담자다. 학습자의 상태를 데이터를 통해 확인하여, 세밀하고 정교한 상담을 하여 안정적인 학교 생활을 할 수 있도록 도와주는 역할을 담당한다. 또한 학습자의 성향과 학습 수준, 학습 양식 등을 종합하여 학습자에게 적합한 진로를 제시한다.
- 정보 제공자다. 학습자가 수준별 · 개별화 교육을 하고 있는 동안 교사는 학습자에게 적절한 과제 제시 및 평가, 부족한 부분의 보충 자료 등을 제시하는 정보 제공자의 역할을 담당한다.

학교의 장 언제 어디에서나 학습자가 인식하지 못하는 환경이 학교의 장에서도 적용될 것이다. 모든 시설과 기기들은 네트워크화되고 유비쿼터스적 환경을 지원하게 될 것이다. 이러한 현대적인 부분과 더불어 자연친화적인 면을 강조하여 학교를 만들게 될 것이다.

목표 달성의 확인 학습과 동시에 평가가 이루어지도록 한다. 교사는 아동들의 학습 상황을 모니터하고, 필요에 따라서는 통제도 가능하다. 이러한 것들을 바탕으로 자기 평가, 동료 평가, 교사 평가가 합쳐진 형태의 평가가 이루어지고 즉각적인 피드백 시스템을 이용하여 자신의 목표 달성의 정도와 성취 정도를 이해하고 보충 · 심화하는 것이 가능하다. 학습을 통해서 얻은 모든 자료와 평가는 개인의 디지털 포트폴리오에 저장되어 학습자 개인의 자료로 남으며, 학부모에게 즉각적으로 전달된다.

학습이론 7차 교육 과정에 의한 수준별 교육이 가능하도록 하였다.

자기 평가표

평가 관점	내 용	수 준		
		좋음	보통	노력
1. 교육 목표는 분명한가?	전 교과에 적용 가능	☺		
2. 목표 달성의 절차가 과학적인가?	학습자의 수준을 적절히 고려함	☺		
3. 유비쿼터스 컴퓨팅 기술이 내포되어 있는가?	적절한 컴퓨팅 기술	☺		
4. 환경적 요소가 확대되었는가?	가정, 지역 현장, 가상학교		☺	
5. 네트워크 요소가 풍부한가?	교실상황에서의 네트워크로 제한			☺
6. 대상 설정이 분명한가?	전 학습자	☺		
7. 인물의 심리적 상황 묘사	학습자의 심리적 묘사가 됨	☺		
8. 교사의 역할이 분명한가?	교사의 역할은 안내자, 조력자	☺		
9. 학교의 장이 분명한가?	교실 환경	☺		
10. 목표 달성의 확인이 가능한가?	결과물이 포트폴리오화됨	☺		
11. 학습 이론에 충실한가?	7차 교육과정		☺	

* 시나리오: 이숙현

참고문헌

강의영(2007). 하이브리드 필터링 기반 개인화된 추천 프레임워크의 개발 및 적용. 제주대학교 교육대학원 석사학위논문.

강정미 · 이상애 · 정영신 · 최윤미 (1998). GILS-Gvernment Information Locator Service. 이화여대 문헌정보학과 메타데이터 구조론 연구(http://dewey.yonsei.ac.kr/ metadata/GILS.htm).

김명관 외(2006). 유비쿼터스 실용기술 1. 서울: 진한 M&B.

김미연, 최진원(2004). 유비쿼터스 기술 도입에 따른 업무공간의 변화 예측 방법론 연구. 대한건축학회 학술발표논문집, 24(2).

김민하, 전한종(2005). 유비쿼터스 홈을 위한 건축 계획적 연구. 대한건축학회 창립 60주년기념 학술발표대회논문집, 25(1).

김상태(2003). RFID 개요 및 국내외 동향분석. 정보통신연구진흥원.

김선영(2005. 6). 비주얼 인터페이스와 상업공간의 표피 표현. 한국실내디자인학회 논문집, 14(3).

김태수(1998). Dubil Core. 이화여대 문헌정보학과 메타데이터 구조론 연구(http://dewey.yonsei.ac.kr/metadata/DC.htm).

김태수(1998). MARC 데이터의 메타데이터 변환 연구. 이화여대 문헌정보학과 메타데이터 구조론 연구(http://dewey.yonsei.ac.kr/metadata/DC.htm).

김태수 외(2001). 국가 표준 교육정보 메타데이터 형식 개발 연구. 한국교육학술정보원 위탁 연구 보고서.

김형준(2005). 모바일 RFID. TTA Journal, (99).

김형준(2006). 유비쿼터스 공간 모형 및 디자인 개발 연구. 정보통신연구진흥원 연구 보고서.

노무라총합연구소(2003). 유비쿼터스 네트워크와 신사회 시스템. 전자신문사.

류정우(2002). XML/RDF와 SMIL에 기반한 멀티미디어 교육 콘텐츠 검색. 한양대학교 대학원 석사학위논문.
문윤숙, 윤재신(2005). 유비쿼터스 시대의 아파트 공간 변화에 관한 분석. 대한건축학회 창립 60주년기념 학술발표대회논문집, 25(1).
박승창(2005). 유비쿼터스 센서네트워크 기술. 서울: 진한엠엔비.
박인우(2006). 교수-학습 환경의 변화와 u-Class의 발전전망. 한국교육학술정보원 연구자료 RM 2006-84.
백영균 외(2006). 유비쿼터스 시대의 교육방법 및 교육공학. 서울: 학지사.
서정희(2005). 미래교육을 위한 u-러닝 교수-학습 모델 개발. 한국교육학술정보원 연구보고 CR2005-12.
성호철(2001). 손에 잡히는 유비쿼터스. 서울: 전자신문사.
소인환(2004). 숙명여대 원격대학원 [교육과 뉴미디어] 토론 발표 자료.
손현석, 권영, 김용성(2003). 유비쿼터스 컴퓨팅을 적용한 건축디자인에 관한 연구. 한국실내디자인학회 학술발표대회논문집, 5(5).
송미숙(2003). 가상교육 콘텐츠를 위한 XML기반 통합검색 시스템. 한양대학교 대학원 석사학위논문.
양경미(2006). 영어 상황학습을 위한 RFID 미들웨어 및 응용연구. 제주대학교 교육대학원 석사학위논문.
양동휴 외(1997). 산업혁명과 기계문명. 서울: 서울대학교 출판부.
오찬옥(2005). 디지털과 관련한 인간의 생활 행태에 기초한 디지털 홈의 디자인 방향. 한국실내디자인학회논문집, 14(1).
유승화(2005). 유비쿼터스 사회의 RFID. 서울: 전자신문사.
유제환, 신홍경(2004). 유비쿼터스 개념에 의한 정보화사회의 업무공간 특성에 관한 연구. 한국실내디자인학회 학술발표대회논문집, 6(2).
이근호 외 역(2003). 유비쿼터스 컴퓨팅 핸드북. 서울: 도서출한 진한도서.
이기호, 최영미(1993). 지능형 교육 시스템 개론. 서울: 교학사.
이상원, 한영호(2005). 유비쿼터스 환경에서의 주거공간 특성에 관한 연구. 한국실내디자인학회 학술발표대회논문집, 7(1).
이은곤(2004). RFID 확산 전망 및 시사점. 정보통신정책, 16(13).
이일주, 최진원(2004). 유비쿼터스 테크놀로지 시스템분류를 통한 스마트 홈 구축설계 가이드라인 개발에 관한 연구. 대한건축학회 학술발표논문집, 24(2).
이진경(1997). 근대적 시 · 공간의 탄생. 서울: 푸른숲.
이한나, 박현옥(2005). 물리구축환경의 지능적 부활로서의 실시간 행태 공간의 특성 분석. 한국실내디자인학회논문집, 14(4).

이혁수, 홍관선(2003). 유비쿼터스 공간에서의 인간 환경과 생활 공간 변화에 관한 연구. 한국실내디자인학회 학술발표대회논문집, 5(5).

장주병(2004). 모두가 함께하는 유비쿼터스 사회 구현을 위한 대응과제. 월간 정보격차, 통권 5호. 한국정보문화진흥원.

전자신문사(2005). 2005 유비쿼터스 백서. 서울: 전자신문사.

정광섭(2005). 건축환경공학개론. 서울: 아진.

정기욱(2005). U Dream(유비쿼터스 드림). 서울: 매경출판(주).

정보통신부(2002). 기술진화에 기초한 정보통신 서비스 발전 방향. 정보통신부 정책자료.

정보통신부(2003). 국제 Telematics & LBS 전시회 및 컨퍼런스 프로시딩. 정보통신부.

정보통신부(2003). IT Forum Korea 2003 프로시딩. 정보통신부.

정보통신정책연구원(2003). 통신 · 방송 융합에 대비한 정책방안. 정보통신정책연구원.

강인애(2006). 디지털 시대의 학습 테크놀로지. 서울: 문음사.

조대진(2005). RFID 이론과 응용. 서울: 홍릉과학출판사.

조택연, 조완기, 박승용(2005). 유비쿼터스 환경에 내재한 비선형 건축 공간에 관한 연구. 대한건축학회논문집 계획계, 21(8).

진희채 외(2002). LBS 활성화를 위한 해외 선진사례 및 기술수요 조사. 정보통신부.

첨단학술정보센터(1997). 디지털 정보표현을 위한 메티데이터 표준 개발에 관한 연구. 첨단학술정보센터 학술저널, 8.

최남희(2003). 유비쿼터스 정보기술을 활용한 물리 공간과 전자 공간 간의 연계 도구와 어플리케이션 체계에 대한 연구. Telecommu-nication Review, 13(1).

최병두(2002). 근대적 공간의 한계. 서울: 삼인.

최윤경(2003). 사회와 건축공간. 서울: 시공문화사.

하나로통신(2003). 정보통신 서비스 시장 발전전망-하나로통신을 중심으로. 하나로통신.

하원규 외(2002). 유비쿼터스 IT혁명과 제3공간. 서울: 전자신문사.

하원규(2004). "u-제주 구축구상" 토론회 발표 자료.

하원규, 김동환, 최남희(2002). 유비쿼터스 IT혁명과 제3공간. 서울: 전자신문사.

한국교육학술정보원(2005a). u-러닝 시작하기. 교육자료 TM2005-14.

한국교육학술정보원(2005b). u-러닝의 이해. KERIS 이슈리포트 연구자료 RM 2005-24.

한국교육학술정보원(2006a). 교수-학습 환경의 변화와 u-Class의 발전 전망. KERIS 이슈리포트 연구자료 RM 2006-84.

한국교육학술정보원(2006b). 미래교육 전망과 유비쿼터스 교육 정책방향. KERIS 이슈리포트 연구자료 RM 2006-4.

한국교육학술정보원(2006c). 유비쿼터스 학습 환경에서의 학교망의 진화. 연구자료 RM 2006-99

한국교육학술정보원(2006d). u-Class의 구성요소별 기술 현황 및 시사점. KERIS 이슈리포트 연구자료 RM 2006-83.

홍성일 외(2006). 유비쿼터스 전문가 1 · 2급. 서울: 내하출판사.

황형식, 김억(2005). 건축 공간의 서정성 회복을 위한 유비쿼터스 컴퓨팅 적용에 관한 연구. 대한건축학회 창립 60주년기념 학술발표대회논문집, 25(1).

u-Korea 포럼 준비위원회(2003). u-Korea Forum 창립기념 세미나 자료집. u-Korea 포럼 준비위원회.

Bachelard. Gaston. 곽광수 역(1990). 공간의 시학. 서울: 민음사.

Badjonski, M., Ivanovic, M. and Budimac, Z., (1997). Intelligent tutoring system as multiagent system, In Proc.. of IEEE Tran, on ICIPS, 1, pp. 28-31.

Basalla. George. 김동광 역(1996). 기술의 진화. 서울: 까치글방.

CHORA(2001). *Urban Flotsam*. 010 Publisher.

Ellul Jacques. 박광덕 역(1996). 기술의 역사. 서울: 한울.

Giedion. Sigfried. 이건호 역(1995). 기계문화의 발달사. 서울: 유림문화사.

Hillier. Bill(1984). *The Social Logic of Space*. Cambridge Univ. Press.

Kern. Stephen. 박성관 역(2004). 시간과 공간의 문화사. 서울: 휴머니스트.

Lefebvre. Henri(1991). *The Production of Space*. Blackwell Pub..

Mitchell. William J. 윌리엄 미첼. 이희재 역(1999). 비트의 도시. 서울: 김영사.

Schivelbusch. Wolfgang. 박진희 역(1999). 철도여행의 역사: 철도는 시간과 공간을 어떻게 변화시켰는가. 서울: 궁리.

Ven. Cornelis van de. 정진원, 고성룡 공역(1987). 건축공간론. 기문당.

Zevi. Bruno. 강혁 역(1989). 공간으로서의 건축. 서울: 집문사.

사카무라 겐. 최운식 역(2004). 유비쿼터스 컴퓨팅 혁명. 서울: 동방미디어.

ARIADNE Educational Metadata Recommendation. Version 3.0. 1999-12. (http://ariadne.unil.ch/metadata/ariadne_metadata_v3final1.htm)

Brown, D. G. (2003). *Ubiquitous Computing -The Universal Use of Computers on College Campus.* MA: Anker Publishing Company, Inc.

Casey, D. (2005). U-learning = e-Learning + m-Learning. Proceedings of E-Learning 2005 World Conference on E-Learning in Corporate, Government, Healthcare & Higher Education, Vacouver BC, Canada. Retrieved March 3 from Http://neptune.netcomp.monash.edu.au/staff/dcasey/ index.html.

Draft Standard for Learning Object Metadata(LOM). IEEE 2001-04-18. (http://ltsc.ieee.org/doc/wg12/LOM_WD6-1_1_without_tracking.doc)

Dublin Core Metadata Element Set, Version 1.1: Reference Description. DCMI, 1999-7-12, (http://dublincore.org/documents/dces/)

Instructional Management System(IMS) Learning Resource Meta-Data Information Model. IMS, 2001-9-28, Version 1.2.1", (http://www.imsproject.org/metadata/imsmdv1p2p1/ imsmd_infov1p2p1.html)

Li, L., Zheng, Y., Hiroaki, O., & Yano, Y. (2005). A conceptual model of ubiquitous learning community. A paper presented in ED-MEDIA 2005; World conference on Educational Multimedia, hypermedia & tele communications, June 27-July, 2. Montreal, Canada.

Mason, J., & Stuart Sutton, "DCMI Education Working Group: Report of Deliberations, DCMI, 2000-04-30. (http://www.ischool.washington.e-du/sasutton/dc-ed/Dc-ac/DC- Education_Report.html)

Mifsud, T., & Casey, D. (2005). E-learning to u-learning, adapting learning environments to mobile devices, Proceedings of the International Association for Development of the Information Society International Conference, Mobile Learning 2005, 28th-30th June, Qawra, Malta.

National Learning Infrastructure Initiative. (NLII), 2002. (http://www.educause.educause.edu/NLII/)

Ogata, H., & Yano, Y. (2003). Supporting Knowledge Awareness for a Ubiquitous CSCL, eLearn 2003, pp. 2362-2369, Phoenix, Arizona, USA, November 7-11, 2003.

Sharable Content Object Reference Model(SCORM) Version 1.2. ADL, 2001-11-14, (http://www.adlnet.org/ADLDOCS/Documen/SC-ORM_1.2_CAM.pdf)

Weiser, M. (1991). *The Computer for the 21st Century. Scientific American, 265*(3), 94-104.

Weiser, M. (1998). The future of ubiquitous computing on compus. *Communications of the ACM, 42*(1), 84-89.

참고 사이트

교육인적자원부 http://www.moe.go.kr

유비쿼터스 IT 코리아 포럼 http://www.ukoreaforum.or.kr/ukorea/index.php

유비쿼터스의 모든 것 http://www.ubiu.com/default.htm

전자신문 http://www.etnews.co.kr

칼라짚미디어 www.colorzip.co.kr.

한국정보통신기술협회 http://www.tta.or.kr/Home2003/main/index.jsp

저자 소개

박정환

한국교원대학교 대학원 교육학과 교육학박사

〈현재〉 제주대학교 교육대학원 교육학과 조교수, 유러닝연구회 회장

〈저서〉 유비쿼터스 시대의 교육방법 및 교육공학

디지털시대의 인간행동과 심리

내가하는 통계분석 SPSS 14.0

〈논문〉 u-Learning 시대의 교수-학습 방법

유비쿼터스 환경에서 수행평가 시스템 설계

유비쿼터스 시대의 교사양성 체제 모형 연구

〈관심 분야〉 유러닝, 멀티미디어 설계, 이러닝 평가, 교육평가시스템

김형준

서울대학교 대학원 건축학과 공학박사

〈현재〉 제주대학교 건축학부 조교수, 유러닝연구회 수석연구원

〈논문〉 세지마 가즈요의 주거건축에 나타나는 경계공간에 관한 연구

19세기 유럽의 공장형성에 따른 공간합리화와 도시공간 변화에 관한 연구

박물관의 기원과 공간 구성원리

〈연구〉 유비쿼터스 공간 모형 및 디자인 개발 연구

유비쿼터스 공간의 물리특성 연구

u-Learning 환경을 위한 초등학교 교실 공간 모형 연구

〈관심 분야〉 건축디자인론, 유러닝, 유비쿼터스 공간, 공간모델

조정원

한양대학교 대학원 전자통신전파공학과 공학박사

〈현재〉 제주대학교 사범대학 컴퓨터교육과 조교수, 유러닝연구회 수석연구원

〈저서〉 레드햇 리눅스 언리쉬드

협동프로젝트

〈논문〉 모바일 코스 코디네이터 시스템의 설계 및 구현

모바일 영어 학습을 위한 지능형 교육 시스템의 설계 및 구현

SCORM 기반의 XML 학습 컨텐츠 검색 시스템

〈관심 분야〉 정보교육, 유러닝, 프로젝트 관리 및 평가, 멀티미디어 정보검색

유러닝연구회(Research Association of Ubiquitous Learning)

유러닝연구회는 교육, 정보(컴퓨팅), 그리고 공간이라는 대명제를 가지고 제주대학교 교육학과 교수(박정환), 건축디자인전공 교수(김형준), 컴퓨터교육과 교수(조정원)가 주축이 되어 연구하는 모임이다. 이 연구회에서는 교육 현상에서 존재하고 있는 다양한 문제를 유비쿼터스라는 새로운 컴퓨팅 환경을 통해 해결하고자 한다. 즉, 새로운 컴퓨팅 환경하에서 교육의 문제를 해결하려고 할 것이며, 또한 교육의 문제를 해결하기 위해 필요한 새로운 컴퓨팅 기술을 제안할 것이다. 이러한 일련의 노력은 유비쿼터스 공간(제3공간)과 유러닝의 효율성 증대에 지대한 영향을 미칠 것이라고 믿는다. 이 저서는 유러닝연구회의 첫 번째 노력의 일환으로 탄생한 것이다.

저자와의
협약으로
인지생략

알기 쉬운 유러닝

2007년 7월 10일 1판 1쇄 인쇄
2007년 7월 20일 1판 1쇄 발행

지은이 · 박정환 · 김형준 · 조정원
펴낸이 · 김진환
펴낸곳 · 학지사

121-837 서울특별시 마포구 서교동 352-29 마인드월드빌딩 5층
대표전화 · 02)326-1500/팩스 02)324-2345
홈페이지 · http://www.hakjisa.co.kr

등 록 · 1992년 2월 19일 제2-1329호
ISBN 978-89-5891-505-8 93370

정가 13,000원